다시, 학교라는 괴물

교사는 무엇을 가르칠 것인가

다시, 학교라는 괴물

초판 1쇄 펴낸날　2024년 11월 20일

지은이　권재원
펴낸이　홍지연

편집　홍소연 김선아 김영은
디자인　이정화 박태연 박해연 정든해
마케팅　강점원 최은 신종연 김가영 김동휘
경영지원　정상희 여주현

펴낸곳　㈜우리학교
출판등록　제313-2009-26호(2009년 1월 5일)
제조국　대한민국
주소　04029 서울시 마포구 동교로12안길8
전화　02-6012-6094
팩스　02-6012-6092
홈페이지　www.woorischool.co.kr
이메일　woorischool@naver.com

ⓒ 권재원, 2024
ISBN 979-11-6755-298-3 03370

만든 사람들
편집　이선희
디자인　책은우주다

다시, 학교라는 괴물

권재원 교육비평집

우리학교

차
례

프롤로그 Ⅰ · 2024년 개정판 ⋯ 10

프롤로그 Ⅱ · 2014년 초판 ⋯ 13

글쓴이의 말 · 2014년 초판 ⋯ 20

1부

무엇을 어떻게 가르칠 것인가

나는 최고의 교사가 되고 싶지 않다 … 25

교육에서 성과급과 교원평가가 통할 수 있을까 … 31

진로교육은 직업교육이 아니다 … 38

지금 필요한 것 … 43

제발 교사를 그냥 두라 … 47

다시 무엇을 가르칠 것인가 … 51

생명경시 사회 … 60

우리가 교육복지를 말하는 이유 … 67

진보교육이 되기 위한 조건 … 72

수학으로 풀어보는 한국인의 공부 모형과 그 문제 … 79

교육 불평등과 입시교육 비판의 모순 … 92

교사의 전문성 신장을 가로막는 장벽 … 99

대한민국 학부모들께 … 109

당신은 무엇을 가르치고 있는가 116

2부

학교라는 이름의 괴물

꿈이 사라진 사회 ⋯ 123

우리에게 필요한 건 명함이 아닙니다 ⋯ 129

모든 게임은 유해하다? ⋯ 135

안전한 수학여행은 비싸다, 안전하고 의미 있는 수학여행은 매우 비싸다 ⋯ 139

노동이 사라진 교육, 교육이 사라진 노동 ⋯ 148

학부모가 약자라고요? ⋯ 152

교육 불가능의 공간, 교무실 ⋯ 160

조련할 것인가, 가르칠 것인가 ⋯ 165

학교폭력에 대한 관점을 전환하자 ⋯ 170

교육을 조롱하고 행정을 숭상하다 ⋯ 181

스승은 없고 교사만 있는 학교 ⋯ 186

'달랑' 수업만 해도 당연히 교사다 ⋯ 191

교사는 춤추고 싶다 ⋯ 195

교사의 업무는 교육이다 ⋯ 199

야바위꾼들의 학교 ⋯ 204

창조경제의 장애물, 교장 제도 ⋯ 210

교장이 되기까지 ⋯ 214

3부

모두가 불확실한 시대의 교육

1989년 가을의 양돈장과 『자본론』 … 241

그들이 역사교육 강화를 주장하는 이유 … 246

역사 교과서 전쟁 … 251

단체 기합 받는 사회 … 257

학급 인원수는 늘리면서 교실혁명? … 261

최근의 문해력 논쟁, 문제의 핵심은 다른 데 있다 … 267

동네야구, 프로야구, 그리고 학교 … 271

아이들의 거짓말에 대처하는 어른의 교육 … 275

의무교육에 대한 오해 … 279

출입문 세 번 닫는 지하철이 상징하는 것 … 283

왜 첨단 에듀테크에 교사들은 시큰둥할까? … 287

인공지능시대의 교사와 에듀테크 … 292

사람 구하기 쉬운 시대에서 사람 구하기 힘든 시대의 교육으로 … 309

교사의 지위 변화, 결국 돈 문제인가 … 325

교사들은 왜 거리로 나왔나 … 332

교사의 잇따른 죽음과 베르테르 증후군 … 339

서이초 1년, 그리고 지금 우리의 자리 … 342

에필로그·2024년 개정판 … 345

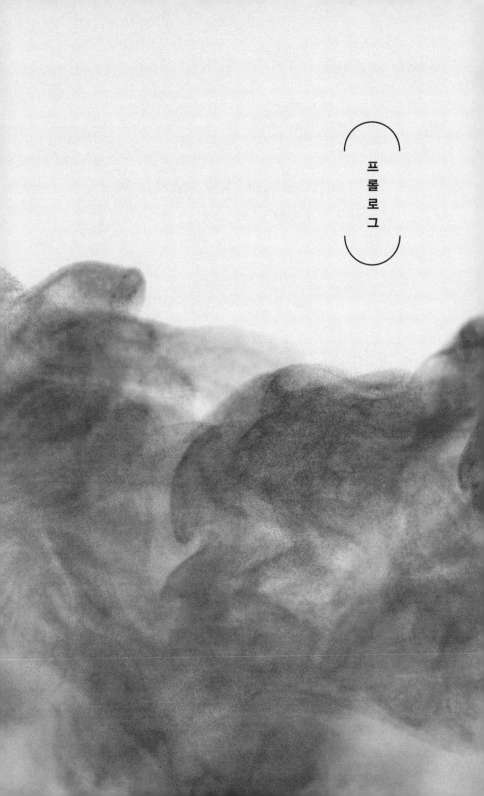

프롤로그

떠난 자들과 남은 자들,
여전히 나는 교사다

이 책은 2014년에 발간했던 『학교라는 괴물』의 개정판이다. 10년 전에 냈던 책을 군이 지금 다시 내는 까닭은 이 책이 본의 아니게 그 나름 역사적인 역할을 했기 때문이기도 하다. 책 제목은 많이 들어 읽고 싶은데 구해 보지 못해 아쉽다는 분이 적지 않았기 때문이기도 하다. 진취적인 교원 단체인 실천교육교사모임 탄생의 계기가 되었다는 일종의 전설 때문에, 어떤 교사들은 이 책을 '시조새'라고 부른다고도 했다. 화석으로만 볼 수 있는 시조새에 생기를 불어넣어 다시 하늘을 날게 해달라는 것이다.

그러던 중 마침 절묘한 타이밍에 우리학교 출판사에서 이 책의 복간을 의뢰했다. 의뢰를 듣고 한동안 고민했다. 조선시대에도 10년이면 강산이 변한다고 했는데, 사회변동이 빛의 속도로 이루어지는 21세기 디지털 시대에 2014년에 발간한 책을 다시 내는 것이 과연 의미 있는 일일까 고민이 된 것이다. 더구나 이 책은 발간 연도는 2014년이라도 실제로는 2008년부터 2014년까지 6년간 내가 교육에 관해 다양한 매체에 썼던 글을 엮은 것이라, 사실상 16년도 더 지난 글도 꽤 있다.

하지만 이 책을 다시 내기로 마음먹는 데는 그리 많은 고민이 필요하지 않았다. 비록 16년이 지났지만, 우리나라 교육 현실이 놀랄 정도로 별로 달라지지 않았기 때문이다. 아니, 차라리 그 시절이 그리울 정도로 점점 나빠지고 있다. 따라서 16년 전에 느꼈던 문제의식을 지금 다시 환기하는 것은 결코 시간 낭비, 지면 낭비가 아니다.

또 2008년부터 2014년은 내가 교사로서, 교육사상가로서 가장 활발하게 활동한 시기이기도 했다. 이때의 생각과 경험이 2020년에 내 교육 사상을 집대성해 출간한 책『교육 그 자체』의 원재료가 된다. 따라서『학교라는 괴물』을 읽지 않고는『교육 그 자체』를 이해할 수 없고, 감히 외람된 말을 하자면『교육 그 자체』를 읽지 않고는 한국 공교육에 대해 왈가왈부할 수 없다. 따라서 이 책은 절판되어서는 안 되는 책이다.

막상 복간을 결정하자 또 다른 고민거리가 생겼다. 아무리 의미가 있다 해도 10년 이상 지난 글을 그대로 다시 내도 괜찮을지, 즉 그야말로 복간할 것인가 아니면 최근 실정에 맞춰 손을 좀 보는 개정을 할 것인가 결정해야 했다. 이에 대해서는 절판된『학교라는 괴물』의 1, 2부는 역사적인 의미를 고려해 당시 상황에 대한 약간의 주석만 붙이며 원문을 가급적 유지하고, 3부는 최근의 교육 이슈를 반영한 새 글 몇 편을 추가하는 1/3 개정판, 2/3 복간판을 내자는 것으로 논의를 정리했다.

이런 과정을 거쳐 『다시, 학교라는 괴물』이 새롭게 세상에 나왔다. 2014년 뜻있는 수많은 교사에게 영감을 주었던 이 책이 2024년 절망에 빠진 교사들에게 다시 새로운 희망과 용기를 줄 수 있으면 좋겠다. 영감이 아니라 용기를 목표로 삼는 현실이 슬프지만 말이다.

마지막으로 오래되어 절판된 책의 복간을 제안해준 우리학교 출판사 홍지연 대표와, 까다로운 저자의 요구를 묵묵히 받아준 편집부에 감사의 말씀을 드리며 저자의 말을 마친다.

2024년 새롭게 책을 내며

나는 교사다

＊

이 글은 교육 경력 20년째 접어들던 2012년 어느 날 썼던 교단 일기다. 이 교단 일기가 교사로서의 내 삶에 전환점이 되었고, 긍정적이든 부정적이든 지금의 나를 있게 만든 계기가 되었기 때문에 이 책, 그리고 이 책에 수록되지는 않았지만 그동안 내가 써온 모든 글의 프롤로그라 불러도 전혀 문제가 되지 않을 것이다. 이 글을 이 책의 프롤로그로 삼는 이유다.

나는 강남 출신이다. 그리고 1980년대에 대학을 다녔다. 1980년대는, 그 시대를 함께 살았던 사람들에게는 그저 '1980년대'라고 말하는 것만으로도 모든 의미가 전달될 만큼 특별한 시대였다. 나는 대학 4년 내내 우리 집이 부유한 것을 부끄럽게 생각했고, 심지어 저주하기까지 했다. 내가 배불리 먹고, 넉넉하게 살고, 여유 있게 대학을 다닐 수 있는 것은 천만 노동자의 피눈물 나는 희생과 억압 덕분이라는 무거운 부채

의식 때문이었다. 이런 생각은 그 시절에 대학을 다녔던 사람이라면 대부분 이해하고 공감할 것이다.

하지만 나는 다른 강남 녀석들과는 다르다는 자부심을 가지고 있었다. 나는 스스로를 자본주의의 뻔뻔한 수혜자가 아니라 민중을 위해 기득권을 버릴 각오가 되어 있는 전투적 지식인으로 여겼다. 그래서 중고등학교 동창들, 부유한 외가 쪽 친척들을 노동계급의 적으로 간주하고 연락을 끊었다.

1980년대는 대학생들이 어떻게 해서든지 서로 가난해 보이려고 애쓰던 시절이었다. '세련되었다'라는 말이 결코 칭찬이 아니었다. 강남 출신이라는 것은 1980년대에 대학을 다녔던 나에게는 일종의 원죄와 같은 것이었고, 그 원죄를 씻기 위해서는 남들보다 몇 곱절 더 헌신적으로 투쟁해야 한다고 생각했다.

대학교 3학년 때까지는 교사가 될 것이라고 생각도 하지 않았다. 비록 사범대학에 들어가긴 했지만, 고등학교 때부터 가지고 있던 독일에 대한 선망 때문에 독어독문과와 독어교육과를 놓고 저울질하다 교사 자격증이라도 나오는 게 조금 나아 보여서 선택한 결과일 뿐이었다. 나는 교사를 싫어했다. 나의 학창 시절은 교사와의 충돌의 역사였다. 지금도 초중고등학교를 통틀어 '선생님'에게 배운 것이 거의 없다고 생각할 정도다. 초중고등학교 시절 교사들에게 당했던 끔찍한 기억은 아직도 나를 괴롭힌다. 그중 절대 잊을 수 없는 '웃음'이 있다. 중학교 때 어떤 체육 선생의 웃음이다. 1학년 어느 날, 시간표가 바뀐 것을 모르고 체육복을 준비하지 못한 적이 있었다(그때는 사물함이 없었다). 그런데

송 아무개라는 체육 선생이 열을 내면서 "운동장에서는 체육복 외 어떤 옷도 허용할 수 없다."라며 체육복을 챙기지 않은 아이들을 불러냈다. 혼나는 거야 각오하고 있었으니 덤덤하게 나갔다. 그런데 체육복이 아닌 옷은 다 벗으라는 것이다. 도리 없이 나와 몇몇 친구는 팬티 바람으로 운동장을 뛰어야 했다. 남학교이기는 했지만, 아직 20대인 나이 어린 여교사도 많았다. 우리도 여교사들도 부끄러워 어쩔 줄 몰라 했는데, 그때 그 체육 선생의 음흉한 웃음을 절대 기억에서 지울 수 없다. 학생의 고통을 즐기는 사람, 학생을 이용해서 무엇인가를 도모하는 사람, 학생은 웃지 않는데 혼자서만 웃을 수 있는 상황을 만드는 사람. 이런 선생들의 웃음은 절대 지워지지 않는다.

이렇게 교사를 싫어했던 내가 어쩌다 교사가 되었을까? 강남 출신 서울대생의 원죄의식을 씻어내기 위해서였다. 요즘 기준으로는 도저히 이해하기 어렵겠지만, 그 당시에는 서울대학교 출신 남자가 교사직을 선택하는 것은 거의 마오쩌둥 시절 중국의 하방과 같은 취급을 받았다. 웬만한 대기업에 원서만 내면 시험도 안 치고 들어갈 수 있는데, 굳이 임용고시까지 치러 가면서 교사가 되겠다니 이 얼마나 불합리한 선택인가?

그러나 원죄의식을 가진 1980년대 청년이었던 나는 대기업 사원, 즉 그토록 맞서 싸웠던 독점 자본의 도구가 되어 그들의 이윤을 늘리는 일을 하고 싶지는 않았다. 나는 지금도 "노동자 착취하는 정경유착 재벌 해체하라!"라고 피 터지게 외치다가 대학 졸업하기가 무섭게 재벌 대기업에 척척 취직해 간 동료들을 이해할 수 없다. 유학을 가자니 이나라의 고통과 질곡을 모른 체하고 도피하는 것 같아 선택하고 싶지 않았다.

그렇다고 학력을 속이고 공장에 취업해 본격적인 노동운동에 투신할 배짱은 없었다. 교사가 되는 것도 마뜩하지 않았다. 교사에 대한 인상도 좋지 않은 데다 체제 유지를 위한 이데올로기 기구의 한 부속품으로 일한다는 것도 영 마음에 들지 않았다.

그때 내 생각을 뒤바꾸어놓은 사건이 바로 전교조의 출범이었다. 1,500여 명의 교사를 해직시킨 이른바 교육판 5·18을 보면서 교사가 결코 지배 이데올로기의 순응적인 도구가 아니라는 사실을 알게 되었다. 즉, 그냥 교사가 되는 게 아니라 전교조 교사가 된다면 중간 계급의 안락한 삶을 포기하지 않으면서도 그 나름 세상을 바꾸는 운동에 헌신할 수도 있으리라는 기묘한 타협이 성립되었다.

그렇게 교사가 되었다. "남자가 서울대 나와서 선생 하긴 아깝다." 따위의 소리를 수없이 들었지만 굴하지 않았다. 난 선생이 된 것이 아니라 '전교조 선생'이 된 것이었고, 교실에서 지배 체제의 이데올로기 도구로서 복무하는 것이 아니라 학생들에게 자유와 해방의 눈을 열어주는 선구자로서 싸우는 것이라는 벅찬 감격과 소명감에 따라 행동했다.

그러나 그 치기 어린 관념과 추상적인 의기가 허물어지는 데는 1년도 걸리지 않았다. 우선 처음 발령받은 학교가 강남구 한복판에 있는 도곡중학교였다. 강남에서 초중고등학교를 모두 다닌 내가 교사로 첫발을 딛게 되는 학교도 강남이었으니, 이래저래 강남을 벗어나지 못할 팔자였던 것이다.

사실 마뜩하지 않았다. 장차 지배 계급의 억압에 맞서 싸울 의식 있는 민중의 자녀들을 기르고 싶었던 내게 상류층 자녀들을 가르쳐야 하는 강남 학교 근무가 마음에 들 리 없었다. 그러나 이 불편한 마음은 막상 교실에 들어가서 아이들과 만나는 순간, 저 멀리 사라져버렸다. 한창 피어오르는 꽃봉오리 같은 중학교 2학년, 어른도 아이도 아닌 그 사춘기의 배꼽 같은 중학교 2학년 학생들과 서로 마음을 주고받을 때의 즐거움과 감동은 겪어보지 않은 사람들은 절대 이해할 수 없을 것이다. 강남 아이도 강북 아이도 없었고, 부르주아 아이도 프롤레타리아 아이도 없었다. 그저 아직은 덜 자랐지만 미래를 향해 뻗어나갈 인격체와, 비록 다 자랐지만 완전하지는 않은 인격체 간의 만남이 있을 뿐이었다.

그날 이후 나는 전교조 교사가 아니라 그냥 교사의 가치를 깨달았고, 가르치는 일 그 자체가 주는 행복감에 맛을 들였다. 그와 동시에 학생운동 한답시고 카를 마르크스, 블라디미르 레닌, 게오르크 루카치, 테오도어 아도르노의 저작과 『해방전후사의 인식』등 이른바 사회과학 책 좀 읽은 것을 가지고 중학교 사회 가르치는 건 문제없을 거라고 자만한 나의 안일했던 태도를 부끄럽게 여기게 되었다. 그래서 대학원에 진학했고, 결국은 박사과정까지 마치게 되었다. 이때 나는 사회과학의 범위가 엄청나게 넓다는 것을, 그리고 내가 사회과학 한답시고 알고 있던 지식이 특정한 이념에 편향된 매우 편협한 것이었음을 깨달았다. 그래서 막스 베버와 에밀 뒤르켐을 읽었고, 통계학을 공부했고, 이른바 주류 교육학의 방법론과 이론을 익혔다. 또 숫자로 사람을 현혹하는 자본주의의 거짓말이라며 무시하고 있던 이른바 주류 경제학도 공부했다. 아예 안 가르칠 것이라면 몰라도 학생들에게 주류 사회과학의 내용도 가르쳐야 한다면 제대로 공부해야 한다는 소박한 생각에서 한 공부였지만, 좌에서 우에 이르기까지 다양한 스펙트럼의 지식을 섭렵하는 동안 이념적으로 균형을 찾을 수 있게 되었다. 그렇게 나는 교사가 되어갔고, 또 연구하는 현장 교육학자가 되어갔다. 그렇게 20여 년이 흘러갔다.

물론 내가 이념적으로 균형을 찾을 수 있게 되었다는 것이 정치적 전향을 의미하는 것은 아니다. 나는 지금도 정치적으로는 진보 좌파적 성향을 가지고 있으며, 그런 정책을 지지한다. 여전히 불평등을 재생산하는 사회구조가 혁파되어야 한다고 믿고 있으며, 또 그런 운동에 두루 참여하는 편이다. 하지만 이런 생각과 활동은 나의 교육 활동에 영향을 주지 않는다. 나는 자신의 정치 성향이 진보적이기 때문에 진보적으로 가르치는 교사, 혹은 정치 성향이 보수적이기 때문에 보수적으로 가르치는 교사를 혐오한다. 그중 가장 혐오스러운 교사는 자신이 아는 것이 진보, 혹은 보수라서 그렇게 가르치는 교사다.

교육에는 진보와 보수의 속성이 모두 있다. 교육은 인간이 직면한 문제를 해결해 가는 과정에서 자신의 역량과 가능성을 확장해 나가는 기나긴 여로다. 이때 극복해야 할 문제는 오른쪽에 있을 수도 있고, 왼쪽에 있을 수도 있다. 따라서 교육은 때로는 좌회전, 때로는 우회전, 때로는 전진, 때로는 후진하는 꾸준한 과정이 되어야 한다. 좌우 한쪽으로만 치우친 교사, 앞 혹은 뒤로만 치우친 교사는 진정한 교육을 할 수 있는 사람이 아니다.

지난 20여 년간 내가 진정한 교육을 한 교사였는지는 잘 모르겠다. 하지만 내가 혐오하는 그런 교사는 되지 않으려고 노력했다. 그래서 글을 써서 남겼다. 휘발되는 말과 달리 글은 글쓴이가 세상을 떠나도 사라지지 않으며, 아무리 오래된 것이라 하더라도 다시 살아나 그의 과거를 증언한다. 따라서 교사 생활을 하며 특정 시기마다 남겼던 내 글은 내가 지우려고 해도 지울 수 없는 객관적 과거이며, 거울 속에 비춰 본 나의 교사로서의 모습이다. 적어도 혐오스러운 교사는 되지 않았다는 사실에 가슴을 쓸어내린다.

2014년 책을 내며

우리의 교육은 무엇을 바꾸고 있는가

이 책은 2008년부터 2014년까지 6년간 블로그와 각종 매체에 게재했던 글을 다듬어서 엮은 것이다. 그동안 쓴 글은 이 책 분량보다 두 배가 족히 넘지만, 그중 교육과 관련 있는 것들, 그리고 특별한 시기에만 의미 있는 것이 아니라 어느 정도 보편성을 가진 글만을 가려내니 이 정도가 남았다.

이렇게 엮어낸다는 것이 사실 몹시 어색하긴 하다. 내가 유명 인사도 아니고 무슨 대단한 업적을 남길 인물도 아니기 때문이다. 하지만 나는 이른바 민주 진보 세력이 권력을 상실한 2008년 이후부터 공개적인 글쓰기를 시작했다는 점에서 실천적 글쓰기를 해왔다고 자부하고 있다. 공개적인 글쓰기를 시작한 까닭은 신자유주의 교육 담론, 경쟁지상주의가 밀물처럼 쏟아지는 교육 위기 상황에서 글이라도 써서 저항하기 위해서였다.

그렇게 부지런히 글을 썼다. 처음에는 블로그에만 썼는데, 2012년부터는 미디어오늘 인터넷판에 기명 칼럼을 2년째 기고하기도 했다. 그 덕분에 지난 6년간 내 컴퓨터에는 교육과 관련한 글 수백 편이 누적되었다. 글의 수준은 자랑할 만한 게 못 되나 그동안 벌어졌던 주요 교육 쟁점을 총망라하고 있다는 점에서는 자부할 만하다. 그래서 이 글들을 엮어서 하나의 책으로 만든다면 우리나라에서 문제가 되는 교육 쟁점을 일별할 수 있겠다는 작은 야심이 생기던 차였다. 마침 출판사에서 같은 뜻을 피력해 와서 이렇게 책으로 엮어내게 되었다. 그런데 그동안 어떤 계획을 가지고 글을 썼던 것이 아니라 그때그때 상황에 따라 글을 썼기 때문에 막상 책으로 엮기 위해 글을 모아보니 어떤 일관성이나 체계를 잡기 어려웠다. 그래도 대략 거칠게 '교육 일반에 관한 글', '학교나 공교육 제도에 관한 글', 그리고 '전교조나 교육운동에 관한 글'로 분류해서 각각 '무엇을 어떻게 가르칠 것인가', '학교라는 이름의 괴물', '여전히 뜨거운 감자' 등으로 나누고 제목을 붙여 세 부로 구성해보았다. 1부에는 교육과 관련한 넓은 범위의 이야기를 주로 수록했고, 2부에는 학교 제도, 교원 승진 제도 등의 문제점을 꼬집은 글을 수록했다. 3부에는 진보운동, 교육운동, 전교조, 그 밖에 논란의 여지가 있는 문제의식이 드러난 글을 수록했다.

　책을 내는 것이 이번이 처음은 아니다. 그동안 적지 않은 저서를 발간했다. 하지만 그 책들은 대부분 어떤 주제나 특정 분야에 관한 책이었지, 나 자신의 내밀한 생각을 드러낸 책은 아니었다. 이렇게 내 내면이 날것 그대로 드러나는 글을 공개하는 것은 이번이 처음이다. 그래서 일면 부끄럽기도 하고 두렵기도 하다. 특히 3부에는 평소 진보적인 교육자를 자처했지만 이른바 진보 진영 인사들로부터 별로 환영받지 못한 나의 독특한 관점이 드러나는 글이 많기 때문에 이렇게 세상에 드러내는 것이 조금 주저되기도 한다. 그럼에도 이 글들을 세상에 던지는 것은 내 생각을 혼자만의 것으로 하지 않고 세상과 나누는 것이, 작더라도 보탬이 되지 절대 해는 되지 않을 것이라는 소박하면서도 오만한 믿음이 있기 때문이다. 모쪼록 내 생각의 편린들이 우리 교육이 조금이라도 좋은 방향으로 변하는 데 도움이 되었으면 한다.

2014년 11월 권재원

무엇을
어떻게
가르칠
것인가

나는 최고의 교사가
되고 싶지 않다

EBS가 발간한 『최고의 교사』라는 책이 있다. 이 책에는 몇몇 훌륭한 교사를 엄선해서 이들의 수업 동영상을 보고 밀착 취재한 내용이 들어 있다. 그런데 나는 이 책의 광고를 볼 때마다 기분이 나쁘다. '최고의 교사'라는 말이 사용되는 맥락이 기분 나쁘고, 또 이 책 광고 문구에 나오는 '교사와 학생에게 비법과 노하우를'이라는 문구가 기분 나쁘다.

사실 이 책의 제목이 '훌륭한 교사들'이기만 했어도 혹은 '좋은 선생님들'이기만 했어도 이렇게까지 기분이 나쁘지는 않았을 것이다. 하지만 '최고의 교사들'이다. 게다가 이 기획의 전작이 『최고의 교수』라고 하니 더욱 기분 나쁘다. 내가 '최고의 교사들'에 들어 있지 않고, 내 절친 정 아무개 교수가 '최고의 교수들'에 들어 있지 않아서 하는 말이 아니다. '최고'라는 말을 아무 데서나 사용했고, 또 사용되어서는 안 되는 곳에 사용했기 때문이다.

우리나라는 '최고'라는 말에 중독되어 있다. 어디서나 '최고'라는 말을 사용한다. 동네 최고, 지역 최고, 국내 최고, 세계 최고. 최고라는 말이 하도 많아서 어지간한 최고는 눈에 들어오지도 않는다. 이는 마치 음식점들이 너도나도 원조집이라고 우겨대는 것과 비슷하다. 원조 음식점 이야기가 나온 김에 잠깐 곁길로 새어보자면, 마카오 여행 때 에그타르트의 원조 가게라는 '마거릿 카페 이 나타'를 고생고생하며 찾아간 기억이 난다. 아마 우리나라였으면 그리 큰 고생을 하지 않았을 것이다. 100미터 전방부터 '원조' 입간판이 줄을 이어 가며 서 있었을 테니. 물론 그 근처에는 원조집이 몇 개 더 있었을 테고. 하지만 이 자그만 카페는 명성에도 불구하고 가게를 키우지도, 눈에 띄는 간판을 세우지도 않았다. 다른 명물 국숫집에서도 도대체 최고니, 원조니 하는 간판 따위는 찾아볼 수 없었다. 유독 우리나라에서만 최고니, 원조니 난리를 친다.

그런데 이 최고라는 말은 쓸 수 있는 영역이 있고, 없는 영역이 있다. 우리는 세계 최고의 장신이 누군지는 금방 확인할 수 있다. 키를 재어보면 될 일이다. 세계 최고의 부자도 확인할 수 있다. 자산 가치를 화폐로 환산하면 되니까. 이렇게 어떤 단일한 척도로 측정해 비교할 수 있는 범위 내에서 우리는 최고를 가려낼 수 있다.

하지만 이런 단일한 척도를 들이댈 수 없는 영역에서 최고라는 말은 성립되지 않는다. 만약 저 책을 기획한 피디가 '최고의 어머니'라는 제목으로 책을 냈다면 상당한 저항감에 부딪혔을 것이다. 매우 많은 사람에게 최고의 어머니는 자기 어머니일 것이기 때문이다. 이렇게 사람과 관련된 일은 단일한 척도로 측정할 수 없다. 저마다의 역사가 있고 저마다의 맥락이 있기 때문이다. 박태환과 정명훈 중 누가 더 훌륭한가 라는 질문에 답할 수 있겠는가? 물론 분야가 달라서 답할 수 없다고 말 할 수 있겠다. 그럼 박태환과 류현진은 누가 더 훌륭한 운동선수인가라 는 질문은 어떤가? 종목이 다르다고? 그럼 류현진과 이대호는 누가 더 훌륭한 야구 선수인가? 포지션이 다르다고? 그럼 이대호와 김태균은 누가 더 훌륭한 타자인가? 누가 최고인가?

그런데 유독 '최고의 교사'라는 말에 큰 거부감을 느끼지 않는다니 그것이 더 이상하다. 아마도 그 이유는 '최고의 학생'이라는 말에도 큰 거부감을 느끼지 않기 때문일 것이다. 우리는 은연중에 학생들을 단일 한 척도로 측정해 비교하는 데 익숙해져 왔다. 최고의 학생을 가려내는 일은 간단하다. 그냥 점수만 보면 된다. 학생을 점수로 비교하는 것에 익숙해진 사람들에게 교사를 서로 비교해 최고를 가려내는 일은 그다 지 낯선 일이 아니다. 교과와 관련한 지식을 많이 알고 비법과도 같은 수업 기법들의 포트폴리오를 보유한 교사를 떠올리는 것은 일도 아닐 것이다.

하지만 실제 배움이란 그런 것이 아니다. 배움은 계획에 따라 정해 진 학습량을 달성해 나가는 기계적인 과정이 아니다. 배움은 삶을 공유 하는 것이며, 경험을 확장하는 것이다. 훌륭한 교사란 자신이 알고 있 고 할 수 있는 것을 효과적으로 잘 전달해주는 존재가 아니라, 삶의 공 유와 경험의 확장 과정에 동참해 학생과 더불어 성장해 나가는 존재다. 이것은 태도의 문제이지, 기능과 능력의 문제가 아니다. 기꺼이 배우고

자 하는 태도, 배움을 즐기는 태도가 중요한 것이지, 기능과 능력은 그 다음이다. 물론 이런 태도를 갖춘 교사라면 평생 그렇게 살아왔을 것이기에 남들보다 더 많이 알고 더 능숙할 것이다. 하지만 그것은 좋은 교사의 결과이지, 좋은 교사의 조건이 아니다.

저 책이 암시하는 것처럼 만약 많은 것을 알고 있고, 훌륭한 기법을 능숙하게 익힌 교사들을 최고의 교사라고 부른다면, 사실 우리나라는 최고의 교사가 더 필요한 상황도 아니다. 대부분의 선진국에서는 그 나라 대졸자 평균 수준에서 교사들이 충원되고 있다. 핀란드에서는 교육장관이 "상위 20퍼센트 중에서 교사들이 충원되고 있다."라고 자랑질을 할 정도인데, 우리나라에서는 상위 5퍼센트 정도는 되어야 교사가 될 수 있다. 새로 발령받는 젊은 교사들은 저마다 최고의 학생이었고, 그 최고의 학생끼리 치르는 살인적인 임용고시를 돌파한 승자들이다. 그러니 여기서 다시 최고를 가리려는 노력은 하지 않는 것이 좋다. 이미 우리나라 교사들은 최고 과잉이다.

최근의 인지과학자들은 지식이란 객관적으로 존재하는 것이 아니라 학습자 간의 상호작용 속에서 창발하는 것이라는 데 거의 동의하고 있다. 앎이란 내 머릿속에서 일어나는 고독한 현상이 아니다. 앎이란 우리라는 관계망 속에서 일어나는 현상이다. 따라서 우리가 없으면 앎이 없고, 앎이 없으면 공부도 되지 않는다.

그런데 우리나라 학생은 공부를 고독하게 한다. 우리나라에서 공부란 상대방을 이겨야 하는 경쟁에서 활용해야 할 무기이자 자원이기 때문에 절대 타인과 공유할 수 없는 것이다. 그러니 꼭꼭 싸매고 혼자 해야 한다. 그러니 열심히 공부한다고 믿으며 공부 아닌 그 무엇에 몰두하고 있다. 이런 상황에서 최고의 교사는 특별한 행운이거나 아니면 돈을 주고 구입해야 하는 희소한 자원이다. 학교에서 우연히 만나면 특별한 행운이며, 인터넷 강의 등을 통해 만난다면 희소한 자원이다. EBS의 주장은 후자에 가깝다. 즉, "우리는 최고의 교사라는 희소한 자원을 공중파답게 무료로 제공하니, 너희들은 책이라도 사라!" 이렇게 들린다. 불행히도 이런 최고의 교사들을 만나지 못한 학생들은 경쟁에서 도태된다.

그리고 이들의 학부모는 자신의 능력이 아니라 자신이 만난 교사가 최고가 아니었기 때문에 아이가 도태되었다고 주장하며 스스로 위로한다. 즉, 최고의 교사들은 5퍼센트 외에는 실패할 수밖에 없는 입시경쟁 속에서 패배한 95퍼센트가 자기의 패배를 무능한 교사들에게 돌리기 위한 하나의 핑계가 된다. "저런 선생님을 만났으니 얼마나 좋아!" 하고 부러워하는 순간, 최고의 교사는 일종의 로토 당첨금이 된다.

이는 고스란히 자신들 학교의 교사들에게 "질로 안 되면 양으로라도 메우라!"라는 요구가 되어 돌아온다. 최고의 교사들은 우연히 최고 칭호를 받지 못한 다른 교사들에게 무지무지한 초과 노동의 압력을 행사하는 도구가 된다. 즉, 이들은 북한 천리마운동에서 볼 수 있었던 노동영웅의 역할을 한다.

하지만 이런 경쟁 속에서는 점수는 나올지언정 배움은 일어나지 않는다. 시험은 쳤을지언정 아무것도 얻어가는 것이 없다. 졸업과 동시에 모든 것을 깡그리 잊어버린다. 생각하면 기막히지 않은가? 초중고 12년 동안 수학에 쏟아부은 시간이 얼마나 되는가? 그 엄청난 시간을 사용한 수학인데, 지금 써먹을 수 있는 수학은 얼마나 남아 있는가? 차라리 그 시간 동안 악기나 운동을 배웠으면 지금쯤 훌륭하게 써먹고 있을 것이다. 학교 공부가 엄청난 시간 낭비로 전락한 것은 교사가 무능해서, 최고가 아니라서가 아니라, '앎'이 발생하는 조건, 즉 '우리'가 조성되기 어려운 상황이었기 때문이다.

훌륭한 교사는 바로 이런, 배우는 '우리'를 잘 조성해주는 사람이다. 그리고 '우리'를 잘 조성해주는 사람은 실제 삶 속에서 그런 경험을 많이 해본 사람이다. 물론 이런 '우리' 경험을 많이 해본 사람이라면 경쟁을 통해 최고를 가린다는 발상 자체를 이해하지 못한다. 그러니 자신이 〈최고의 교사들〉이라는 TV 기획 프로그램의 대상이 되었다고 하면 그 취재를 거부했을 것이다. 최고가 되려는 마음가짐으로는 결코 교육자가 될 수 없다고 말하면서 말이다. (2012. 4.)

교육에서 성과급과 교원평가가
통할 수 있을까

얼마 전에 공개수업을 했다. 나야 언제든지 내 수업을 참관할 분들을 환영하는 입장이었지만, 교사들을 점수 매기기 위한 공개수업이 생기고 나니까 그만 빈정이 상하고 말았다. 그래서 제출하라는 서류는 하나도 제출하지 않고 그냥 수업만 했다. 특별히 준비도 하지 않고, 평소교과실 가서 하던 수업도 그냥 교실에서 했다. 수업도 가장 보편적인강의식으로 했다. 수업은 잘 진행되었다. 그러나 끝끝내 마음 한구석에그림자가 지워지지 않았다. 교사에 대한 불신이 여기까지 왔나 하는 생각이 들었기 때문이다.

교사에 대한 불신을 부정하지 않는다. 오히려 나도 교사들을 불신하는 편이다. 하지만 교사들을 분발케 한다고 도입한 제도들이 도리어분발하던 교사들을 좌절케 하는 현실에 대한 슬픔이 교사에 대한 불신을 넘어섰다. 경제 논리로 밀고 들어온 각종 노무관리 제도인 성과급,

교원평가 같은 것들 말이다. 경제 좋아하는 사람들이니 경제로 풀어야겠지. 강수돌 선생처럼 아무리 철학적으로 이야기해봐야 소용없다.

교사에 대한 불신은 경제학에서 말하는 소유주(본인) – 대리인 관계에서 발생하는 도덕적 해이moral hazard 문제에 해당한다. 대리인이 소유주의 이익이 아니라 자기 이익을 위해 일하는 경우가 발생할 수 있으며, 이때 대리인은 소유주보다 지식과 정보에서 유리한 위치에 있기 때문에 소유주를 기만할 수 있는 것이다. 예를 들면 직원과 사장의 관계가 그렇다. 직원은 고정된 월급을 받는 처지에서 구태여 더 바쁘게 일할 유인이 없다. 하지만 사장은 직원이 더 바쁘게 일해서 이윤을 뽑기를 원할 것이다. 이때 사장이 직접 매장에서 일하지 않고 직원에게 매장을 맡겼을 경우, 그리고 직원이 그 분야의 전문 지식과 정보에서 더 유리한 위치에 있을 경우, 이 상충하는 이해관계가 도덕적 해이 문제를 발생시킨다. 이런 문제를 해결하기 위해 성과급, 관리감독 체계, 효율임금, 경영참여 등의 방법이 동원된다.

그런데 오늘날에는 일반적으로 성과급과 관리감독 체계의 강화는 효율적이지 않은 것으로 판명되었다. 성과급이 대리인 관계의 보정 장치로 기능하려면 대리인의 작업이 모두 동질적이고 대체 가능하며, 협동의 필요성이 거의 없어서 누구의 실적인지 구별이 명확해야 한다. 하지만 갈수록 복잡해지는 오늘날의 기업 환경에서 이런 조건을 충족시키는 업종은 법인 택시기사 외에는 거의 없을 것이다. 관리감독 역시 관리감독 비용이 증가하는 문제, 책임 소재가 불분명한 오늘날의 작업 환경에 부적합하다는 어려움을 겪는다. 그래서 도입된 것이 효율임금이다. 즉, 이 일자리를 상실할 경우의 직업상실비용Cost of Job Loss을 아주 크게 만드는 것이다. 노무관리가 느슨한 전문직의 경우 이 방법을 많이 쓴다. "여기 말고는 이런 대우 기대할 수 없어. 알아서 잘해." 대략 이런 거다. 하지만 이것 역시 돈이 나간다. 그래서 더 좋은 방법은 대리인이 다만 대리하는 데서 그치지 않고 기업의 의사결정에 능동적으로 참여하는 주인이라고 느끼게 만드는 것이다.

자, 이제 교사들을 보자. 문제는 교사가 누구의 대리인이냐 하는 것이다. 조전혁(뉴라이트 계열 교육단체 상임대표) 무리는 바로 여기서 에러를 범하고 있다. 교사는 학생과 국가를 대리한다. 학생에게는 성장권이 있고, 국가에는 교육권이 있다. 즉, 학생은 사회에서 생존하고 행복을 추구할 능력을 갖출 권리가 있고, 국가는 공동체의 유지를 위해 사회구성원의 자질을 갖춘 학생을 길러낼 권리가 있다. 학부모는? 학부모는 다만 학생의 대리인일 뿐이다. 학생이 어릴수록 학부모의 대리권은 커지며, 나이를 먹을수록 줄어들어야 정상이다. 학생이 주체이며 학부모는 그 보조자 대리인일 뿐이다.

그런데 학생이라는 소유주 앞에서 교사라는 대리인은 숨김이 있을 수 없다. 학생들은 놀랍도록 예리하기 때문에 교사의 아주 세세한 부분까지 감지해낸다. 다만 교사가 학생의 이익이 아니라 자기 이익을 억지로 관철하려 할 때는 권위주의나 물리력을 동원한다는 것이 문제다. 따라서 학생인권조례 등을 세우고 학생회를 의결기구로 만들면, 수업 시간에 늘 학생들에게 공개될 수밖에 없는 교사는 그 앞에서 도덕적 해이 문제가 있는 대리인 관계를 만들 수 없다. 문제는 국가라는 소유주다.

국가는 자신이 원하는 교육을 교사가 하고 있는지 확인할 수 없다. 그 래서 교사들이 그런 교육을 하도록 간접적인 분발책을 쓰려고 한다. 그 래서 도입한 것이 성과급과 교원평가다.

문제는 교사의 일이 법인택시 같은 종류의 일이 아니라는 것이다. 학교에서 교사 개개인의 실적이나 성과를 측정할 방법은 전무하다. 예 컨대 내가 경제를 가르치는 1반은 수학 성적이 탁월하고 2반은 엉망이 다. 그럼 경제 점수 역시 1반이 2반보다 높게 나올 텐데 이 실적은 내 실적인가, 1반 수학 선생의 실적인가? 이런 식으로 교과목들은 서로 얽 히고설켜 있다. 또 담임이 학급 분위기를 어떻게 조성하느냐에 따라 성 과가 달라지기도 하고, 거꾸로 교과 선생들이 어떠냐에 따라 담임의 학 급운영이 쉬워지기도, 어려워지기도 한다. 그래서 최종적으로 어떤 한 학생이 훌륭히 성장했을 때 어떤 선생이 얼마나 기여했는지 분석해낼 방법은 없다. 성과를 분석할 수 없는데 성과급이 어떻게 가능하겠나? 결국 성과급은 교사들을 분발시키지는 못하면서 각종 열패감만 불러 일으킨다. 서로 성과를 분석, 비교할 방법이 없음에도 결국 S·A·B 등 급이 나누어진다면 B 등급을 받은 교사 중 그걸 수긍할 사람은 거의 없 을 것이다. 또 S 등급을 받은 교사 역시 받고도 찝찝하다.

교원평가 역시 마찬가지다. 동료평가가 중심이 되어 이루어지는데, 말이 좋아서 동료지, 교사들은 서로의 수업에 대해 제대로 알 수가 없 다. 판사, 의사, 변호사 역시 각자 따로 독립적으로 일하기는 하지만 그 들은 상호 비교할 수 있는 결과물이 있다. 판사들은 서로의 판결문을 볼 수 있고, 의사는 진료 기록을 볼 수 있다. 하지만 교사들은 서로의 수업에 대해 공유할 수 있는 정보가 매우 적다. 그래서 수업참관을 활성화하라고는 하지만, 자기 수업 하기 바쁜데 시간을 내서 남의 수업을 충분히 참관하는 것도 어려운 일이다. 겨우 한두 시간의 수업을 참관하는데 그걸 가지고 평가할 수는 없는 노릇이다. 단순한 노동일 경우는 몇 시간의 참관으로도 알 수 있다. 하지만 교사의 수업은 상황과 맥락에 영향을 받는다. 섣부르게 판단할 수 없는 것이다.

결국 성과급과 교원평가는 모두 단순노무직에서 적용할 수 있는 도덕적 해이 해소 방법을 적용한 것이다. 당연히 분발의 효과는 없으며 사기 저하, 냉소 만연이라는 비용만 크게 발생시킨다. 지금 학교 현장에서는 연금 수급권이 발생하는 20년 경력의 40대 중반 이후 교사들의 동요가 심하다. 한 가지 흥미로운 것은 이 중 유능한 교사들이 동요하고 있다는 것이다. 무능한 교사들은 학교를 떠나봐야 할 것이 없기 때문에 무슨 수모를 당하더라도 남아 있을 것이다. 하지만 55세부터 연금을 받을 수 있기 때문에 유능한 45세 교사라면 그 10년을 다른 일을 하면서 얼마든지 버틸 수 있다고 생각할 것이다. 교사를 단순노무직으로 취급한 결과는 결국 단순노무직 수준의 교사만 교단에 남는 상황이 되고 말 것이다. 그나마 유능한 교사들을 붙잡아두고 있는 것은 교사라는 직업이 직업상실비용이 매우 크다는 점이다. 확 때려치우고 나가더라도 일자리 잡는 것은 별문제가 없으나 대부분은 교사만큼의 처우를 기대할 수 없다. 하지만 교사들에 대한 각종 모멸이 이런 식으로 증가해서 직업상실비용을 넘어선다면 그들은 아마 결행할 것이다. 현재는 거의 임계점에 와 있는 것으로 보인다.

그렇다면 어쩌자는 것인가? 어쨌든 무능하고 나태한 교사들이 있는 것은 사실이 아닌가? 우선 성과급은 아무 실익이 없으니 폐지해야 한다. 성과급 균등분배? 그게 마음에 안 든다면 아예 폐지해버려도 무방하다. 그까짓 200만 원, 안 받으면 그만이다. 그리고 학생과의 대리인 관계에서 비롯되는 도덕적 해이는 학생인권조례와 학생회 의결기구화면 한 방에 해결된다. 교원평가는? 동료평가 대신 동료들의 협의회를 실효성 있게 만드는 것이 답이다. 그래서 거기서 아주 리얼한 상호 비판이 쏟아질 수 있는 분위기를 만들어야 한다. 교사끼리 이런 날선 토론을 하는 경우를 본 적 없다고? 그건 아무리 열띤 토론을 하더라도 항상 결론은 교장이 한마디로 내려버리기 때문에 굳이 토론할 필요가 없었던 탓이다. 만약 교사들이 토론을 통해 학교 운영을 좌우할 수 있도록 법제화된다면, 지금 하는 이 형식적이고 서로를 슬프게 하는 교원평가 따위는 비교도 할 수 없을 정도로 치열한 동료 간 비판이 터져 나올 것이다.

결국 정답은 학교의 민주화다. 학생이 문서상의 주인이 아니라 실제로 주인 노릇을 할 수 있게 되고, 문서상으로는 대리인이면서 실제로는 주인 노릇을 한 교장이 철저히 대리인(학생의 대리인인 교사의 대리인)이 되고, 주인과 1차 대리인의 모임인 학생회와 교사회(교장은 교사회의 한 구성원으로 참가)가 학교 운영을 실질적으로 결정할 수 있게 되는 것이다. 그렇다면 교사들은 학생들의 반응에 신경을 쓸 수밖에 없고, 상호 비판적인 의견을 교환할 것이고, 학교 운영에 책임감을 느낄 것이기 때문에 계속해서 더 좋은 교육을 할 원동력이 생길 것이다.

오늘날 지식정보를 다루는 기업은 대부분 이 방법을 통해 대리인 관계에서 비롯되는 문제를 해소한다. 사내에서 동료평가를 강화했던 엔론의 말로가 어떻게 되었는지, 그리고 동료 간의 경쟁과 상호감시보다는 협력과 유대를 강조했던 구글이 오늘날 어떤 회사가 되었는지를 비교하면 아주 적나라한 답이 보일 것이다. (2011. 6.)

진로교육은 직업교육이
아니다

＊

자유학기제가 처음 도입될 당시에 환영과 우려의 마음을 모두 느끼며 썼던 글이다. 자유학기제는 아직도 시행되고 있고, 진로교육 역시 점점 강조되고 있다. 하지만 이 글에서 우려했던 대로 잘못된 방향으로 가는 것 같아 걱정이다.

2016년부터 교육부가 중학교에서 한 학기 동안 시험과 수업 부담을 줄이고 진로 탐색과 진로 체험을 중심으로 하는 '자유학기제'를 실시하겠다고 발표했다. 서울시교육청에서 시범 실시하는 중학교 1학년의 진로 탐색 학기까지 감안하면 서울 지역 중학교의 경우 1년간 수업과 시험이 대폭 축소된 진로 탐색 기간을 운용하게 된다. 여기에 대해 문용린 교육감은 "중1 때 다양한 진로 탐색을 한 뒤 학생 스스로 원하는 분야를 정하면 이후 자유학기제 기간에 관련 공부나 체험에 푹 빠져

드는 식으로 이어질 수 있다."라고 설명했다.

　문 교육감이 영향력 있는 교육학자임을 감안하면, 이 발언은 제도권 교육계가 바라보는 진로교육의 공식적 입장이라고 볼 수 있다. 그것은 진로교육을 '다양한 진로 탐색 → 진로 선택 → 선택한 진로 중심으로 학습' 세 단계로 보는 것이다. 이 경우 진로교육은 삶의 여러 가지 선택지 중 하나를 선택해 거기에 에너지를 집중하는 인생 설계 과정이 되는데, 이 선택지의 대부분은 직업 혹은 분야가 된다.

　이때 함께 세트를 이루는 말이 적성이다. 이 경우 진로교육은 학생들이 자신의 적성을 알고, 직업이나 분야에 관한 정보를 획득한 뒤, 자신의 적성이 어떤 직업이나 분야에 가장 적합한지 결정하고, 그 직업과 분야에 진출하기 위해 필요한 것이 무엇인지 알고 준비하는 것이다.

　그런데 진로교육의 의미가 이런 것이라면 특별히 '자유학기제'니 '진로 탐색 집중학년제'니 하는 것을 1년씩이나 운영할 이유가 없다. 엄밀히 말해 우리나라의 국가 수준 교육과정 전체가 바로 이런 진로교육 구조를 가지고 있기 때문이다. 2009년 개정 교육과정에 따르면 중학교에서는 "다양한 분야의 경험과 지식을 익혀 적극적으로 진로를 탐색"하며, 고등학교에서는 "중학교 교육의 성과를 바탕으로 학생의 적성과 소질에 맞는 진로 개척 능력"을 함양하도록 되어 있다.

　문제는 학생의 진로를 '적성 → 직업'으로 환원하는 편협한 관점이다. 교육 당국은 학생에게 적성에 맞는 직업을 선택하도록 하는 게 진로교육이라고 주장하지만, 학부모는 적성에 맞건 안 맞건 간에 보수가 좋고 안락한 삶을 누릴 수 있는 직업에 도달하도록 하는 것이 진로교육이라고 주장한다. 직업의 귀천이 온존하고 어떤 직업을 얻느냐에 따라 삶의 질이 현격하게 차이를 보이는 나라에서는 학부모의 진로교육관이 보다 현실적이다.

그러니 사회 문제로 여겨지는 사교육조차 어떤 의미에서 직업교육이다. 학부모가 자녀에게 과도한 사교육을 강요하는 이유도 그들이 장차 법조인, 의료인, 교사, 대기업 사원, 공무원이라는 직업을 갖기를 바라기 때문이다. 그런데 이 직업이 경쟁에서의 순위에 의해 결정되기 때문에 학교 플러스알파가 경쟁적으로 필요하며, 결국 경쟁적으로 사교육비를 늘리는 것이다.

따라서 지금 우리나라 공교육에서 진로교육과 관련해 문제가 있다면 그것은 진로교육의 비중이 작아서가 아니라, 그 관점이 직업교육을 중심으로 지나치게 협소화되어 있기 때문이다. 학교에서는 적성과 직업을 연결시키고, 가정에서는 보수와 직업을 연결시킨다. 그 어디에도 학생이 가지고 있는 가치관, 도덕관, 철학은 고려되지 않는다. 학생이 살고자 하는 삶, 또 이 사회가 요구하는 삶과 인간상은 고려하지 않는다. 적성 혹은 보수와 직업을 세트로 삼는 진로교육은 진로를 순전히 개인적인 과제로 환원한다. 이것은 공교육이 지향해야 할 바가 아니다.

공교육은 직업인을 길러내기 위한 교육이 아니다. 학교는 학생들이 변호사, 의사, 교사, 혹은 그 밖에 현재 존재하는 어떤 특정한 직업인이 되기 위한 준비 과정이 되어서는 안 된다. 학교는 학생들이 현재 자신의 가능성과 역량을 확장함으로써 스스로 미래를 개척하고 창조하는 곳이 되어야 한다.

학생들은 현재 어른들이 가지고 있는 직업을 갖기 위해, 혹은 현재 어른들과 같은 사람이 되기 위해 성장하는 것이 아니다. 학생들은 장차 새로운 직업을 창출할 수도 있고, 어른들과 다른 사람이 될 수도 있으며, 현재와 다른 나라를 만드는 새로운 시민이 될 수도 있다. 교육은, 특히 공교육은 학생들이 직업인, 인간, 시민 이 세 차원에서 미래를 열어 가도록 도와주는 것이다. 주어진 목적지와 항로 중 하나를 선택하게 하는 것이 아니라, 학생 스스로 새로운 항로를 찾고 항해할 수 있도록 여러 지식과 자원을 제공하는 것이다.

아리스토텔레스는 인간으로서의 덕, 시민으로서의 덕, 그리고 직업에 따른 덕이 별개의 것이라 했다. 즉, 좋은 사람과 좋은 시민, 그리고 좋은 제화공에게 요구되는 덕은 각각 별도의 교육을 필요로 한다. 진정한 의미에서 진로교육이란 이 세 덕이 서로 균형을 이루도록 하는 것이다. 그리고 이 중 보다 중요한 것은 좋은 인간과 좋은 시민이 되는 것이다. 우리는 세계 최대 은행인 베어링스은행을 파산으로 몰고 가서 세계 경제를 뒤흔든 닉 리슨Nick Leeson에게 결여된 점이 금융인으로서의 능력이 아니었음을 알고 있다.

우리가 그동안 등한시해 왔던, 그리고 우리에게 부족했던 진로교육은 바로 이런 것이다. 우리에게 필요한 진로교육은 학생들이 인간으로서의 진로, 시민으로서의 진로를 찾아가는 교육이다. 윤리교육, 철학교육과 민주시민교육이 직업교육과 균형을 이룰 때 진정한 진로교육이 완성될 것이다. 교육부와 서울시교육청은 진로 탐색 학기 1년이라는 긴 시간을 직업 탐방, 적성 찾기 따위로 채우지 않기를 바란다. 그 시간

동안 학생들이 자신의 삶과 가치를 성찰하고, 민주시민으로서 자신이 몸담은 사회에 대한 권리와 의무를 각성하는 알찬 시간이 되도록 하기 바란다. 이는 정규 교육과정을 입시와 관료주의로부터 해방시켜 정상적으로 운영하는 것과 다름없다. (2013. 12.)

지금
필요한 것

*

이 글은 인성교육이 법제화되던 당시, 이를 비판한 글이다. 나는 여전히 국가가 인성을 규정하는 것에 반대한다. 하물며 인성교육이라는 별도의 영역을 설정해 특정한 덕목과 가치관을 주입하는 일에 반대한다.

여야 의원 50명으로 이루어진 국회 인성교육포럼에서 초중학교의 인성교육 의무화를 골자로 하는 인성교육법을 내년 4월 중에 제출할 예정이라고 한다. 발표된 내용에 따르면 이 법안은 인성교육 교과의 시수를 법으로 정하고, 각 시도 교육감은 인성교육 계획을 수립하고, 각급 학교는 인성교육에 예산의 일정 부분을 반드시 할당하도록 되어 있다.

일단 이런 법안까지 입법 예고하게 된 동기에 대해서는 이견이 없다. 요즘 어린이나 청소년의 인성에서 많은 위험 요인이 발견되는 것은 사실이기 때문이다. 학교폭력만 해도 거의 30년간 큰 변화가 없다가 1997년에서 2000년까지 3년 만에 거의 10배 가까이 폭증했고, 지금도 계속 늘어나고 있다. 학생에 의한 교권침해도 거의 10배 이상 폭증했다.

문제는 이것이 과연 인성교육 시간을 늘리거나 강화해서 해결할 수 있는 문제인가 하는 것이다. 만약 인성교육 부족이 문제였다면 교과 수업 이외에 특별한 인성교육이나 수련 혹은 체험 프로그램이 전무하다시피 했던 1980년대는 지금보다 훨씬 인성 문제가 심각했어야 했다. 그러나 데이터는 정반대의 사실을 보여준다. 인성교육 시간이 늘어난 2000년대 학생들의 각종 인성 지표가 인성교육이 전무했던 1980년대 학생들보다 훨씬 황폐하다. 이는 학생들의 인성을 황폐화시킨 원인이 인성교육 부족이 아니라 다른 것이며, 이에 따라 인성교육이 계속 강화되어 왔지만 이를 막기에 역부족이었음을 보여준다.

그렇다면 무엇이 우리 학생들의 인성을 이토록 빠르게 황폐화시킨 것일까? 답을 찾기란 어렵지 않다. 갈수록 치열해진 입시경쟁 교육이다. 문제는 이 경쟁이 치열하다는 것뿐 아니라 무의미하다는 것이다. 1980년대만 해도 입시지옥은 고등학생이나 되어야 경험하는 것이었다. 또 대학에 진학하면 삶의 경로가 비교적 튼튼해졌기 때문에 도전할 만한 가치도 있었다.

그러나 1990년대 후반부터의 입시지옥은 중학교를 거쳐 초등학교, 심지어 미취학 시기까지 내려갔고, 선행학습으로 남보다 앞서 나가려는 욕심이 지나쳐 초등학생이 고등학교 수학을 배워야 할 정도로 강도가 높아졌다. 이렇게 치열한 경쟁을 뚫고 대학을 졸업해서 얻는 일자리는 비정규직, 아니 그것도 모자라서 기껏 인턴 사원이다. 참으로 무의미한 경쟁인 것이다.

가정의 인성교육 기능도 무너졌다. 1980년대만 해도 부모는 입시경쟁으로 지친 학생들을 지원하고 격려하는 역할을 담당했다. 독서실에서 밤늦게 공부하고 돌아오는 고3 자녀에게 안쓰러운 탄식과 함께 이런저런 과일과 야식을 챙겨주는 어머니의 모습은 지금 40대, 50대에게 낯설지 않은 풍경이다. 그러나 2000년대 이후 부모는 젖을 떼기가 무섭게 아이를 입시경쟁의 아레나에 밀어 넣어 싸움을 독려하고 있다. 부모가 입시지옥의 완화제가 아니라 원인 제공자가 되었고, 가정이 쉼터가 아니라 막사가 되었다.

이렇게 자신을 싸움터로 내모는 부모 아래에서 겨우 말이나 배웠을 나이부터 치열한 경쟁에 시달린 아이들이 사춘기 연령에 도달했을 때 우리가 그들에게서 어떤 인성을 기대할 수 있겠는가? 상처받고 외로운 짐승들이 사나워지듯이, 상처받고 외로운 청소년들은 시한폭탄 같은 존재가 될 수밖에 없다. 사방을 둘러보아도 이들의 상처를 어루만져주고 외로운 손을 잡아줄 곳이 없다. 집에서도 학교에서도 따뜻한 분위기와 포근한 안정감을 느낄 곳이 없다. 그런데 세상은 이들에게 인성이 글러 먹었다며 인성교육을 받으라고 한다. 이런 상황에서 인성교육 강화가 과연 효과를 볼 수 있을까? 오히려 학교에서 받아야 할 교육의 종류만 하나 더 생긴 아이들이 짜증이나 낼 가능성이 더 크지 않을까?

'교육은 백년지대계'라는 말은 그냥 하는 말이 아니다. 교육 정책을 결정할 때는 신중해야 하고, 문제가 되는 현상만 보지 않고 교육 전체를 바라보는 안목이 필요하다. 인성이 문제가 되면 인성교육을 강화하고, 역사관이 문제가 되면 역사교육을 강화하는 식의 대증요법은 그 순간 여론의 바람막이는 될 수 있을지언정 근본적인 해결은커녕 부작용만 불러올 것이다.

요즘 아이들의 인성이 걱정되면 해법은 간단하다. 입시교육을 중단하고, 교육과정을 왜곡하는 사교육을 규제하고, 불안에 들떠 아이들을 아레나로 몰아넣고 있는 학부모에게 쓴소리를 하라. 이 어려운 길이 두려워 외면하고서 내놓는 그 어떤 정책도 문제의 핵심에는 다가가지 못할 것이며, 공연한 예산 낭비와 학교 업무 증가라는 부작용만 낳을 것이다. (2012. 12.)

제발 교사를
그냥 두라

※

이 글은 세월호 참사 직후 '가만히 있으라'라는 글을 써서, 학생들이 승무원의 지시를 가만히 듣고 있다가 죽었다며 자력구제를 은연중에 옹호한 이른바 한 진보 문필가의 글이 큰 해악을 끼친다고 판단해 쓴 글이다. 그 무렵 세월호 참사는 학생뿐 아니라 교사에게도 근원적인 트라우마였다. 그렇기 때문에 학교 밖에서 속 편하게 함부로 지껄이는 사람들에 대해 격앙된 반응을 보이는 글을 많이 쓸 수밖에 없었다.

세월호에서 순직한 선생님들을 생각하면 저절로 눈물이 난다. 전혀 남의 일이 아니기 때문이다. 아마 내가 그 자리에 있었어도 살아 나오기 어려웠을 것이다. 인솔 교사 14명 중 무려 12명이나 순직했다고 한다. 그분들이 특별히 의로운 교사, 사명감이 투철한 교사라서가 아니다. 나라도 그랬을 것이고, 내 옆자리 선생님도 그랬을 것이고, 두 시간 전에 같이 세미나하고 뒤풀이했던 선생님들도 다 그랬을 것이다. 그게 그 자리가 주는 압박감의 위력이다.

이른바 진보적 관점에서 보면 간섭으로 보이고 통제로 보일지 몰라도, 교사가, 특히 담임이 학급 학생에 대해 가지는 도덕적 압박감과 정서적 애착은 일반인의 상상을 초월한다. 심지어 같은 교사라도 비담임 1년만 하면 생소하게 느껴질 정도다. 많은 교사가 담임반 학생에 대해 혈육과 같은 애착을 가지고 있다. 물론 그렇지 않은 교사도 있겠지만 매우 드물고, 대개의 경우는 정도 차이다. 혈육과 같은 애착이 없으면 그 고달픈 담임 업무를 도저히 해내지 못한다. 내 새끼다, 생각하니까 날마다 쏟아지는 잡무와 아이들로부터 받는 마음의 상처도 견뎌낼 수 있는 것이다. 219일 사고만 치던 녀석이라도 종업식 날 하루만 대견한 모습을 보이면 그걸로 모든 걸 다 퉁칠 수 있는 게 담임의 마음이다. 이건 학생도 마찬가지다. 사이코패스가 아닌 다음에야 사고 치는 녀석들은 단지 걸렸다, 재수 없다는 생각뿐 아니라 담임에 대한 미안한 감정을 느낀다. 심지어 자기 부모보다 담임에게 더 미안해하는 경우도 있다. 이렇게 자기 부모보다 담임에게 더 애착을 느끼는 녀석들을 젖 떼고 졸업시키는 것도 정말 쉬운 일이 아니다. 억지로 젖 떼는 과정에서 교사도 정서적으로 많이 다친다.

문제 상황이나 위급한 상황에선 그 압박이 더 커진다. 문제 상황이 발생하면 60개의 눈이 일제히 담임만 쳐다본다. 그 압박은 정말 무섭다. 60개의 눈이 뭔가 해결책이 있을 거라는 기대를 가지고 쳐다보는데 뾰족한 방법이 없다면 더 무섭다. 배가 가라앉는다거나 기차가 뒤

집어진다거나 하는 상황이라면 더더욱 무섭다. 그 무서움을 견디느니 차라리 죽는 게 나을 정도다. 설사 살아남았다 하더라도 돌아와 빈자리가 숭숭 난 그런 교실을 한두 번 보면 거의 미쳐버리고 말 것이다. 10개 학급을 인솔해서 출발했는데 겨우 2개 반 정도의 아이들만 남아 있는 모습을 본 단원고 교감의 죽음은 거의 예고되어 있었다. 그런데 그를 격리하지 않고 풀어둔 관계 당국은 사실상 살인을 저지른 거나 마찬가지다. 그들이 교감의 격리에 신경 쓰지 않은 것은 우리 사회가 그만큼 교사의 도덕적 압박감, 학생에 대한 애착심에 대해 모르고 있다는 증거다. 이른바 선진국에서는 이런 떼죽음이 아니라 학생 한두 명이 목숨을 잃어도 즉시 교사들에게 심리치료가 들어간다.

그러니 사회에 호소한다. 교사를 가볍게 보지 말라. 보수 쪽에서는 교사들을 잠재적 '좌빨'로 몰아 국정 교과서로 통제하려 든다. 반면에 진보 쪽에서는 교사들을 생각 없는 로봇이나 체제가 기르는 도구, 인권이나 유린하는 변태로 몰아붙인다. 보수 쪽에서 흔드는 건 그냥 웃어버리면 그만이다. 너는 짖어라, 우린 우리 식으로 가르친다, 하면서. 하지만 진보 쪽에서 흔드는 건 참으로 아프고, 모욕감마저 느끼게 한다. 열심히 가르치고 있는데 "교육 불가능의 시대"를 선언하는가 하면, 매일 교실에서 삶의 힘을 얻어서 내려오는데 "교사도 학교가 두렵다."라고 단언한다.

솔직히 우리나라 교사들이 탐구열이 넘치고 자기 계발에 열성적이라고는 말하지 않겠다. 학생들을 잘 이해하고 늘 그들 편에 서려고 애쓴다고도 말하지 않겠다. 그러나 교사 집단이 밖에서 쉽게 생각하는 것처럼 그렇게 허술한 사람들이 아니라는 말은 해야겠다. 그래서 그들은 보수보다 진보가 집권하는 것을 더 두려워한다. 보수는 단지 그들을 귀찮게 하지만, 진보는 그들의 소신을 틀렸다고 하고, 그들에게 자존심을 버리라 하고, 도덕적으로 잘못됐다고 낙인찍기 때문이다.

어느 진보 문필가가 '가만히 있으라'란 제목의 글을 써서 무비판적이고 권위에 순응하는 학생들로 기른 학교를 질타한 모양이다. 그 말을 그대로 돌려주고 싶다. 제발 "가만히 좀 있으라." 교육에 비판이 필요하고 진보가 필요한 건 사실이다. 하지만 그 일을 해낼 교사들은 결코 모자라지 않다. (2014. 5.)

다시 무엇을 가르칠 것인가

교사가 참사를 만났을 때

원래 의뢰받은 원고 주제는 '교사가 참사를 만났을 때'라는 제목이었다. 그런데 글을 쓰면 쓸수록 이게 그렇게 단순한 문제가 아니었다. 세월호 참사는 교사의 역할뿐 아니라 그 위상까지 송두리째 흔들고 있기 때문이다.

우리나라는 아직 교사에 대한 신뢰도가 높다. 한중일 청소년의 학교 선생님 신뢰도 조사(여성가족부·2010)에서도 77.6퍼센트의 신뢰도를 보여주었다. 일본은 61퍼센트였다. 이런 높은 신뢰도는 교사 개개인의 자질과 품성 때문이 아니라, 국민이 대한민국이라는 사회에 신뢰의 끈을 놓지 않고 있기 때문이다. 초자연적 존재나 가치에 대한 믿음이 상실된 오늘날, 사회(특히 국가)는 사람이 믿고 기댈 수 있는 최후의 보루이며, 교사는 이 사회에서 합의된 공적 가치와 규범을 대변하는 존재다. 그래서 프랑스 사회학자 뒤르켐은 교사를 '성직자의 기능적 등가물'이라고 했다.

그런데 세월호 참사는 교사가 대변할 공적 가치와 규범을 침몰시켰다. 이제 '교사가 참사를 만나면 어떻게 행동해야 하는가?'라는 물음은 '순직을 각오할 것인가?'의 수준을 넘어, '공인된 절차와 전문가의 지시를 따르라고 가르칠 것인가, 아니면 각자 스스로 판단해 살길을 찾으라고 가르칠 것인가?'라는 근본적인 물음이 되어버렸다. 순직 여부는 오히려 쉽다. 대부분의 교사는 위기 상황에서 학생과 운명을 같이한다. 물론 교사가 모두 고결한 인격의 소유자는 아니겠지만, 심지어 체벌과 촌지로 물의를 일으킨 교사조차 이런 상황에서는 순직할 가능성이 크다.

문제는 세월호에서 순직한 교사들이 "해난 사고 발생 시 질서를 지키고 선장과 선원의 지시를 따른다."라는 합의된 규범을 충실하게 이행한 결과 학생과 함께 모두 목숨을 잃었고, 오히려 규범을 지키지 않은 사람들이 목숨을 건졌다는 것이다. 우리는 도덕을 무시하고 약삭빠르게 자기 이익을 챙기라는 주장을 비난한다. 그런데 세월호에서는 도덕적으로 행동한 교사들은 죽었고, 반대로 도덕적 의무를 저버리고 행동한 선원들은 살았다. 교사들이 대변해야 할 도덕이 침몰한 것이다.

일부 진보 인사는 "규범에 순응하는 학생들"이 목숨을 잃었다며 무비판적이고 순응적인 학교 교육을 비난했다. 이른바 "어른 말 잘 들어서 목숨을 잃은 착한 아이들" 담론이다. 고등학교 2학년씩이나 된 학생들이 모두 고분고분하고 순종적이라는 전제부터 비현실적이다. 그중에는 반항아도 있고, 학교폭력 주범도 있고, 교권침해 주범도 있고, 밤마다 아르바이트를 다니며 세상을 알 만큼 아는 녀석들도 있다. 그들이 비판적이었는지는 확인할 수 없으나, 적어도 어른들 말에 그저 "네." 하고 순종하는 고분고분한 학생은 아니었을 것이다.

오히려 반문해보자. "선장과 선원을 의심하고 각자 알아서 살길을 찾아라."라고 가르쳐야 옳았을까? 위기 상황에서 공인된 전문가나 권위 있는 책임자의 지시를 따르지 말고 각자 상황을 판단해 '자력구제' 하라고 가르쳐야 옳았을까? 그 결과는 서로가 서로를 짓밟는 아수라장이다. 영양들은 강을 건너다가 악어를 만나면 서로가 서로의 머리를 밟으며 빨리 건너가려다 결국 가장 약한 놈이 잡아먹힌다. 오직 사람만이 권위를 창출하고, 그 권위에 의해 가장 약한 개체부터 질서 있게 위기를 벗어나게 할 수 있다. 바로 이게 사람됨이며 사람의 존엄함이다.

세월호의 교사나 학생 역시 우리 사회가 아무리 엉망이 되었을지라도 마지막 보루인 구조 시스템만큼은 믿고 있었을 것이다. 기울어진 세월호에서 질서정연하게 구명조끼를 입고 대기한 학생들은 일부 진보 지식인의 비판처럼 복종과 순응을 학습한 순둥이라서 수동적으로 기다린 것이 아니었다. 그들은 질서가 무너지고 저마다 살자고 나서면 공멸한다는 것을 알고 있었고, 그동안의 경험을 통해 적어도 우리나라의 구조 체계는 정상적으로 작동한다고 믿으며 그렇게 행동한 것이다. 이 생각 자체가 틀렸다고 말할 수 있는가? 심지어 세월호 참사 이후 강화된 야외 체험 활동 안전교육 지침에도 여전히 "해난 사고가 발생하면 선원의 지시를 따른다."라고 되어 있다.

아무리 훌륭한 나라라도 부도덕한 개인은 있다. 그런 사람이 없더라도 갖가지 우연이 겹쳐 대형 사고가 일어날 수도 있다. 그럼에도 우리가 두려움 없이 공공시설을 이용할 수 있는 까닭은 그런 사태를 예방하는 시스템과 사태가 발생했을 때 구조하는 시스템이 작동하고 있다는 믿음 때문이다.

이 믿음이 없으면 우리는 집 밖으로 한 발자국도 내딛기 어렵고, 심지어 집조차 언제 무너질지 불안하다. 이런 상태에서는 정상적인 생활이 불가능하며 정신적으로도 버티기 어렵다. 그래서 인간은 본능적으로 사회, 그리고 그 사회의 규범과 가치를 믿고자 한다. 믿고 따를 공동의 것이 없는 인간의 삶은 나약하고 불안하고 비참하고 짧다.

그래서 프랑스의 철학자 볼테르는 "신이 없다면 하나 만들어라."라고 절규했고, 뒤르켐은 그 신의 기능적 등가물로 '사회'를 제시했다. 인간은 사회를 떠나서는 살 수 없다. 이미 수천 년 전 아리스토텔레스도 "공동체 없이 살 수 있는 사람은 인간 이상의 존재(신)이거나 이하의 존재(짐승)."라고 했다. 사회를 이룬 인간은 강인하지만 한 개인으로 전락한 인간은 나약하다. 이렇게 나약한 개인으로 세상의 파고에 노출된 개인은 스스로를 거의 보존하지 못한다. 우리가 흔히 '멘붕'이라고 부르는 상황에 이르는 것이다. 그런 점에서 사회에 대한 신뢰는 사실 사회에 대한 희망 사항이기도 하다. 기댈 만한 사회가 있다고 믿고 싶은 것이다.

아무리 끔찍한 재난이 발생해도 우리를 보호하고 구하는 사회 체계와 권위자가 있다는 믿음 덕분에 우리는 어떤 재난이 일어나더라도 '멘붕'에 빠지지 않는다. 육상 참사에서는 119구조대가, 해상 참사에서는 해경이 그 역할을 담당한다. 실제 직업 신뢰도 조사에서 늘 1위를 달리는 직업은 구조대다. '오렌지색'은 사회에 대한 신뢰의 마지막 보루다.

세월호 참사는 오렌지색을 포함한 사회의 모든 신뢰 체계를 무너뜨렸다. 선사와 선원들의 부도덕한 행태는 그렇다고 치자. 하지만 이를 감시하고 바로잡아야 할 사회 체계 역시 하나도 작동하지 않았다. 선박 구조 변경의 인허가, 선박의 운항 허가, 선박의 항적 감시, 해난 사고 발생 시 신고 접수와 처리, 구조, 상황 집계, 그리고 보도에 이르기까지 어느 것 하나 멀쩡하게 돌아간 게 없다. 청와대는 '전원 구출'이라는 보도가 나왔을 때는 "청와대가 진두지휘했다."라고 하더니, 대참변으로 귀결되자 "청와대가 재난의 컨트롤 타워는 아니다."라며 무책임한 태도를 보여주었다.

학생들은 뉴스, 신문, 각종 소셜 네트워크 서비스sns를 통해 이런 상황을 거의 날것 그대로 접했고 큰 충격을 받았다. 청소년기는 공식적 사회화가 이뤄지는, 즉 개인에서 사회인으로 넘어가는 과도기다. 그런데 그들은 미처 사회인이 되기도 전에 그들이 몸담게 될 사회의 총체적인 무능, 무책임, 그리고 그 결과로 발생한 끔찍한 죽음을 목격했다. "아이들은 어른이 실종자를 구하지 못하는 게 아니라, 구하지 않는다고 생각한다."라는 상담 의사의 증언처럼, 그들은 이 참사를 어른이 아이들을 죽인 사건으로, 더 나아가 국가가 아이들을 버린 사건으로 받아들인다.

이런 상황에서 교사는 무엇을 가르쳐야 할까? 누군가는 "사회를 믿지 말고 스스로의 판단을 믿으라."라고 가르치라 한다. 학생들이 어른과 사회의 권위를 의심하기로 마음먹으면 자유로운 영혼과 비판적 정신의 소유자로 자랄 것이라고 믿는 모양이지만 천만의 말씀이다. 인간은 어떤 공동체에 속해 있다는 유대감을 느끼지 못할 경우, 불안과 우울 등의 상태에 빠지기 쉽다. '어른들을 믿지 말라.'라고 가르치는 것은 이들을 해방시키는 게 아니라 절망시키는 행위다.

지금 교사들은 '크레타섬의 역설'(크레타의 철학자 에피메니데스는 모든 크레타 사람은 거짓말쟁이라 그들이 말한 말은 모두 거짓말이라고 했다. 이 말이 참말이라면, 모든 크레타 사람의 말은 모두 거짓말이다. 그리고 에피메니데스도 크레타 사람이기 때문에, 그가 말한 말은 모두 거짓말이고, 따라서 이 말은 거짓말이다.) 상황으로 내몰리고 있다. 사회 시스템 전체에 대한 믿음이 무너진 지금, 교사가 여전히 사회를 믿고 어른을 믿고 공인된 권위자를 따르라고 가르친다면 이는 거짓을 가르치는 것이다. 실제로 1970~1980년대에 많은 교사가 거짓을 가르치도록 강요받는 것을 고통스러워 했기 때문에 그들은 해직을 불사하며 싸웠다. 그렇다고 사회, 어른, 공인된 권위자를 믿지 말라고 한다면 이는 교사에 대한 신뢰의 기반을 스스로 허무는 결과가 되어 '그렇게 말하는 당신 말은 어떻게 믿느냐?'라는 반문에 직면하게 된다. 교사가 누리는 높은 신뢰는 교사 개인의 인품 덕분이 아니기 때문이다. 아무나 교사가 되는 게 아니라 국가가 선발하고 인증한 사람이 교사가 된다는 믿음의 공유 속에서 자신이 '인증받은' 체제를 불신하라 말하는 것은 스스로 크레타 사람이 되는 것이다.

다행히도 이 난처한 상황을 벗어날 길이 있다. 그것은 어른 가운데 '믿을 만한 어른', 사회 시스템 중 '믿을 만한 시스템', 공인된 권위자 중

'믿을 만한 권위자'를 믿으라고 가르치는 것이다. 이는 말로 이뤄지는 가르침이 아니다. 학생들에게 사회에서 믿을 만한 대상을 가려내는 경험과 훈련을 충분히 제공해야 한다. 이게 바로 비판적 사고 능력을 기르는 교육이다. 비판적 사고 능력은 어른과 사회를 믿지 않고 삐딱하게만 보는 데 필요한 것이 아니라, 믿을 만한 어른과 사회 시스템을 가려내는 데 필요한 능력이다.

교사는 자신이 학생에게 비판의 대상이 되는 것까지 감수하면서, 동시에 믿을 만한 어른으로서 본보기도 되어야 하는 이중의 부담을 짊어져야 한다. 사실 이 둘은 서로 모순적이지 않다. 평소 규범, 권위, 어른을 비판적으로 의심해본 학생이라면 믿을 만하다고 판단한 규범, 권위, 어른에 대해서는 오히려 더 충실하게 따를 것이기 때문이다. 이것이 바로 비판교육의 정수다.

하지만 비판교육은 사회와 어른에게 믿을 만한 구석이 있다는 것을 전제로 한다. 믿을 만한 구석이 전혀 없는 사회는 비판의 대상조차 되지 못한다. 세월호 참사 이후 학생들은 우리 사회와 권위, 어른 전체를 의문시하고 있다. 이런 상황에서는 비판교육이 아니라 반사회교육, 반교육적 선동이 잘 먹히며 이는 역사적으로 파시즘으로 가는 전주곡과도 같다.

따라서 교사는 학생들에게 이 세상이 무조건 침몰 위험에 처한 배는 아니며, 또 설사 그런 위험에 처하더라도 그런 배를 방치하는 사람들만 있는 것이 아님을 입증해야 한다. 교사가 사회를 비판하고 바로잡는 능동적 시민으로서 본을 보여야 하는 것이다. 그래서 믿을 만한 어른의 모습이 어떤 것인지 학생들에게 보여줘야 한다.

이제 교사는 다음의 두 과제를 이행해야 한다. 첫째, 학생들에게 스스로 믿을 만한 어른, 시스템, 권위를 가려내는 경험을 제공하는 것. 이 경험에는 교사 자신에 대한 비판도 포함돼야 한다. 둘째, 교사 자신부터 학생들이 살아갈 사회를 믿을 만하게 개선하는 활동에 적극적으로 참여함으로써 믿을 만한 어른의 본보기를 보여주는 것. 이는 말처럼 쉬운 일이 아니다. 교사가 비판적 지식인이자 시민으로서 사회개혁에 참여하는 본을 보이는 것이, 자칫 학생들을 선동해서 자신의 정치적, 사회적 견해를 주입하는 것으로 흐르지 않도록 균형을 잡는 일이 어디 쉽겠는가? 또한 정치에 따라 우왕좌왕하는 교육 정책, 입시교육에 대한 가족이기주의적 압력, 조금만 비판적이면 보수 진영으로부터 쏟아지는 종북 색깔 공세, 진보 진영의 요청에 조금만 못 미치면 쏟아지는 기회주의자라는 비판 등에도 흔들리지 않고, 학생이 믿을 수 있는 어른의 역할 모델로 버텨낸다는 것이 어디 보통 일이겠는가?

자, 이쯤에서 다시 '참사를 만났을 때 교사는 어떻게 행동해야 하는가?'라는 원래의 물음으로 돌아가보자. 놀랍게도 그 대답은 여전히 "선장과 선원들, 그리고 구조대의 지시에 따라 질서 있게 탈출하도록 지도하라."다. 그리고 더 나아가 "위기 상황에서는 사회적으로 공인된 권위자나 전문가의 지시를 따르라."라고 가르쳐야 한다. 어떤 해난 참사에서도 선장과 선원들의 지시를 따르는 것보다 더 나은 방법은 없다. 또 어떤 위기 상황에서도 경험 많은 전문가의 지시를 따르는 것보다 더 나은 방법은 없다. 하지만 세월호 참사 이후 교사에게는 이제 올바른 것을 가르치는 것만으로는 끝나지 않는 책무가 추가됐다. 가르침을 바꿀 수 없다면, 그 가르침이 거짓이 되지 않도록 현실을 바로잡는 것까지가 교사의 책무가 되었다. 과거에는 교육 내용이 '세상이 이러이러하다.'라는 서술이었다면, 세월호 참사 이후의 교육 내용은 '세상을 이러이러하게 만들어야 한다.'라는 비판이 되었다.

이런 일을 하는 교사는 큰 위험에 처할 수 있다. 하지만 침몰하는 세월호에서 탈출하기 가장 좋은 선실에 있다가 아이들을 구하기 위해 가장 위험한 사지로 뛰어들었던 단원고등학교의 동료들처럼, 지금 살아 있는 교사들도 침몰 위기에 처한 대한민국호에서 가장 위험한 사지로 뛰어들어야 한다. 더구나 이 배에는 구명정도 없고, 구조대도 없고, 선장과 선원들의 자질도 의심스럽다. 이 배의 승객들이 가장 든든하게 믿고 있던 오렌지색에 대한 믿음도 무너졌다. 이제 남은 길은 어떻게든 배를 고치고, 선장과 선원들을 다그쳐서 배를 다시 일으켜 세우는 것이다. 모든 교사 동료의 건투를 빈다. (2014. 5.)

생명경시 사회
세월호 단상

나는 원래 한쪽으로 쏠리는 게 싫다. 특히 많은 사람이 쏠리면 반드시 의심하고 회의하는 아주 못된 버릇이 있다. 하지만 그게 내 사회적 역할이라고 생각한다. 한겨레신문에 기고한 '다시 무엇을 가르칠 것인가?―교사가 참사를 만났을 때'라는 글이 꽤 호평을 받는 상황에서 굳이 이런 글을 써서 '광역 어그로'를 도발하는 것도 내 역할이다. 지금 상황에서 세월호 희생자의 유가족을 비판하면 아마 광역 어그로의 '끝판왕'이 될지도 모르겠다.

세월호 희생자 분향소 앞에서 '유가족 일동' 명의로 된 인쇄물이 돌고 있다. 실제 유가족 일동의 공식적인 인쇄물인지 아니면 누군가가 뿌린 것인지는 모르겠지만, 이 인쇄물은 정부의 무책임을 질타하는 듯하더니만 느닷없이 단원고등학교와 교사들을 비난하고 있다. 실상 단원고 교사들에 대한 비난이 인쇄물 내용의 절반 가까이 된다. 교사들 역시 희생자로, 14명 중 겨우 2명만 살아남았는데, 그 2명에게 학생들을 버려두고 탈출했다고 비난하고, 마치 그 교사가 기간제라서 그랬던 것인 양 호도한다. 진도에 내려와 온갖 잡일을 다 하며 심지어 시체 공시 작업까지 한 교사들까지 비난하고 있다. 이 상황에서 교사들인들 뭘 더 알 수 있었겠는가? 학생들을 인솔하고 간 담임교사, 인솔 책임자 교감, 그리고 학년부장까지 몽땅 목숨을 잃었는데, 다른 학년 교사들이나 희생자 유가족이나 알고 있는 내용에 무슨 차이가 있겠는가? 피차 해경 브리핑 외에는 아무 정보도 들을 수 없는 처지라는 것을 뻔히 아는데 어떻게 저런 말을 할 수 있나 싶다. 교장이라면 이야기가 다르다. 교장은 전체적인 책임을 지고 파악할 필요가 있다. 그럼 교장만 비난하면 될 일이다. 그런데 지금 단원고 교사들이 그대로 있는 한 학교 정상화에도 반대한다는 말에 이르러서는 그만 할 말을 잃게 된다.

공식 기자회견 등이 아니라 인쇄물이기 때문에 유족 전체의 입장은 아닐 것이며, 희생자들을 분열시키고 분노를 정부가 아니라 학교로 돌리려는 공작의 일환일 가능성이 크다고 일단 믿어본다. 그럼에도 순직한 12명 교사에 대한 고마움을 먼저 표시하는 성숙한 모습은 기대해서는 안 되는 것이었을까? 그래서 교사 유가족과 학생 유가족이 서로를 위로하면서 힘이 되는 모습은 기대할 수 없는 것이었을까?

하지만 무엇보다도 나를 견디기 힘들게 한 것은 그 인쇄물에서 우리 사회를 지배하는 생명관의 한 단면이 적나라하게 느껴졌다는 것이다. 생명경시 풍조의 희생자라고 할 수 있는 사람들조차 또 다른 생명경시의 가해자가 되고 있다니 이 얼마나 안타까운 상황인가? "왜 죽었냐?"라는 물음은 정당하지만, 그것이 "왜 살아남았냐?"라는 물음까지 정당화하지는 않는다. 내 가족이 목숨을 잃었기 때문에 다른 가족의 살아남은 목숨이 원망스러울 수는 없는 일이다. 참사에서 살아남은 자의 목숨은 다른 사람을 대신 죽인 것이 아닌 한, 언제나 축하하고 위로받을 일이다. 목숨을 잃은 보상은 결코 다른 목숨을 앗아감으로써 받을 수 있는 것이 아니다. 오히려 다른 목숨을 살림으로써 보상된다. 그래서 자기 아들을 죽인 범인의 사형 집행 장소에서 형 집행 정지를 요청하는 어머니들의 기사가 나오는 것이다.

상황 하나 가정하자. A 교사가 수업을 하고 있다. 그런데 갑자기 총을 든 괴한들이 학교에 난입했다. A 교사는 교실 뒷문을 열고 학생들과 함께 죽기 살기로 뛰었다. 뒤에서는 총소리가 들렸다. 몇몇 학생이 총에 맞았다. A 교사도 총에 맞았지만 다행히 급소를 피했고, 경찰 특공대에 의해 구조되었다. 또 다른 괴한은 B 교사가 수업하는 교실에 뛰어들었다. B 교사는 학생들이 모두 괴한의 사정거리를 벗어날 때까지 괴한의 총을 붙들고 늘어지다가 끝내 괴한의 총에 맞고 즉사했다.

만약 한국이었다면 어떻게 되었을까? A 교사에게는 온갖 비난이 쏟아졌을 것이다. 그 비난은 A 교사가 자살할 때까지 그치지 않을 수도 있다. 특히 A 교사 학급에서 사망한 학생들 유가족의 비난은 이루 말할 수 없을 것이며, 정부는 유가족과 A 교사를 격리하는 등 어떠한 조치도 하지 않을 것이다. 사실상 A 교사에 대한 비난의 물결 속에 순직한 B 교사에 대한 예찬은 잠시 나타났다 쓸쓸히 장례식장으로 사라지고 말 것이다. B 교사는 영웅이 되는 대신 마땅히 할 일을 한 사람으로 자리매김될 것이다. 참 목숨값 헐하다.

만약 미국이었다면? B 교사는 영웅이 되었을 것이다. 그러나 A 교사에 대해서는 언급을 회피할 것이다. 다만 B 교사에 대한 예찬과 존경이 훨씬 부각될 것이다. 그 까닭은 A 교사 역시 총기 난사 사건의 희생자 중 하나이기 때문이다. 그가 난사범에게 학교 문을 열어준 사람이거나 공모자가 아닌 한, 혹은 자신이 탈출하기 위해 학생을 방패막이로 썼다거나 하는 등의 부도덕한 행위를 하지 않은 이상, 미국에서는 "목숨을 버리지 않았다고 비난할 수는 없다."라는 사회적 합의가 이루어져 있다. 이것은 지극히 합리적인 생각이다. "왜 네 목숨을 바치지 않았느냐?"라고 따지는 것이야말로 청와대의 어느 분 말씀대로 "살인과도 같은" 행위이기 때문이다. 누가 다른 사람 목숨에 대해 이래라저래라 말할 수 있는가? 그래서 거의 대부분 국법은 "생명의 위협을 받는 상황"에서 한 행위에 대해서는 책임을 묻지 않도록 되어 있다.

심지어 미국에서는 은행 강도와 격투 끝에 추격전을 벌여 마침내 강도를 잡은 은행 직원이 해고되었다. 자신의 생명과 고객의 생명을 위험하게 할 수 있는 행위를 했기 때문이다. 은행 규칙에 아예 "무장 강도가 위협할 경우 순순히 들어주라."라고 되어 있다고 한다.

선장이 배에 마지막까지 남아 있어야 한다는 법이 실제로 규정된 나라가 거의 없는 것도 이 때문이다. 선장은 승객의 구조를 위해 최선의 조치를 다해야 한다. 하지만 누구도 선장에게 '목숨'을 요구할 수는 없다. 배와 함께 가라앉는 선장은 다만 영화에나 나올 뿐이거나, 혹은 낡은 중세의 관습일 뿐이다. 선장에게 할 수 있는 비난은 "왜 탈출해서 살았느냐?"가 아니라 "왜 제대로 된 조치를 하지 않았느냐?", 아니면 "왜 못했느냐?"일 뿐이다. 만약 죽을 것 같은 공포에 사로잡혀 허둥대다가 그랬다면 그 나약함과 비겁함을 비난할 수는 있을지언정 "살인자"라고 비난할 수는 없다.

하물며 배나 비행기에 탑승한 순간 교사는 학생과 마찬가지로 승객일 뿐이다. 승객임에도 불구하고 학생을 챙기다가 목숨을 잃은 교사의 고결함을 예찬하는 것만 가능할 뿐, 구조된 교사에게 "왜 살았나?"라는 식의 비난을 할 자격은 누구에게도 없다. 자신의 생명과 안전을 도모하는 것은 자연권 1조다. 자연권은 토머스 홉스에 따르면 자기 본성과 생명을 지키기 위해 자기 힘을 사용할 권리이며, 존 로크에 따르면 다른 사람의 생명, 재산, 자유를 침해하지 않는 한 자신의 것을 지킬 권리다. 배가 기울어지면서 운항 시스템이 망가진 상황이라면 이미 '자연 상태'라고 해야 할 것이다. 그럴 때 자연권을 충실하게 따른 사람, 한마디로 생명의 본능에 따라 움직인 사람을 우리는 비난할 수 없다. 물론 칭찬할 필요도 없겠지만. 그는 그냥 보통 사람이다.

우리가 순직한 사람을 영웅으로 받드는 것은 바로 이 자연권 1조마저 극복할 정도로 엄청난 용기를 보여주었기 때문이다. 순직은 당연한 것이 아니라, 엄청난 실존적 고뇌 끝에 내리는 어렵고 고결한 선택이다. 그래서 그만큼 더욱 존경받아야 한다. 심지어 위기 상황에서 자기 자식마저 못 챙기고 탈출하는 경우도 상당히 많다. 재난 발생 시 일단 탈출하고 나서는 "앗, 내 아이가 저 안에 있어!" 하고 발을 동동 구르는 부모 모습을 보는 것은 그리 드문 경우가 아니다. 그러고는 이미 너무 위험해져서 진입을 주저하는 소방대원을 비난하는 모습도 낯설지 않다. 하물며 남의 자식들을 위해 목숨을 잃은 교사들이 대단한 것이다. 살아남은 교사가 특별히 나쁜 것이 아니라.

그런데 어느새 우리 사회는 순직을 마치 직무에 당연하게 따라붙은 기본 옵션처럼 생각하는 풍토가 조성된 것 같다. 어떤 직무에 "목숨"을 요구해도 된다는 사고방식 자체가 이미 우리 사회의 잔인성을 반영한다. 아, 참으로 생명을 우습게 여기는 삭막한 사회가 되고 말았다. 침몰하는 배에서는 자식을 잃어버리고 혼자 살아남은 부모, 혹은 부모를 잃어버리고 혼자 살아남은 자식도 있을 수 있다. 하지만 누구도 자식을 위해 혹은 부모를 위해 목숨을 버리지 않았다고 비난할 수 없다. "살아남음"을 비난하는 것은 죽음을 강요하는 것이나 마찬가지다.

이번 사태에서 비난받아야 할 대상은 탈출한 사람들이 아니라 미처 탈출하지 못한 사람들을 구조하지 못한 국가다. 심지어 탈출한 선원들조차 그 상황에서 그들이 생명의 위협을 느끼고 있었다면 "못난이"로는 취급할 수 있어도 "죽일 놈"이라고는 말할 수 없다. 죽음 앞에서 냉철한 판단력을 발휘할 사람이 얼마나 되겠는가? 선원들이 탈출하고 난 다음에도 3시간이나 물에 떠 있었던 배에서 구조대의 생명이 크게 위협받지 않았는데도 한 명도 꺼내 오지 못한 해경과 그 관리 담당자인 정부가 문제인 것이다. 그 외의 사람들에게 분노와 비판의 화살을 돌리는 모든 시도는 희생자들을 두 번 죽이는 행위이며, 이 참사의 본질을 흐림으로써 앞으로 제2, 제3의 참사가 계속되게 하는 일종의 미래 살인행위다. 다 걷어치우고 딱 하나만 생각해보자.

하늘 나라로 간 저 아이들은 겨우 두 명 살아남은 자기 선생님이 제 가족들로부터 비난의 대상이 되고 있다는 것을 알면 과연 어떤 생각이 들까? 겨우 두 명 살아남은 교사들이 쌍욕을 듣고 있는 상황을 보며 간신히 살아남은 70여 명의 학생은 "난 선생이 아니니까 괜찮아."라고 생각할까, 아니면 견디기 어려운 죄책감 속에서 고통받을까?

박근혜의 "살인과도 같은 행위" 발언을 비판했던 영국 가디언지 칼럼의 일부분을 인용하며, 글을 마치고자 한다.

누군가를 벌하고자 하는 유가족과 대중의 욕구를 억누르기는 어렵겠지만, 그럼에도 우리는 다시 책임과 의도라는 보편적인 질문에 답해야 한다. 어떤 사람의 과실 혹은 '공포'가 죽음으로 이어졌다고 해서 그 사람을 '살인자'라고 부를 수 있을까?

(2014. 5.)

우리가 교육복지를 말하는 이유
소수의 성공보다 다수의 행복을

한국 교육이 위기라는 데는 누구나 동의한다. 학부모는 사교육비의 늪에 빠져 엄청난 초과노동을 강요당하고 학생은 끝도 의미도 찾을 수 없는 입시교육에 몸과 마음을 상하고, 신뢰를 잃어버린 교사는 권위를 상실해 학생과 학부모에게 구타당하는 지경에 이르렀다. 이 정도에 이르면 한국 교육의 위기는 입시제도 개혁, 공교육 강화 방안 등 대증요법으로 해결될 수준을 넘었다. 이제는 "교육이란 도대체 무엇이고, 어떤 것이라야 하는가?"라는 보다 근본적인 질문의 답이 필요하다. 즉, 공교육 패러다임을 되짚어봐야 하는 것이다.

그동안 우리나라 교육을 지배해 온 패러다임은 '인간자본론'이었다. 이는 교육이 일종의 투자이며 그 결과 만들어지는 "인재"의 능력은 그 산출이라는 관점이다. 한마디로 교육은 인재를, 노동력을 생산하기 위해 이루어진다는 것이다. 이런 관점에 서면 학생은 생산품이 될 재료로 간주되며 완성된 학생을 사용할 소비자는 국가와 기업이 된다.

이런 인간자본론은 교육 당국뿐 아니라 학부모나 학생까지 감염시켰다. 국가가 교육을 질 높은 노동력을 생산할 수단으로 생각한다면, 당연히 개인은 교육을 사회에서 자신의 지위와 보상을 높이기 위한 수단으로 생각할 것이다. 즉, 인간자본론은 개인이 "많은 보상을 받기 위해" 교육을 받게 만들며, 사회가 "쓸모 있는 구성원을 생산하기 위해" 교육을 하게 만든다.

그 필연적인 귀결은 경쟁이다. 특히 개인 차원의 인간자본론으로 보면 교육의 질이 아니라 교육의 결과에 따른 서열이 더 중요한 문제가 되기 때문에 높은 서열을 차지하기 위해 무조건적인 경쟁이 일어난다. 교육의 질이 낮으면 낮은 대로, 높으면 높은 대로 조금이라도 더 우월한 위치에 올라서기 위해 공교육 플러스알파를 원하는 것이다. 이는 한국 교육의 고질병이 공교육의 품질이 아니라 교육에 대한 철학의 문제임을 보여준다.

이 과정에서 정작 교육의 주인공인 학생은 철저하게 소외된다. 학생의 행복과 권리는 미래의 복된 국가를 위해 혹은 미래의 출세를 위해 끊임없이 유보되고, 저 막연한 미래의 복된 국가와 출세를 위해 현재의 억압과 가혹한 학습노동을 강요받는다. 그 결과는 도리어 어린이와 청소년의 몸과 마음의 황폐화, 자발적인 역량의 소멸, 그리고 온몸에 가득 체득된 비민주성, 그리고 불행이다. 창의적이지도 민주적이지도 못한, 게다가 행복하지도 못한 국민에게서 무엇을 기대할 수 있겠는가? 미래의 번영과 행복을 위해 현재를 질식시킨 인간자본론적 교육은 정작 미래의 번영과 행복의 싹을 그 뿌리째 갉아먹고 있다.

이제 우리는 학생을 재료로 보며 그들을 질식시켜 생산력으로, 노동력으로 만들어내려는 일체의 인간자본론적 교육관을 거부한다. 우리는 교육이란 무엇보다도 교육받는 사람의 행복을 위한 것이며, 그 행복은 미래에 유보된 것이 아니라 교육받는 순간에 주어져야 한다고 주장한다. 우리는 학교가 미래의 행복을 위해 고통스러운 훈련을 견뎌야 하는 장소가 아니라, 그 자체로 즐겁고 행복한 학습의 공간이라야 한다고 주장한다. 우리는 소수 학생의 성공을 위한 교육이 아니라 다수 학생의 행복을 위한 교육, 그리고 이 행복에서 배제되는 학생을 최소화하는 교육, 한마디로 '복지로서의 교육'을 원한다.

복지로서의 교육이란, 교육은 받으면 그 자체로 '좋은 것'이기 때문에 모든 시민에게 국가가 이를 공평하게 제공하자는 것이다. 따라서 우리가 주장하는 교육복지는 사회적 취약 계층에게 동등한 교육 기회를 제공하는 정도에 그쳤던 소극적 교육복지를 말하는 것이 아니다. 소극적 교육복지는 스스로의 힘으로는 평범한 노동자로조차 살아가기 어려운 지경이라 여겨지는 하층민을 국가가 노동자로 재생산시키는 것에 불과한 것으로, 도리어 인간자본론을 완성하고 보완하는 정책이다.

진정한 교육복지는 여러 사회집단이 교육의 과정과 결과에서 평등하게 의견을 나누고 수렴해 궁극적으로 사회정의를 구현할 때 달성된다. 교육은 빈곤층 학생의 생계를 위한 기술 이상의 것을 제공해야 한다. 교육은 학생으로 하여금 사회적이고 문화적인 지식 형성 과정에 참여할 기회와 능력을 제공해야 하며, 또한 자신의 삶과 관련한 중요한 결정 과정에 참여하고 스스로 결론 내릴 기회와 능력을 제공해야 한다. 이는 교육복지의 목표를 교육 밖에서가 아니라 안에서 찾아야 함을 의미한다.

교육은 문화적 혜택이며 삶을 풍성하게 하는 것이다. 우리는 오페라나 전시회 등 문화적 혜택을 저소득층에게 제공할 때 거기에서 얻어지는 것으로 불평등이 해소될 것이라 기대하지 않는다. 오히려 이러한 경험을 제공하는 것 자체가 불평등의 해소다. 교육 역시 복지에 이르기 위한 수단이 아니라 복지의 내용으로 간주해야 한다. 즉, 경제적 자원 획득 수단이 아니라 교육이 모든 국민에게 충분히 제공되어 그 자체로 가치 있는 혜택이 되어야 한다.

우리는 교육복지를 통해 단지 부의 불평등 해소를 목표로 하지 않는다. 오히려 우리는 행복 불평등의 해소를 주장한다. 물론 복지로서의 교육이 실질적인 경제적 평등에 전혀 기여하지 못하는 것은 아니다. 복지로서의 교육을 받은 사람은 창조적이고 자유로운 정신의 소유자가 되며, 인류의 지적, 문화적 유산을 자신의 목적을 위해 활용할 수 있게 된다. 이는 협소한 몇몇 산업 기술을 익히는 것보다 훨씬 넓고 큰 가능성을 열어준다. 기술은 학원에서 배워도 되지만 이런 지적, 문화적 유산과 창조적인 유산은 공교육이 담당해야 하며 그 혜택은 모든 계층에게 골고루 돌아가야 한다. 인간자본론은 교육을 생존경쟁을 위해 마지못해 하는 외적 압력으로 보지만, 우리는 교육을 학생이 자신의 행복한 삶을 위해 요구할 수 있는 권리로 보는 것이다.

이제 우리는 무엇보다 아이들의 행복을 중심에 둔 교육관, 복지로서의 교육관을 요구하며, 인간자본론에 기반한 지금까지의 교육 정책을 전면적으로 개편할 것을 요구한다. 무엇보다 먼저 교육 당국의 이름부터 '교육복지부'로 개칭할 것을 요구한다. 그리고 이를 중심으로 한 교육과정 개편, 학제 개편, 입시제도 개혁, 소수자에 대한 배려, 다양한 교육에 대한 지원과 배려를 요구한다. 우리는 무상교육은 당연한 것이라 생각하며, 이 수준을 넘어서서 교육의 내용, 교육이 이루어지는 과정이 학생의 '행복'에 적극적으로 기여할 수 있도록 재구성할 것을 요구한다.

또한 우리는 이 과정에서 지금까지 교육의 객체로 취급되어 왔던 학생, 학부모, 교사가 진정한 교육의 주체로 전환되도록 할 것이다. 피교육자가, 그리고 교사가 단지 복지의 수혜자가 아니라 복지의 요구자로서 또 참여자로서 적극적으로 욕구를 조직화하고 이를 공론화할 때 공교육 패러다임의 변화가 가능할 것이다. 이 변화가 이루어질 때 비로소 최악의 관료주의와 최악의 입시지옥 문제는 그 근본에서부터 해결될 것이다. (2007. 5.)

진보교육이
되기 위한 조건

*

2012년만 해도 이른바 진보교육감이 6개 시도에 탄생해 많은 희망을 주
던 시기였다. 한편으로는 기대에 미치지 못하거나 오히려 역효과가 날 수
도 있다는 우려도 공존했다. 이 글은 바로 그런 희망과 불길함을 다 느끼
면서 쓴 것이다.

이제 6개 시도에서 이른바 진보교육감이 탄생한 지 2년이 지났고,
경기도는 벌써 3년이 넘었다. 이들 진보교육감 덕분에 '교육혁신'이라
는 말은 아주 친근한 용어가 되어버렸다. 그리고 실제로 이들 6개 시도
의 교육이 꽤 활발하게 바뀌기도 했다.

얼른 눈으로 보아도 다른 지역보다 이들 지역의 학교가 너 다채롭
고 활기 있다. 하지만 여기서 멈춰서는 안 된다. 이제는 새롭게 바꾼다
는 혁신을 넘어 교육의 새로운 의미를 세우고, 교육이 학생과 나아가

사회의 전반적인 가능성과 민주주의를 확장하고, 특히 무엇보다도 먼저 교육의 불평등을 바로잡는 방향, 즉 진보의 방향으로 나아갈 때가 되었다. 이들은 스스로 선언했듯이 진보교육감이지, 혁신교육감은 아니기 때문이다. 문제는 혁신과 진보의 연결 지점이 모호하다는 것이다. 다만 혁신이 곧 진보는 아니라는 것만은 분명하다.

특히 학교 다양화와 학부모 선택권 강화라는 방향성을 내건 경우가 더욱 그렇다. '획일성을 넘어 다양성으로'라는 구호는 진보는커녕 혁신에도 미치지 못한다. 이주호 교과부장관이 늘 외치던 고교 평준화 해체, 고교 다양화와 사실상 같은 이야기이기 때문이다. 학부모 선택권을 강화하는 방안은 누가 입시에 실적을 더 잘 올리는 교사이며 어느 학교가 입시 실적이 더 좋은가를 놓고 선택하게 만들고자 한 이명박 정부의 교육 정책과 강하게 공명한다.

지금 교육계에서 다양성과 선택의 원리는 철저히 시장주의적인 원리다. 이는 기본적으로 교사들은 그냥 두면 정체되기 때문에 자극이 필요하다는 불신에서 출발한다. 그래서 각 학교에 자율권의 미명하에 경쟁을 붙이자는 것이다. 학교의 자율성은 현 상황에서는 교사의 자율성이 아니라 교장의 자율성이며, 교장은 학부모 중 유력한 학부모의 요구에 굴복하게 되어 있다. 그 요구는 결국 입시교육 강화다. 따라서 다양성은 입시에 유리하기 위한 꼼수의 다양성이 되며, 학부모 선택권은 학교와 교사에게 이 꼼수와 무한정한 노동 연장을 놓고 경쟁하라는 강한 압력이 된다. 백 번을 시뮬레이션해도 마찬가지 결과가 나올 것이다. 그러니 혁신학교가 입시에 유리하도록 하겠다는 등의 엉뚱한 발상이

나오는 것이다.

이렇게 결과가 뻔히 보이며 진보는커녕 혁신도 되지 못할 다양성과 선택권의 유혹에 진보라는 사람들이 자꾸 휘둘리는 것은 이렇게라도 해서 빈곤 계층과 취약 지역의 진학률이 높아지면 사회 불평등이 해소되지 않겠느냐는 미련 때문이다. 개천에서 용 나는 신화가 그 그림자를 드리운 것이다.

이 미련의 뿌리는 1980년대 운동가요 중 '못 배워 땅만 파는, 우리 부모 원망하랴?'라는 가사에서도 드러나듯이 그 뿌리가 깊다. 여기서는 배움을 경제적 윤택이나 사회적 지위 향상의 수단으로 보는 관점, 그리고 사무실에 앉아 지식과 정보를 다루는 직업을 농사보다 우러러보는 관점이 그대로 투영되어 있다. 일각에서는 서울대 폐지를 주장하면서, 다른 일각에서는 서울대 들어가는 일이 갈수록 강남권과 특목고 출신에게 유리해진다며 항의하는 이율배반적인 행동은 이러한 관점에 비추어 볼 수 있다.

하지만 이것은 진보적인 관점이 아니다. 개천에서 용 나게 하는 것은 교육 불평등을 해소하는 방법이 아니다. 오히려 기존의 체제를 정당화하고 강화하는 것이다. 사실 개천에서 용 나는 것은 불가능하다. 교육을 통해 개천에서 용 날 수 없는 것은 문제 상황이 아니라 지극히 정상적인 상황이다. 다만 우리나라는 1894년, 1910년, 1945년, 1950년, 1998년 등 거의 세대마다 나라가 초토화되고 기존의 질서가 무너져서 전국이 개천이 되고, 용이 모조리 죽어버린 시기가 있었기 때문에 예외적인 개천 출신 용 몇 마리가 있었을 뿐이다. 하지만 그런 시대는 매우 드물고, 다시 와서도 안 된다.

　자본주의 체제가 공고화된 나라에서의 사회학적 연구 결과는 매우 냉정하다. 그중 블라우와 던컨의 경로 모형, 그리고 콜맨 보고서의 결과는 충격적이다. 이 결과들은 한마디로 어떤 학생이 장차 성공하느냐 마느냐에서 교육은 거의 역할을 하지 못한다는 것이다. 심지어 학업성취도에서조차 부모의 사회경제적 지위가 교사나 학교의 노력보다 더 영향력이 강했다. 즉, 부모가 용이면 자식도 용이고, 부모가 미꾸라지면 자식도 미꾸라지인 것이다.

　그렇다면 진보교육감은 대체 무엇을 해야 하는가 반문할 수 있다. 교육혁신을 넘어 교육 불평등을 해소하자면서 개천에서 용 나오게 하는 것마저도 못한다면 무엇을 하자는 것인가라고 반문할 수 있다. 물론 진보교육감은 교육 불평등을 해소하기 위해 최선의 노력을 다해야 한다. 하지만 그 방법은 교육 혁신이라야 한다. 즉, 그저 새롭고 다양한 것이 아니라 교육 불평등을 해소하는 데 기여하는 다양함의 세례를 일선 학교에 뿌려주어야 하는 것이다.

　그것은 바로 참교육의 평등이다. 입시교육의 평등이나 개천에서 용나기 신화처럼 허황된 이야기가 아니라 저소득층 자녀가 부모의 수준에 제한되지 않고, 부모 세대 이상의, 더 나아가 부유한 가정 이상의 덕성과 지성과 감수성, 그리고 신체관리 능력을 갖추도록 길러내는 것이다. 부모는 어쩌다 생긴 여유 시간을 술, 담배, 막장 드라마로 탕진하는 삶을 살지라도, 그 자녀까지 그 수준에서 헤매게 하지는 말자는 것이다. 그 차이를 학교가, 공교육이 메꿔주자는 것이다.

이것은 교사가, 학교가 할 수 있는 일이다. 교사는 저소득층 자녀가 더 높은 성적을 올리게 해 교육 불평등을 해소할 수 없으며, 그건 바람직하지도 않다. 그러나 교사는 저소득층 자녀가 덕성, 지성, 감수성을 함양하도록 할 수는 있다. 그래서 덕성, 지성, 감수성이 높아진 학생이 어떤 목적이 있어 공부를 해야겠다고 마음먹는다면 성적은 구태여 닦달하지 않아도 저절로 올라간다. 이렇게 저소득층 자녀가 부모의 수준을 넘어 지배층에 결코 뒤질 것 없는 지성과 덕성을 갖추게 된다면, 그래서 그 사회가 이런 지성과 덕성을 갖춘 피지배층으로 가득하다면 그 사회는 강력한 평등에의 요구에 직면할 수밖에 없다.

영국 철학자 버트런드 러셀이 말했듯이 국민이 의문을 품는 사회에서는 어떤 독재와 억압도 성립될 수 없다. "어째서 일은 우리가 하는데 기업주가 모든 이윤을 다 가져가는가?"라며 의문을 품는 노동자, "어째서 한 번 만난 적도, 원한도 없는 사람들을 죽여야 하는가?"라는 의문을 품는 군인, "어째서 옳고 그름의 판단을 내가 아니라 어른들 마음대로 하는가?"라는 의문을 품는 학생이 늘어날수록 그 사회에는 어떤 차별도 권위주의도 발붙이기 어렵게 된다. "어째서 같은 돈 내고 흑인은 자리에 앉을 수 없는가?"라는 로자 파크스의 의문 하나가 미국에 거대한 민권운동을 일으켰음을 생각해보라.

따라서 교육이 불평등 해소에 기여한다면, 즉 사회 진보에 기여한다면 이는 교육을 통해 빈곤층 자녀에게 더 높은 소득을 올릴 능력을 길러줌으로써가 아니라 그 사회를 보다 민주적으로 개혁하기 위해 나설 수 있는 사람들을 길러냄으로써 가능한 일이다. 교육 평등이 사회에 미치는 영향은 사회 전반적인 개혁이 가능하게 한다는 데 있지, 결코 교육을 받으면 더 잘살게 되는 데 있지 않다. 따라서 교육운동은 지성인인 교사들이 끊임없이 비판적 의식을 일깨우는 분위기 속에서 사회적 평등의 열망과 조건을 개척하는 것이지, 기존의 잘못된 제도와 체제하에서의 기회 균등을 요구하는 것에 있지 않다.

따라서 진보교육감과 진보적 교육자가 실천해야 하는 교육 불평등 해소 방안은 명백하다. 그것은 사회의 전반적인 지적 능력과 미적 감수성의 수준을 높이는 것이다. 그리고 이러한 수준을 높이는 교육의 혜택을 되도록 취약 계층 자녀부터 우선 제공하는 것이다. 서울시교육청의 문예체 진흥 교육 방안은 이 점에서 매우 적절하다.

하지만 이런 일은 교육감의 선언만으로 이루어지지 않는다. 교사들이 그만한 수준에 먼저 도달해야 하고 그만한 의지와 각오를 가지고 있어야 한다. 따라서 먼저 교사들부터 일으켜 세워야 한다. 교사들의 문화를 바꾸어야 한다. 교사들이 먼저 덕성, 지성, 감수성, 체력으로 충만한 집단이 되어야 한다. 교사들이 모였을 때 연예가 소식이나 자식 이야기나 하지 말고 지성인다운, 문화인다운 대화를 나누고, 교무실의 풍토가 지적이고 문화적으로 충만하게 하는 것, 그리하여 저소득층 학생에게 무궁한 지적, 도덕적, 문화적 통로 역할을 할 수 있도록 하는 것, 그것이 교육혁신, 그리고 진보교육의 출발점이다. 교원 업무 정상화가 가지고 있는 진보적인 의미가 바로 여기에 있다.

사교육 받느라고 바쁜 상류층 학생은 맘대로 하라고 두자. 그걸 부러워하거나 그것 때문에 경쟁에서 뒤처진다고 조바심 내지 말자. 따지고 보면 그렇게 됐을 때 참교육을 저소득층이 더 많이 받게 되는 것 아닌가? 이런 점에서 서울시교육청이 적극 지원하는 교사 학습 동아리, 경기도에서 자생적으로 일어나고 있는 각종 교사 학습 모임의 활성화는 희망의 씨앗이라고 할 수 있다. 그리고 저소득층 학생이 많이 다니는 학교의 교사부터 이렇게 바뀌어 나가게 하는 것이 바로 교육 평등이다.

그 결과는 용이 되어 개천을 빠져나가려는 미꾸라지들을 기르는 것이 아니다. 개천의 가치를 인식하고 개천을 더 살기 좋게 만들려는 깨어 있는 미꾸라지들, 용의 착취와 억압을 근절하기 위해 떨쳐 일어서는 미꾸라지들을 기르는 것이다. 이제 진보교육감은 단지 덜 부패하고, 덜 권위적인 것을 넘어 자신들이 얼마나 진보적인지 보여주어야 할 때가 되었음을 명심하기 바란다. (2012. 4.)

수학으로 풀어보는
한국인의 공부 모형과 그 문제

정치인들 사이에는 '포퓰리즘'이란 말이 일종의 욕설로 통하고 있다. 누구든 상대가 마음에 안 들면 포퓰리즘이라고 몰아붙인다. 하지만 대중에게 뭔가 베푼다고 해서 포퓰리즘이 아니다. 진짜 포퓰리즘은 다만 대중의 통념에 거슬리지 않고 듣기 좋은 말만 하는 것이다. 그런데 포퓰리즘이 가장 기승을 부리는 영역이 바로 교육이다. 대부분의 유권자가 학부모이며, 교사에 대한 불신과 질시가 사회적으로 팽배한 덕분에 정치인들은 교육 분야에서 포퓰리즘을 아낌없이 구사한다. 그중 가장 잘 써먹는 것 중 하나가 "경쟁을 시켜야 학생의 학력이 증진되고, 나아가 인적 자원이 풍부해진다."라는 말이다. 일반인에게는 당연히 이 간단한 명제가 솔깃하게 들릴 것이다. 실제로 경쟁은 대부분의 어른이 학창 시절부터 일터에 이르기까지 거의 평생토록 경험하는 현상이며, 대체로 우리나라의 문화 자체가, 특히 남성의 문화가 경쟁 친화적이기 때문이다. 이렇게 경쟁을 당연하게 여기는 풍토에서 일반인의 생각은 자연스럽게 "학생은 경쟁하는데(학생의 경쟁을 문제 삼지 않고 당연시하는 전제하에) 선생은 왜 경쟁 안 해?"라는 쪽으로 발전하기 마련이며, 이는 학교를 초토화하는 신자유주의 정책을 지지하는 쪽으로 기울어진다.

그러나 실상은 그렇지 않다. 대체로 사회학자가 욕을 먹는 이유는 상식적으로 당연해 보이는 것 이면에 있는, 보고 싶지 않은 진실을 끄집어내기 때문이다. 하지만 그렇기 때문에 사회학자인 것이다. 이제 나 역시 학력의 이면에 있는 불편한 진실을 끄집어내려고 한다. 사회학자는 방정식 모형을 좋아하기 때문에 먼저 간단하게 모형부터 세워보겠다. 수학의 '수' 자만 들어도 두드러기가 나는 사람은 이 부분을 읽지 말고 다음 단락부터 읽으면 된다.

$$A(\text{학업성취도}) = C(\text{상수}) + B_1X_1 + B_2X_2 + B_3X_3 + B_4X_4 + \cdots B_iX_i$$

보기에는 무척 복잡하지만, 실상은 매우 간단하다. 학업성취도에 영향을 주는 변인 i개와 그 변인의 영향력을 표시하자는 것이다. 학업성취도, 즉 공부 잘하는 것에 대한 일반적인 모형은 다음과 같다.

$$\text{학업성취도} = C + B_1X_1 + B_2X_2$$
$$X_1 = \text{교사의 노력}, \quad X_2 = \text{학생의 노력}$$

논의가 복잡해지지 않도록 여기서 말하는 학업성취도의 타당성 등에 대한 교육철학적 논의는 일단 배제하고, 이 성취도를 순전히 시험 성적이라고 치자. 그렇다면 이 모형은 간단히 말해 "학생이 노력하고, 선생이 노력하면 성적이 오른다."를 수리적으로 표현한 것이다. 이게 일반인이 가지고 있는 상식이다. 여기에 딴지 거는 사람은 별로 없을 것이다.

그런데 여기에 다음과 같은 상식이 하나 추가된다. 이 역시 별로 딴지 걸 사람이 별로 없는 일반인의 상식이다. 논의를 간단하게 하기 위해 경쟁이 어떤 종류의 경쟁이냐, 편법이 동원되는 경쟁이냐, 이런 것은 따지지 말고 모두 공정한 경쟁만 한다고 치자. 교사와 학생의 노력도 꼼수나 기타 등등의 방법을 개발하는 것이 아니라 순전히 학습 시간, 학습 효율을 높이기 위한 노력이라고 치자.

$$교사의 노력 = C + B_1X_1$$
$$학생의 노력 = C + B_1X_1$$
$$X_1 = 경쟁$$

이 수식은 "교사가 노력하고, 학생이 노력하게 하려면 경쟁을 붙여야 한다."라는 말을 수리적으로 표현한 것이다. 그렇다면 이 수식 세 개를 모두 모아서 다음과 같은 순서도를 그려볼 수 있다. 왜 자꾸 말로 안 하고 수식과 모형으로 표현하냐고 따지는 목소리가 들리는 듯하다. 이는 바로 우리나라에서 널리 보편화된 이른바 '공부'가 얼마나 잘못되었는지 알려주기 위한 일종의 역설이다. 학창 시절 내내 수학 공부에만 매달리고, 사교육비 대부분을 수학 공부에 쏟아부었는데도 정작 수학적인 표현만 보면 머리가 아파지니, 대체 그 공부를 뭐 하러 했나 하는 것을 확인하자는 것이다.

어쨌든 여기서 다음(모형 1)과 같은 경로 모형이 세워진다. 이게 바로 우리나라 사람 대부분이 상식적으로 가지고 있는 보편적인 공부 모델이다. "경쟁하면 교사와 학생이 노력하게 되고, 그러면 성적이 올라간다."라는 뜻이다.

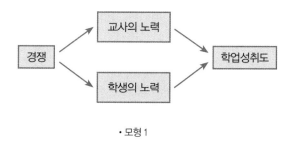

• 모형 1

한눈에 봐도 이 모형의 설명력은 매우 빈약해 보인다. 그야말로 1930년대, 1940년대의 머리띠 졸라매고 죽기 살기로 하면 뭘 못 하냐는 사고방식이 그대로 녹아 있는 것이다. 다만 우리 부모 세대의 사고방식과 이 모델이 다른 점이 있다면 '교사의 노력'이라는 변인이 추가되었다는 것, 그리고 노력을 자극하는 원인으로 경쟁이라는 변인이 추가되었다는 것이다. 우리 부모 세대의 공부 모형은 주로 다음(모형 2)과 같았다. 위의 경로 모형을 읽을 수 있다면 이것도 쉽게 이해될 것이다.

• 모형 2

　아마 지금 나이가 40세가 넘은 사람이라면 이 모형에 아주 익숙할 것이다. 공부는 오직 노력이며, 노력하는 학생은 천재도 이기지 못하며, 노력하지 않는 것은 오직 본인의 의지가 부족하기 때문이며, 의지의 부족은 다른 외부의 자극, 즉 기합이나 체벌을 통해 보충해야 한다는 논리가 여기서부터 나왔다. 그런데 여기에는 교사가 변인으로 들어 있지 않다. 실제로 지금 40대 이상 세대는 부모로부터 성적에 대해 야단맞을 때 늘 본인의 노력과 의지 부족에 대해 추궁당했지, '선생 탓'은 그리 나오지 않았다. 이는 1970년대, 1980년대 교사들이 지금보다 더 뛰어나서가 아니라 당시 학생들의 입시경쟁이 지금만큼 치열하지는 않았기 때문이다. 그러니까 학생들이 조금만 더 열심히, 더 치열하게 입시경쟁에 뛰어들면 성적이 오를 여지가 있었던 것이다. 그런데 1990년대 이후 학생들의 경쟁은 거의 포화 상태에 이르렀다. 1980년대만 해도 고등학생이나 되어야 밤 11시 넘어까지 공부했다. 그런데 요즘은 초등학생도 밤 11시를 넘기기 예사다. 그런데도 성적(엄밀히 말해 등수)이 오르지 않는다면 그 원인은 둘 중 하나다. 1) 학생 본인의 능력이 안 되는 경우. 2) 선생이 제대로 가르치지 않는 경우. 그런데 대부분의 학부모는 자기 자녀가 영재라고 생각하기 때문에 1)의 가능성은 배제한다. 그럼 남은 것은 2), 즉 선생 탓이다. 그래서 "더 잘 가르치는 선생"이 있을 거란 믿음으로 사교육비를 탕진하고, 그것을 감당하기 어려울 지경이 되자 이 모든 것이 다 학교 선생들 때문이라는 원망의 마음이 생기며, 여기에 보태 한국 사회의 교사에 대한 전반적인 질시까지 가세한다. 그러면 자연스레 "선생들이 철밥통이라 경쟁이 없어서 제대로 안 가르치니 내 아이 성적이 이 모양이다."라는 논리가 완성되는 것이다. 여기서 자연스럽게 나오는 귀결이 "선생들을 경쟁 붙여서 뒤떨어지는 사람들을 퇴출시키자."다. 사실 이건 학생 입장에서는 기절초풍할 노릇이다. 교사들을 경쟁시키고, 그 결과에 따라 밥줄까지 좌우한다면 과연 무엇으로 경쟁시킬까? 어차피 선생들이 시험 칠 것이 아니라면 학생들 시험 점수로 경쟁할 수밖에 없다. 즉, 선생들을 경쟁시킨다는 것은 결국 학생들을 경쟁시키는 것이다. 하지만 학업성취나 성적이 저렇게 쉽게 설명될 것 같으면 누가 공부를 못하겠는가? 그리고 학력이 저런 것이라면 교육 전문가보다는 힘세고 사나운 노예감독관을 교육부장관으로 삼아 교사와 학생을 닦달하는 것이 더 나을 것이다. 하긴 지금 정부의 교육 정책을 보면 노예감독관과 크게 다른 것 같지도 않다. 지금까지 살펴본 일반 대중의 공부 모델도 다음의 중요한 사실을 망각하고 있거나, 알고도 모른 척하고 있다.

1. 공부는 노력으로도 안 되는 경우가 많다.
2. 경쟁이 꼭 노력으로 이어지지 않는 경우도 많다.
3. 노력에 영향을 주는 변인은 경쟁 말고도 매우 많다.

1의 경우는 열심히 하는데도 불구하고 좌절한 많은 학생의 경험이 그것을 이미 반증하고 있다. 교사로서 나는 정말 안타까울 정도로 열심히 하는데도 어느 상한선 이상을 절대 넘지 못하는 학생들을 너무 많이 봤다. 대체로 평균 80점대 학생 중에 그런 성실군자가 많다. 반면 그들의 반의 반밖에 공부하는 것 같지 않은데도 결국 전교 1등 하고, 서울대 가는 얄미운 학생들도 자주 봤다. 노력만으로는 경쟁이 안 되는 경우도 있는 것이다.

2의 경우는 휴대폰과 첨단 통신기기를 이용한 대규모 수능 부정행위 사태가, 서울대를 떠들썩하게 했던 학부생의 집단 부정행위 사태가 잘 설명해주고 있다. 경쟁이 심해지면 어느 정도는 학생들이 노력을 더 많이 할 수 있겠지만, 경쟁이 어느 선을 넘어서면 이기기 위해서 수단과 방법을 가리지 않는 '아사리판'이 될 가능성이 더 크다. 따라서 우리에게 익숙한 '경쟁하면 노력하고 노력하면 성적이 오른다.'라는 공부모델은 다음(모형 3)과 같이 보강되어야 한다.

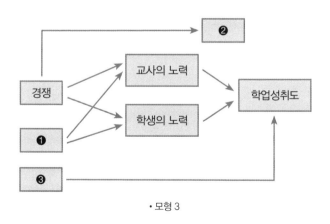

• 모형 3

세 개의 변인이 추가되었다. ①은 경쟁 말고도 교사와 학생의 노력에 영향을 주는 것이 더 있음을 보여준다. 예를 들어 학생이 공부에 어떤 특별한 동기가 있다거나, 취향이나 흥미가 있다면 경쟁과 무관하게 열심히 노력할 것이다.

③은 노력을 거치지 않고도 학생의 성적에 영향을 주는 것을 말한다. 아무리 노력을 해도 공부를 못할 수밖에 없는 학생이 있을 수 있고, 별로 노력하지 않아도 공부를 잘하는 학생이 있을 수 있다. 여기에는 타고난 지능, 가정의 사회경제적 지위SES와 환경 등이 포함될 것이다. 머리가 좋은 학생은 조금만 노력해도 더 좋은 성적을 받을 것이며, 또 부유한 가정일수록 학생이 알게 모르게 습득할 수 있는 지식과 문화 자원이 많을 것이기 때문이다. 꼭 교과서 놓고 문제 연습한 것만 성적에 영향을 주지 않는다. 자라면서 은연중에 학습한 것도 상당한 영향력을 가진다. 게다가 SES가 높은 부모는 학생에게 적절한 수준의 성취 기대를 함으로써 공부에 대한 동기를 유발하지만, SES가 낮은 부모는 기대가 거의 없거나(무관심) 아니면 지나치게 높아서(네가 우리 집의 희망이다 등등) 일을 그르치는 경우가 많다.

이번에는 교사의 노력을 보자. 교사의 노력에 영향을 주는 변인 역시 경쟁 말고도 많다. 교직 이론에 따르면 교사는 존중감에 가장 민감하게 반응한다. 즉, 경제적, 사회적 보상이 많지 않아도 존중받고 있다는 느낌을 받는 교사는 그렇지 않은 교사보다 훨씬 적극적으로 교육 활동에 임한다. 반면 존중받고 있다는 느낌을 받지 못하는 교사는 가르치는 일에 별다른 동기를 가지지 않는다. ②는 경쟁이 교사와 학생의 노력이 아니라 다른 결과를 가져올 수도 있음을 보여준다. 물론 어느 정도까지는 경쟁이 심해질수록 교사나 학생의 노력 정도가 올라갈 것이다. 하지만 앞서 이야기했듯이 어느 정도를 넘어선 경쟁은 공부가 아닌 부작용을 가져올 것이다. 이 부작용이 경쟁으로 인한 학업성취도 증가보다 더 심각하다면 경쟁을 완화시켜야 한다.

여기서 우리는 우리나라 학생이 경쟁이 부족해 노력하지 않는 상황인가 고민해봐야 한다. 당연히 아니다. 우리나라 학생이 이미 임계치를 넘어선 경쟁을 하고 있다는 사실은 거의 상식에 가깝다. 그렇다면 여기서 교사의 경쟁까지 강화한다면? 교사를 경쟁에 붙인다고 할 때 논문 실적이나 수업 모형 개발 실적을 놓고 경쟁을 붙이려는 것이 아님은 자명하다. 결국 학업성취도 평가 점수를 놓고 경쟁을 붙이려고 할 텐데, 정작 그 평가 시험을 치러야 하는 사람은 학생이다. 즉, 교사의 경쟁이 심해진다는 것은 학생의 경쟁이 심해진다는 뜻이다. 안 그래도 이미 임계치를 넘어선 학생의 경쟁인데 말이다. 그렇다면 그 결과는 통제 불가능하게 튀어나오는 부작용일 것이다. 이 상황에서 경쟁은 절대로 학생의 공부에 보탬이 되지 않는다.

이렇게 보면 일반적인 대중의 상식과 정서에 편승한 이른바 보수 우파의 교육관은 포퓰리즘적이며 근본적으로 잘못되었다.

그렇다면 진보는? 사실 진보 쪽도 공부에 대해 잘못 생각하고 있기는 마찬가지다. 보수가 개인의 노력과 그것에 영향을 주는 경쟁의 힘을 과신한 것과 마찬가지로, 진보는 사회경제적 지위의 영향력을 과대평가해 지나치게 교육 비관주의 입장을 취하고 있기 때문이다. 즉, 공부를 잘하고 못하고는 이미 학생이 처한 사회경제적 상황에 따라 결정되기 때문에 사회 불평등이 개선되지 않는 한 교사나 학생이 아무리 노력한다 하더라도 교육의 힘에는 한계가 있다는 것이다. 다음의 보도 내용이 가장 전형적인 주장이다.

> 권영길 민주노동당 의원은 24일 서울 11개 지역교육청의 과목별 기초학력 미달 비율과 무료급식 지원자 비율의 상관관계를 분석해보니 상관계수가 평균 0.75로 나타났다고 밝혔다. 상관계수는 두 변수가 얼마나 밀접한 관련이 있는지를 보여주는 수치로, 1에 가까울수록 연관성이 크다는 것을 뜻한다. 특히 사교육 의존도가 높은 영어와 수학의 경우, 학년이 올라갈수록 상관계수가 커지는 것으로 분석됐다. (……) 권영길 의원은 "이번 조사 결과는 학년이 올라갈수록 소득에 따른 교육격차가 공고해진다는 것을 보여준다."며 "저소득층에 대한 집중 지원이 교육격차 해소의 첫걸음이라는 것이 다시 한번 확인된 셈."이라고 말했다. ('소득 낮을수록 기초학력 미달 많다', 한겨레신문, 2009년 2월 24일자)

이 주장을 따라가게 되면 진보 쪽에서 주장하는 공부 모형을 앞 모형과 같이 얻게 된다. 한마디로 부잣집이 자녀 교육에 더 많은 투자를 하며, 특히 사교육을 많이 하기 때문에 학업성취도가 높다는 것이다. 이번 민주노동당의 발표도, 진보신당의 논평도 다 이런 취지에서 벗어나지 않는다.

물론 학업성취도 격차를 교사의 노력 부족으로 몰아가는 단순무식

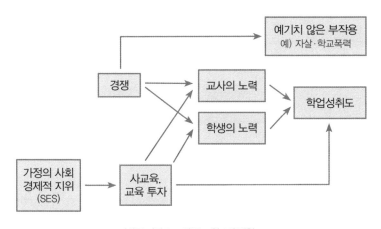

• 기사를 바탕으로 만든 모형 3의 변형

한 논리를 두고 학업성취도는 SES에 의해 결정이 난다고 외치고 싶은 마음은 이해된다. 그러나 문제는 이런 주장이 도리어 신자유주의를 도와준다는 것이다. 왜냐하면 전형적인 우파는 학업성취도를 순전히 개인의 노력으로 판단해야 한다는 자유주의를 견지하겠지만, 신자유주의는 빈부 차가 학력 차로 나타난다는 좌파의 견해를 거부하지 않고 공유하기 때문이다. 신자유주의가 괜히 '신'이 아니다. 이주호는 2004년부터 시종일관 "빈부·교육 격차 해소, 교육 평등을 위해 평준화를 해체해야 한다."라는 역설을 주장하고 다닌 인물이다. 아마 그들은 이 모형을 거부하지 않고 다음같이 거침없이 명제를 펼쳐 나갈 것이다.

1. 부유층은 사교육비를 투자하기 때문에 자녀 성적이 높다.
2. 빈곤층은 사교육비를 투자하지 못하기 때문에 자녀 성적이 낮다.
3. 따라서 평등의 관점에서 빈곤층도 부유층만큼 사교육비를 투자할 수

있게 해야 한다.

4. 그 방법은 교사의 노동을 강화해 빈곤층이 학교에서 학원 다니는 효과
   를 얻게 하는 것이다.

5. 교사의 노동을 강화하기 위해서는 학교 간, 그리고 학교와 학원 간 경
   쟁을 조장해야 한다.

이 명제들 중 1과 2는 전통적인 좌파의 주장이다. 여기에서 자연스
럽게 4와 5를 도출해내는 것이다. 이게 신자유주의의 무서움이다. 이걸
반박하면 좌파는 자가당착에 빠지게 된다. 사교육 등 더 많은 교육 투
자를 하는 부유층에 빈곤층이 뒤처지지 않게 정책적 뒷받침을 하라는
요구를 줄기차게 하면서도 이른바 공교육 강화 방안을 통해 학교를 '학
교+학원'으로 만들어주겠다는 정책은 반대해야 하는 것이다.

물론 이대로 그들 식의 교육개혁이 이루어질 경우 과잉 경쟁으로
허덕이는 우리 교육이 완전히 단말마 상태로 빠져들 것은 자명하다. 그
렇다면 여기에 어떤 논리로 맞서야 할까? 열쇠는 바로 '동기화$_{motivation}$'
에 있다. SES가 아무리 좋아도, 혹은 아무리 경쟁이 치열해도 제대로
동기화된 학생을 당할 수는 없다. 이는 보수와 진보가 모두 놓치고 있
는 지점이다. 특히 개인의 동기에 관심이 적은 진보 쪽이 더 그렇다.

'입시교육 철폐'라고 외치기 전에 '무의미한 입시교육 철폐'를 외쳐
야 한다. 문제는 학생들이 어떤 자발적 동기 없이 무의미한 입시경쟁을
한다는 것이다. 동기 없는 경쟁이 격렬해질수록 이는 자아정체성과 갈
등을 일으키고, 그 결과 여러 가지 비극이 발생한다. 만약 자신의 삶의

방향이 분명하고 그 방향을 달성하기 위해 입시경쟁이 불가피하다는 것을 명확하게 인식하고 있는 학생이라면, 아무리 그 경쟁이 치열하다 하더라도 결코 좌절하거나 정신이 무너지지 않을 것이다.

이때 동기마저 불평등의 영향을 받는다면 이것이야말로 진보교육 진영이 온 힘을 다해 개선해야 할 일이다. "가난하다고 꿈조차 가난할 수는 없다."라는 말이 있다. 그런데 여러 사회통계를 보면 "가난하면 꿈조차 가난한" 경우가 많다. 공부의 동기가 가치(윤리적 가치, 미학적 가치, 영적 가치, 지적 가치 등)인 학생은 동기가 생계(취직, 소득, 혹은 출세 등)인 학생보다 훨씬 열성적이고 긍정적으로 공부할 수 있다. 공부의 동기가 가치에서 출발한 학생은 설사 좌절하더라도 자신의 도전이 가치 있었음을 인정하고 차선책을 찾을 수 있지만, 생계에서 출발한 학생은 공부에서의 좌절이 곧 삶의 좌절이라고 느껴서 극단적 선택을 하거나 심신이 황폐해지기가 쉽다.

경쟁이 없거나 완화된 교육을 꿈꾸는 것은 좋다. 그러나 그런 교육은 실제로 존재하기 어렵고 그런 교육을 만들기 위한 제도적 비용도 많이 들 뿐 아니라, 어떤 형태로든 경쟁이 부활하는 것을 막기 어렵다. 그렇다면 차라리 경쟁에 끌려다니지 않고 경쟁을 자신의 페이스에 끌어담을 수 있는 강단 있고 주체적인 학생을 기르는 쪽이 보다 현실적이다. 경쟁을 격화시켜 공부를 강제하지도 않고, 어차피 SES에 의해 결정된다면서 공부를 포기하게 하지도 않는 방법은 바로 학생이 공부에 대해 얼마나 의미 있는 동기화를 할 수 있는가에 달려 있다. 바로 여기에 교사의 역할이 있다. (2009. 2.)

교육 불평등과
입시교육 비판의 모순

평등이 진보의 핵심 가치라는 것에 반대할 사람이 있을까? 진보적인 교육자 그리고 교육운동가라면 교육 불평등을 해소해 교육에서 평등을 이루는 것을 1차적 관심사로 삼는 것은 너무 마땅한 일이다. 문제는 그 평등의 성격이다. 교육의 평등이지, 교육을 통한 평등이 아니라는 것이다. 하지만 불행히도 그동안 우리나라의 진보 진영은 교육의 평등이 아니라 은연중에 교육을 통한 평등을 꾀하는 오류를 범했다. 이른바 "개천에서 용 나게" 하는 교육 담론이 그것이다. 이렇게 교육 불평등을 잘못 다루면 한편에서는 성공과 출세의 수단으로 전락한 교육을 개탄하면서 다른 한편으로는 그렇게 전락한 교육의 기회를 요구하는 자가당착에 빠져버린다. 그러니 적어도 진보적인 교육자라면 교육 불평등이 무엇을 의미하는지는 분명히 알고 말해야 한다.

제일 먼저 유념해야 할 것은 교육 불평등을 말하기 전에 교육을 말해야 한다는 것이다. 우리가 말하는 교육이 A라면, 우리가 말하는 교육 불평등은 A의 불평등이라야 한다. 그런데 현재 진보 진영의 교육 불평등 논란은 교육은 A라고 주장하면서 B의 불평등을 문제 삼고 있어서 설득력을 얻지 못한다.

진보 진영은 항상 우리 교육이 왜곡된 목표를 추구하고 있다고 비판해 왔다. 그런 왜곡된 교육을 경쟁교육, 입시교육이라 부르면서 협력과 자유로운 창조가 발휘되는 참교육을 주장해 왔다. 따라서 진보 진영은 이런 참교육의 혜택이 불평등하게 제공되고 있을 때 이를 교육 불평등이라 불러야지, 입시교육의 혜택이 불평등하게 제공되는 것을 교육 불평등이라 부르며 문제 삼아선 안 된다. 왜곡된 교육, 입시교육이 바람직하지 않은 교육이라고 비판했다면, 그 바람직하지 않은 결과가 상류층에게 더 많이 분배되는 것을 왜 문제 삼아야 하는가? 오히려 그것은 나쁜 교육의 부작용이 상류층에게 더 많이 전가되고 있으니 교육의 평등화가 아니겠는가?

진보교육자는 입시교육을 제대로 된 교육으로 인정할 수 없다고 강경하게 외쳐 왔다면, 입시에서의 불평등을 교육 불평등이라 부르지 말아야 한다. 높은 서열의 대학에 진학하는 것이 교육의 중요한 목표가 아니라고 주장하며 참교육을 실천하겠다고 외쳐 왔다면 저소득층 자녀가 소위 서열이 높은 대학에 가지 못했다고 해서, 이걸 들어 교육 불평등이라고 문제 삼지는 말아야 한다. 차라리 대학 서열을 타파하자고 외치거나, 기업이나 공공 부문에서 대학 서열과 무관하게 인재를 등용할 것을 요구해야 한다. 아니면 미국의 경우처럼 아예 서열 높은 대학이나 좋은 일자리에 취약 계층을 일정 수준 이상 할당해달라고 요구해야 한다. 이게 진보적인 자세다.

한쪽에서는 일류대에 가는 것은 중요하지 않다고 외치면서, 다른 한쪽에서는 가난한 아이들이 일류대 가기 어려워지면 안 된다고 주장하는 것은 모순이다. 만약 주입식 입시교육이 아이들의 몸과 마음을 병들게 한다면, 그것이 잘못된 교육이라면 상류층 아이들이 그런 교육을 더 많이 받는 것을 어떻게 교육 불평등이라고 주장할 수 있는가?

참교육이란 무엇인가? 시험 문제를 잘 풀기 위한 단편적인 지식보다는 더불어 살아갈 수 있는 도덕적인 능력, 자신과 자신 삶의 조건을 성찰하고 합리적인 선택을 할 수 있는 지적인 능력, 아름다운 것을 즐길 수 있고 창의성을 발현할 수 있는 미적인 능력을 길러주는 것이다. 그렇다면 진보적인 교육자는 이런 도덕적, 지적, 미적 소양이 계급 간에 불평등하게 분배될 때 이를 문제 삼고, 그 혜택이 모든 계층의 학생에게 골고루 주어지도록 요구해야 한다. 이게 바로 진보 진영에서 목표로 해야 하는 교육 평등이다.

그렇다면 혹자는 이렇게 반문할지도 모른다. 그럼 교육 불평등은 없다고. 부잣집 아이들은 되바라지고 공부는 잘할지 몰라도 인간성이 글렀고 메말랐다고. 하지만 가난한 집 아이들은 오히려 인간미가 있고 따스하다고. 하지만 과연 그럴까? 지배 계급에 대한 반감에 젖은 나머지 객관적인 사실을 왜곡하지 말자. 성공하고 많은 재산을 모은 사람이 모두 도둑질을 했거나 부정하고 잔혹하거나 운이 좋아서 그랬을 거로 믿는 것은 착각이다. 물론 일부 재벌 2세, 3세 등등이 있기는 하겠지만, 상위 20퍼센트의 상당수(여러 전문직, 성공한 사업가 등)는 기본적으로 신중한 이해타산, 사려prudence, 절제temperance, 공감empathy이라는 능력이 없었으면 아예 그 자리에 갈 수도 없었다. 빼어나게 운이 좋은 사람이 아니라면 성공은 당장의 욕망을 억제해 여력을 축적하고, 그것을 훗날 보다 요긴한 곳에 신중하게 투입하며, 다른 사람의 공감과 시인을 획득해 사회적인 지위를 얻을 때 가능한 것이다.

현실을 살펴보면 계급 간 불평등은 단지 재산과 소득의 불평등이 아니라 미덕의 불평등까지 포함하고 있다. 가난은 선량과 소박보다는 무지와 타락에 더 쉽게 연결된다. 소득 수준이 떨어질수록 범죄율이 높아지는 통계 자료는 너무 많아서 소개할 필요도 없을 정도다. 이미 19세기 독일 작가 게오르그 뷔히너의 시대를 앞서간 희곡『보이체크』는 가난한 계층의 도덕적 타락에 대해 비난하면서 그 미덕의 부족이 가난의 원인이라며 불평등을 정당화하는 중산층을 풍자한다.

하지만 그들에게 미덕이 부족한 것은 인품이 모자라서가 아니라 미덕을 쌓을 경험과 기회가 부족했기 때문이다. 그런데 다시 미덕이 부족하다는 이유로 가난이 대물림되는 악순환이 계속되는 것이다. 미덕과 그 미덕의 소재가 되는 다양한 경험과 기회는 얼마든지 후천적으로 제공될 수 있는 것이었다는 점에서 이는 부조리한 결과다. 가정이 가난해 제공하지 못한다면 사회가 얼마든지 제공할 수 있었던 것이다. 그래서 이는 교육의 문제이며, 이를 사회가 제공하는 것, 그것이 바로 교육의 평등이다.

미덕의 대물림이 계속되는 것은 부의 대물림보다 더 무섭다. "부자는 삼대를 못 간다."라는 속담은 부잣집 자제가 미덕과 교양을 갖추지 못했을 경우 방탕하고 무모한 삶으로 인해 재산을 탕진할 수 있음을 시사한다. 이렇게 부자 집안이 삼대 만에 망한다는 것은 다른 집안에게 기회가 돌아온다는 뜻이기도 하며, 평등화를 의미하기도 한다. 하지만 만약 미덕까지 대물림된다면 부잣집 자제는 방탕한 대신 절제 있고 합리적으로 살면서 오히려 더 부유해지기 쉽고, 도리어 가난한 집의 자제가 충동적인 지출과 투자 등으로 혹은 범죄의 유혹 등으로 신세를 더 망치기 쉽다. 그래서 경제사범, 한마디로 사기꾼의 출신 계층, 그리고 사기 피해자의 출신 계층을 보면 기가 막히고 코가 막히는 것이다. 사회의 불평등 구조는 완전 고착화된다.

더욱 심각한 것은 미덕뿐 아니라 자기 몸과 건강에 대한 세심한 배려라는 측면에서도 불평등이 대물림될 수 있다는 점이다. 부잣집 아이는 나약하고, 민중의 아이는 강인할 것이라는 선입견이 있다. 하지만 이건 북한 선전 그림에서나 볼 수 있는 것이다. 담배와 소주에 진 노동자는 돈이나 정신, 지식은 물론 육체로도 부르주아 계급의 상대가 되지 못하며, 수명도 더 짧다. 그리고 그런 생활 방식도 고스란히 대물림된다.

하지만 이 모든 것은 교육으로 해결할 수 있다. 교육은 적절한 가르침과 경험을 제공함으로써 가난한 집 아이들이 그들의 타고난 환경의 영향에서 벗어나 사회에서 필요한 미덕을 갖추게 하고, 건전한 생활 습관을 익히게 할 수 있다. 하지만 대학입시에서 부잣집 아이들을 따라잡게 하겠다면서 가난한 집 아이들을 국영수 입시 수업으로 몰아넣는 순간, 미덕과 건강의 불평등은 돌이킬 수 없게 된다.

그나마 우리나라의 교육 불평등은 미국이나 일본에 비하면 좀 덜한 편이다. 불행 중 다행으로 우리나라의 상류층은 미국이나 일본의 상류층보다 훨씬 교양 없고 무식하며, 미국, 일본 혹은 영국에 비해 상류층과 저소득층 간 문화적 장벽이 비교적 약하기 때문이다. 비유하자면 우리나라는 상류층이나 저소득층이나 1년에 몇 번 가지도 않는 공연장에선 곯아떨어지고 책이라고는 자기계발서 외엔 거의 읽지 않는다는 점에서, 시간과 돈의 여유가 생기면 하는 놀이가 음주가무라는 점에서는 전혀 차이가 없다는 것이다. 굳이 차이가 있다면 술이 양주냐 소주냐, 노래가 생음악이냐 노래방이냐 정도일 것이다.

그러니 상류층이 자기 자녀를 입시 공부 몰이에 밀어 넣을 때 그걸 따라 하거나 따라잡으려 하지 말자. 진보 진영은 그동안 외쳐오지 않았는가? 그런 교육은 아이들을 망치는 교육이라고. 그 대신 저소득층 자녀에게 우리가 늘 주장해 왔던 제대로 된 교육, 몸이 살고 마음이 사는 교육, 협력과 소통, 그리고 창의성이 살아나는 그런 교육을 제공하자. 그게 바로 교육 불평등을 해소하는 길이다. 따라서 학교혁신과 교육복지는 별개의 것이 아니다. 복지가 필요한 지역의 학교를 가장 철저하게 혁신하는 것, 그것이 바로 교육복지다.

한마디 덧붙이자면, 이런 교육을 하면 당장 대입에는 큰 효과가 없을지 몰라도, 아이들이 10년, 20년 뒤에 반드시 더 풍성한 인생을 살 수 있을 것이라는 믿음을 갖자. 당장 학부모의 질책이 두려워서 다양한 스펙을 쌓는 데 도움이 되니 대입에도 혁신교육이 효험 있다는 식의 왜

곡은 하지 말자. 교육의 효과는 결국 어른이 되었을 때, 그것도 인생을 한동안 살고서 자신의 삶을 회고할 때나 확인 가능한 것이다. 하물며 대학에 혁신교육을 받은 학생 뽑아달라고 구걸해서야 되겠는가? 그러면 우리 스스로도 자신감을 가지고 믿지 못하는 것을 진보니, 혁신이니 하는 이름으로 내건 셈이 되지 않은가? (2011. 1.)

교사의 전문성 신장을
가로막는 장벽

*
이 글을 쓰던 당시만 해도 교사의 사회경제적 지위가 상당히 높았고, 그래서 그 반대급부로 전문성에 대한 헌신을 요구할 수 있었다. 2024년 기준으로는 교사의 지위가 최저임금보다 조금 더 받는 처지로 전락했기에 생각이 좀 달라질 수도 있다.

먼저 교사의 전문성 신장이 절박한 이유부터 짚어보면서 시작하겠다. 아무리 아니라 우겨도 교사의 대우가 우리 사회의 평균을 한참 넘어서는 것이 사실이다. 교사에 대한 대우가 좋은 것 자체가 문제는 아니다. 문제는 그것이 과잉 보상이라는 견해가 사회적으로 보편화되고 있다는 점이다. 예컨대 사람들은 교사보다도 대우가 좋은 교수나 의사를 부러워하기는 한다. 하지만 그 일을 "나도 당장 할 수 있다."라고는 감히 생각하지 못한다. 하지만 교사에 대해서는 그렇지 않다. 웬만한 교육을 받은 성인은 교사 정도의 일은 당장이라도 할 수 있는 일이라고 생각한다. 그래서인지 자신보다 좋은 대우를 받는 교사를 곱게 보아 넘길 수 없는 것이다. 지금 사회적으로 비치는 교사의 이미지는 무능한데도 평균 이상의 월급을 받고 노동 계급의 절반만 일하는 집단이다. 이런 분위기에서 교사가 지금과 같은 대우를 유지하기는 어려울 것이다. 지금 우리는 과분한 대우를 포기하든가 아니면 그만한 대우를 받을 만한 합당한 자격이 있음을, 아니 더 좋은 대우를 받아도 모자람을 당당히 선언하든가 둘 중 하나를 선택해야 하는 절박한 상황에 와 있다. 우리는 당연히 후자를 선택해야 하며, 그러기 위해서는 스스로 전문성을 신장하고 이를 내보임으로써 사회적 책임을 다해야 한다.

교사의 전문성은 단지 전공 지식이나 교육학에 기능적으로 숙달되는 것 이상이라야 한다. 이는 무수한 지식의 네트워크에서 학생에게 가장 도움이 될 수 있는 것을 선택할 수 있고, 그것에 적합한 교육법을 선택, 구상할 수 있으며, 학생이 새로운 지식과 방법의 생산자로 설 수 있게 이끄는 그런 능력이다. 이러한 전문성은 당연히 오랜 연구와 교실에서의 실천 경험이 필요하며, 일반인은 물론 전문 연구자도 쉽게 넘볼 수 없는 능력이다. 교육의 이러한 전문성을 끈질기게 연마하고 적극적으로 사회에 드러낼 때 우리에게 가해져 오는 부당한 압력과 비난은 중단될 것이다.

안타깝게도 많은 교사가 적극적으로 전문성을 신장하고 있다고 보기는 어려운 게 현실이다. 하지만 이를 마냥 교사의 안일과 나태로만 몰아세울 수는 없다. 부지런하고 의욕적인 교사마저 중년기가 되면 지치고 냉소적으로 되면서 안일과 나태의 대열에 합류하는 경우가 많기 때문이다. 교사의 전문성 신장을 가로막는 여러 구조적 장벽이 있는 것이다. 이 장벽은 교사 집단 바깥에서 형성된 사회적, 제도적 장벽일 수도 있고, 교사 집단 내부에 형성된 문화적, 관습적 장벽일 수도 있다. 간단하게나마 이런 장벽을 한번 짚어보자.

전문성 신장을 가로막는 외부의 장벽

부족한 기자재

아무리 유능한 의사라도 청진기 하나 주고 암을 치료하라고 할 수는 없다. 교사의 전문성 역시 그것을 발휘할 수 있는 하드웨어의 제약을 받는다. 교실에 빔 프로젝터가 있고 없고에 따라 수업을 구상할 수 있는 범위가 달라지며, 냉방 시설이 있는 교실과 없는 교실의 수업은 하늘과 땅 차이다. 이런 점에서 지금 학교의 실태는 비참하다. 시설은 낡고 시대에 뒤떨어졌으며, 경직되고 비대한 관료제로 인해 업그레이드도 매우 더디며, 학교 간 편차도 크다. 학교의 각종 시설 환경은 흡사 '타임캡슐'을 연상시킨다. 그나마 신형 시설과 기자재가 공급되어도 설치하는 순간부터 활용보다 분실·파손 방지, 관리 철저 등등의 잡무가 되어버린다. 적극적으로 활용되는 시설과 장비는 고장 나고 파손되는 것이 정상이지만, 이런 정상적인 생각을 갖추기에는 학교 관리자라는 지위가 너무 비정상적이다.

전문성 신장에 적대적인 공간

교사의 공간적 환경은 전문성 신장에 최악이며 적대적이다. 교무실 배치를 보면 최소한의 공간을 사용해 최대한의 교사를 몰아넣으려는 목적 외에는 없어 보인다. 이런 공간에서는 연구도 휴식도 불가능하며 그나마 비좁은 공간을 컴퓨터가 차지한 다음부터 할 수 있는 일이라고는 행정 사무 아니면 인터넷 서핑뿐이다. 초등교사는 교실을 연구실로 사용하는 경우가 많지만, 이는 궁여지책에 불과하다. 개별 연구실이 어렵더라도 교사 전용 도서실, 세미나실만 있어도 교사문화가 전문성을 높이기 유리하게 바뀔 것이다. 사실 이런 공간이 설치되어 있는 학교가 있긴 하지만 이 경우도 활용보다는 관리에만 신경 쓰느라 잠겨 있기 일쑤다.

유인 동기 부족

전문성 신장을 교사 개개인의 열정과 윤리에만 맡겨두는 것은 낭만적 생각이다. 전문성 신장은 노고와 비용을 요구하며, 유인 동기가 없다면 일부 열정적인 교사를 제외하고는 자발적으로 나서기 어려울 것이다. 우리 학교는 전문성을 신장해도 별 이득 없고, 하지 않아도 별 손해가 없는 체제다. 전문성 신장의 유인 동기가 없는 것이다. 무엇보다도 전문성은 승진에도 아무런 기여를 하지 못하고 있다. 전문성 신장이 경제적 보상, 명예, 승진에 별 도움이 되지 않는다면 소수의 특별한 교사를 제외하고는 자발적으로 나서는 교사는 드물 것이다. 그나마 교육 당국이 제공하는 얼마 안 되는 전문성 유인 동기는 주로 부정적 보상에 의존하려 들거나 쥐꼬리만 한 혜택을 주면서 그것을 빌미로 산더미 같은 간섭을 하려 들어 교사의 자존심을 손상시키기만 한다.

행정 사무와 낡은 관행

교사가 행정 사무까지 보는 것은 교사의 전문성뿐 아니라 행정 직원의 전문성도 손상하는 최악의 조합이다. 사실 교사 전문성 신장의 첫걸음은 행정 사무를 하지 않는 것에서부터 시작되어야 한다. 교사가 행정 사무를 담당하는 것, 행정 비전문가인 교사가 각종 행정 사무를 적당히 나눠 가지는 것은 행정 직원에게도 모욕이라고 보아야 한다. 행정 업무를 행정 직원이 전담하게 되면 비로소 그들은 쓸데없고 불합리한 잡무를 분석하고 이를 간소화, 합리화하려고 노력할 것이다. 즉, 행정 전문가가 되는 것이다. 반면에 교사는 교실에 집중하지 않을 수 없게 된다. 지금까지 행정 잡무는 무능한 교사의 도피처였다. 아무리 엉터리로 수업을 해도 공문서 몇 장 처리하면 용서되었다. 하지만 행정 잡무가 사라지면 무능한 교사가 도피할 영역이 없기 때문에 도리 없이 교실에 집중해야 한다.

남성 지배의 문화

교사 대다수가 여성이다. 따라서 성차별 문제를 고려하지 않고는 교사 문제를 다룰 수 없다. 많은 여교사가 교사와 주부라는 이중적 지위를 가진다. 그런데 주부라는 지위가 전문성 신장을 위해 사용해야 할 소중한 시간을 빼앗아 가는 경우가 많다. 많은 여성이 남는 시간에 각종 가사노동을 해야 한다. 부부 교사가 아닌 경우 여교사가 배우자에게 동등한 가사노동을 요구하는 경우가 그리 많지 않은 것이다.

여교사의 배우자가 대체로 여론 주도층이라는 점이 더욱 문제다. 불행히도 많은 여교사는 대기업에 다니는, 혹은 전문직에 종사하는 배우자 앞에서 자신의 일이 그들의 일보다 더 어렵고 사회적으로 중요한 일이라는 확신을 심어주지 못하고 있다. 심지어 교사로 일하느라 아이에게 신경을 못 써서 미안하다고 말하는 여교사도 있다. 하지만 그들의 배우자인 전문직 남성은 직장 생활을 하며 두고 온 자녀에게 미안해하는 경우가 거의 없다. 그 결과 남성이 주류를 이루는 직종은 열정과 패기로 전념하는 이미지가 형성되고, 여성이 주류를 이루는 교사 집단은 주부가 적당히 겸직해도 되는 정도의 일이라는 이미지가 만들어진다. 이것은 실로 무서운 이미지다. 이 마음속의 불평등을 극복해야 한다. 전문성 신장의 장벽은 가정에서부터 제거해야 한다.

전문성 신장을 가로막는 내 안의 장벽

지금까지 살펴본 장벽이 대체로 제도적이거나 문화적인 것이라 교사 자신에게는 문제가 없는 것처럼 착각할 수 있겠다. 하지만 실상 외부의 장벽 못지않게 교사 스스로 가지고 있는 전문성 신장의 장벽도 만만치 않다.

자유를 번거로워하는 타성

주로 중년층 이상 교사의 성장을 가로막는 주된 이유다. 사실 전문직은 자율성을 가질 수 있지만 그것을 위해 치러야 할 책무성이란 비용을 요구한다. 수업을 스스로 구상해서 실시하는 것은 매우 고달픈 일이다. 그냥 정해진 교육과정과 교과서에 따라 기계적으로 반복하는 수업이 훨씬 노고가 덜 드는 것이 사실이다. 그러니 편하게 정해진 수업만 하고 남는 시간을 여흥과 인터넷 쇼핑으로 탕진하는 교사의 수가 많은 것도 사실이다. 하지만 이 안락함은 자율성을 포기한 대가, 즉 노예의 안락함이다.

물론 교사를 부러워하는 시선 대부분이 전문성보다 노예의 안락함에 끌렸기 때문인 것이 현실이다. 어쩌면 젊은 세대 중에는 이런 노예의 안락함을 누리기 위해 열심히 공부해서 교사가 된 사람이 있을 것이다. 하지만 지금 교사에 대한 좋은 대우는 사회적 합의가 되지 않은 비정상적인 과도기에 불과하다. 노예의 안락함에 안주하는 교사에게 지금 같은 대우를 하는 것은 사회적 낭비다. 하루에 4~5시간 정도만 노동하고, 1년의 1/4이 휴가인 이유는 남는 시간 동안 전문성을 신장하라는 것이지, 놀거나 쉬라는 뜻이 아니다. 1999년 캐나다 교원노조의 투쟁 슬로건이 "하루 1시간의 공강 시간 확보!"였음을, 레이건 대통령 시절 미국 교사들이 하루 45분의 공강 시간을 지키기 위해 치열하게 투쟁했다는 사실을 알아야 한다. 그렇다면 하루에 2~3시간씩 남는 시간을 의미 없는 인터넷 서핑, 수다 등으로 탕진해도 되는 이런 비정상적인 상태가 얼마나 더 유지될 수 있을지 의심할 수밖에 없을 것이다.

교육학 소비자주의

교육학은 이미 완결된 매뉴얼이 아니라 구체적인 교육을 통해 수정, 보완, 발전되어야 하는 일련의 실천이다. 따라서 교육학과 수업은 구별되지 않으며, 교육학자와 교사도 구별되지 않는다. 교실은 단지 교육학이 적용되는 공간이 아니라 생성되는 공간이기도 하다.

그러나 많은 교사가 교육학을 배우고 익혀야 할 완결된 교수학습 패키지로 인식한다. 그래서 부지런한 교사조차 교육학의 생산자가 아니라 소비자로 머물러버리는 경우가 많다. 하지만 그나마도 창조적으로 변화, 발전시키기보다 기계적으로 적용한 뒤 "역시 한국 현실에는 이런 수업이 안 돼."라며 지레 포기하기가 일쑤다. 그래서 젊어서는 다양한 교수학습법을 시도해보다가 나이 들수록 단순 강의형에 안주해버리는 불행한 일상이 반복된다. 그러면서 학교 현장을 모르는 교육학자의 탁상공론을 비판한다. 하지만 학교 현장을 아는 교육학자가 학교의 교사 말고 달리 어디에 있겠나?

행복관의 부재

이렇게 말하는 분도 있을 수 있다. "당신이 말한 것이 다 옳다고 치자. 하지만 난 수업 대충 하고, 월급이나 받고, 남는 시간에 인터넷 쇼핑하고, 친구 만나 수다 떨고 사는 것이 더 행복하다. 무엇 때문에 아무 보상도 없이 스스로 힘들게 만든단 말인가?" 물론 이는 매우 영리한 선택일 수 있다. 하지만 이런 삶의 태도에서는 행복이 존재하지 않는다. 행복은 모두가 자신의 타고난 본성을 실현할 때 도달할 수 있다. 하지만 우리는 타고난 본성보다는 외부의 기준에 따르도록 강요받으며 성장했다. 교사인 우리 역시 잘못된 교육의 희생자다. 우리는 무의식중에 외적인 행복을 추구하는 습관을 가지게 되었다.

하지만 그런 외적인 행복은 결과를 얻으면 얻을수록 새로운 욕망을 생산하는 허무한 행복이다. 만약 아동이 타고난 본성을 실현하며 성장하는 과정에서 얻는 행복에 공감하는 그 아름다운 경험을 한 번이라도 겪는다면, 우리는 저 허무한 행복에서 벗어날 수 있을 것이다. 그래서 프리드리히 프뢰벨은 "아동의 교육은 잘못된 교육을 받은 어른이 자신을 고칠 수 있는 치유."라고 말했다.

심화되는 원자화 경향

최근 성실하고 진취적인 젊은 교사들일수록 자주 토로하는 고민이 너무 일이 많고, 힘들고, 바쁘다는 것이다. 수업 준비하는 것도 벅차고, 처리해야 할 업무도 산더미처럼 보이고, 면담은 또 어찌해야 할지 깜깜하단다. 그런데 이렇게 고민하는 교사들의 공통점은 이 모든 것을 홀로 한다는 것이다. 홀로 자료 준비하고, 홀로 면담 준비하고, 홀로 업무를 처리한다. 동료나 선배는 단지 고충을 토로하고 동정심이나 공감을 얻어내는 대상일 뿐, 함께 공부하고 함께 준비하는 모습을 찾기가 어렵다.

하지만 지식은 소통과 공유를 통해 생성되지, 결코 고독한 은둔을 통해 형성되지 않는다. 안다는 것은 행함이며 행함은 곧 말하는 것이고, 말함은 곧 공동으로 행함이다. 그래서 공자는 혼자 밤을 새우지 말고 스승에게 말하라고 했던 것이다. 그런데 불행히도 최근 교사들의 원자화 경향이 강해지고 있다. 전교조 역시 과거 같은 공동의 실천 단위가 되지 못하고 있다. 물론 전교조가 시대에 뒤떨어졌다고 비판할 수도 있겠지만, 그렇다고 대체할 만한 새로운 실천 단위가 나온 것도 아니다. 이렇게 공동의 실천 맥락에서 떨어져 나온 개체화된 인간은 한나 아렌트의 말을 빌리면 모두 "잠재적인 나치"다. 우리는 나치에게 전문성을 기대할 수 없다.

전문성의 새로운 정립을 위해

지금까지 교사의 전문성 신장이 필요한 이유, 그리고 그것을 가로막는 장벽에 관해 살펴보았다. 사실 그동안 전문성이라고 하면 막스 베버가 말한 "차갑고 영혼 없는 전문가"의 속성을 떠올린 것이 사실이다. 하지만 이 전문성은 차라리 존 듀이가 말한 "자유로운 연구자의 공동체"가 되어야 한다. 교사는 정해진 매뉴얼에 정통한 전문가가 아니라 자기 영역에 애정과 창의적 정신을 발휘하는 전문가가 되어야 한다. 따라서 교사의 전문성 신장은 교사뿐 아니라 사회 전체적으로 전문성이라고 하는 것의 새로운 의미 정립을 위해서도 중요한 일이 될 것이다.

(2008. 8.)

대한민국 학부모들께

마흔여섯의 각오

＊

10년 전의 내 생각이다. 10년이 지났지만 그리 많이 바뀌지 않았다. 나도, 이런 생각을 하게 만든 우리의 교육 환경 역시.

내 나이 올해로 마흔여섯이다. 마음 같아서는 이제 산 날과 살날이 반환점을 돌았다고 하고 싶지만, 우리나라 남성의 평균 기대수명에 따르면 이미 남은 삶이 살아온 삶보다 적게 남아 있는 시점이다.

흔히 마흔이 넘으면 얼굴에 인생이 나타난다고 한다. 거울을 본다. '살인 동안'까지는 아니지만, 그래도 통상적인 내 또래보다 젊어 보이는 얼굴에는 그다지 험한 기색도, 거친 기색도 보이지 않는다. 순탄히 살아왔다는 뜻일까? 내가 처음 발령받은 학교의 과학부장이 마흔여섯이었는데, 아무리 생각해봐도 지금 내 모습은 그때 보았던 마흔여섯의 모습은 아니다. 훨씬 보존 상태가 좋다.

스펙도 나 나름 괜찮게 쌓아 왔다. 우리나라 학부모의 로망인 서울대에 재수하지 않고 한 번에 들어갔다. 지상파 방송국에서 잠깐 기자 생활도 해봤고, 우리나라 청년의 로망인 임용고시도 단 한 번 만에 합격해서 21년째 교사로 봉직하고 있다. 서울대에서 계속 공부해서 박사 학위도 받았다. 또 서울대에서 6년간 비정규직이나마 '교수님' 소리도 들었다. 일곱 편의 학술 논문을 썼고, 다섯 권의 학술 서적, 그리고 네 권의 청소년 도서를 출판했다. 각종 연수원 강의도 다니면서 교사들을 가르치는 위치에도 섰고, 심지어 서울대 교수들 앞에서 강의도 했다.

잘산 삶이 아닌가? 행복해야 하지 않은가? 그러나 지금 나는 초조함에 사로잡혀 있다. 인생을 낭비했다는 회한이 가시지 않고 있다. 내가 해야 할 일, 잘할 수 있는 일이 아니라 남들이 바라는 일, 부모가 좋아하는 일을 했다는 생각이 나를 괴롭힌다. 내가 원한 삶은 이것이 아니었고, 내가 잘할 수 있는 일도 이런 것들이 아니었다.

초등학교 시절, 나는 책을 좋아하는 아이였다. 책을 많이 읽다보니 자연스레 글도 많이 쓰게 되어, 글짓기나 독후감과 관련한 상도 무척 많이 받았다. 학교 조회 시간에 내 글을 전교생 앞에서 낭독하기도 했다. 나는 그림을 잘 그리는 아이이기도 했다. 4학년 때까지는 각종 그리기 대회에서도 상을 많이 받았지만, 5학년이 되자 미술학원에서 그림 기술을 익힌 아이들을 더 이상 당해내지 못하게 되었다. 그러나 글짓기 만큼은 여전히 내 무대였다. 초등학교 졸업 때까지 매달 뽑는 학교 독서왕은 으레 내 차지였다. 어떤 달에는 한 달에 80권이 넘는 책을 읽기도 했으니, 정말 어지간히도 많이 읽었다. 나중에는 더 읽을 책이 없어서 백과사전을 가가린에서부터 히아신스까지 읽었다. 책을 많이 읽는 것은 내 자랑거리였으며, 글솜씨는 내게 내려진 축복이었다.

당시 내 방에는 아버지가 대학 시절에 읽었던 각종 전집류가 있었다. 나더러 읽으라고 둔 것은 아니고, 마땅히 둘 곳이 없어서 그랬던 것 같다. 한자가 1/3인 국한문 혼용에다가 세로쓰기로 인쇄된 책들이었지만 백과사전마저 다 읽어버린 내게는 무궁무진 샘솟는 샘물과도 같았다.

양장본으로 된 세계 명작 단편문학전집이 그중 가장 내 손길을 많이 받았다. 서머싯 몸, 토머스 하디, 오 헨리, 장 폴 사르트르, 알베르 카뮈, 토마스 만, 헤르만 헤세, 기 드 모파상, 안톤 체호프, 이반 투르게네프, 니콜라이 고골, 표도르 도스토옙스키, 레프 톨스토이, 에드거 앨런 포, 루쉰 등의 단편 소설집이 있었다. 지금도 모파상의 「목걸이」, 체호프의 「귀여운 여인」, 루쉰의 「아큐정전」을 읽었을 때의 충격이 잊히지 않는다. 저금통을 깨서 산 볼프강 폰 괴테의 『파우스트』는 무슨 말인지도 모르면서 읽고 또 읽었다. 책장 구석에 처박혀 있던 『니체 전집』도 무슨 소린지도 모르고 읽었다. 지금 생각해보니, 초등학교 6학년의 독서 목록으로는 좀 엉뚱하긴 하다. 어쨌든 그러면서 나는 소설을 쓰고 싶다는 욕망을 강하게 느꼈고, 실제로도 썼다. 컴퓨터가 없던 시절이기 때문에 원고지에다가 썼는데, 단편 몇 개를 썼지만 실제로는 장편 소설의 줄거리 요약 같은 것이었다.

그런데 중학교에 들어가면서 갑자기 모든 것이 바뀌었다. 중학교에서 친 첫 번째 시험에서 반에서 14등을 했다. 전교 등수는 무려 200등대였다. 당시 전교생이 1,200명이었던 걸 생각해보면 아주 못한 것은 아니지만 부모님에게는 재앙이나 마찬가지였다.

　게다가 선생님들과의 사이도 험악했다. 초등학교 선생님들은 나의 엉뚱한 질문과 발표를 좋아했던 것 같은데, 중학교 선생님들은 그걸 도전으로 여겼다. 어쩌면 연합고사가 있던 시절, 문제-해답 풀이 수업에 익숙해진 탓인지도 모른다. 어쨌든 교과서를 넘어서는 질문을 하고, 부정확한 수업 내용에 대해 반박하던 나는 칭찬 대신 '빳다'를 맞았다.

　초등학교까지는 칭찬의 대상이었던 행동이 중학교에 들어가면서부터는 꾸지람의 대상, 심지어는 저주의 대상이 되었다. 그림을 그리는 것도, 교과서나 참고서가 아닌 다른 책을 보는 것도 모두 '공부 안 하고 쓸데없는 짓 하는 것'으로 규정되었다. 모든 것이 금지되었다. 책을 읽어서도 안 되고, 음악을 들어서도 안 되고, 그림을 그려서도 안 되고, 피아노를 쳐도 안 되었다.

　그렇다고 해서 공부를 더 열심히 했냐 하면, 그것도 아니었다. 애초에 교과서를 읽고 정리해서 사지선다형 답을 찾는 일은 내 적성과는 너무 거리가 멀었다. 모든 것을 빼앗겼지만, 나는 틈만 나면 하고 싶은 것을 했다. 부모님이 모두 잠들 때까지 기다렸다가 그림을 그리거나, 책을 읽거나, 글을 썼다. 약음기를 걸쳐 놓고 식구들을 깨우지 않으려고 애쓰면서 조심스럽게 피아노를 쳤다.

　그런데 불행히도 성적이 올랐다. 내가 첫 시험을 망친 이유는 책 때문도, 음악 때문도, 글 때문도 아니었다. 그것은 축농증 때문이었다. 코가 뚫리자 시험도 잘 봤다. 그러기를 원한 것은 아니었다. 점수가 웬만큼 나와야 부모님의 잔소리가 줄어들기 때문에 할 수 없이 어느 정도는 공부를 해야 했다. 하지만 그것이 내 불행의 시작이었다. 중학교에 처음 들어가서 반에서 14등 정도 했으면, 그냥 끝까지 그렇게 했어야 했다. 그럼 결국 부모님도 포기했을 테니까. 그런데 성적이 그만 전교 10등 이내로 들어가버렸다. 만족을 모르는 부모는 이게 또 기준이 되기 마련이다.

게다가 고등학교에서는 중학교처럼 설렁설렁하면서 전교 10등을 유지할 수 없었다. 정말 공부를 해야 했다. 물론 그 와중에도 책을 읽고 또 썼지만, 부모님은 귀신같이 내가 읽는 책을 찾아서 압수했고, 내가 쓰던 원고지 뭉치를 찾아서 쓰레기통에 버렸다. 심지어 "그렇게 책 읽고 글 쓰는 것이 좋으면 학교 때려치우고, 청계천에 가서 서점 직원으로 취직해라." 하는 폭언까지 들었다.

결국 나는 꿈을 접고 공부만 열심히 하는 학생이 되었다. 대학에 들어갈 때까지 모든 꿈을 유보하고, 일단 대학 들어가면 그때 다시 보자고 하는. 이거, 대한민국 학부모라면 누구나 자녀에게 한 번은 해봤을 명대사 아닌가? 그러나 나의 부모를 포함한 대한민국 부모들은 한 번 접은 꿈은 다시 펼쳐내기가 어렵다는 것을 가르쳐주지 않았다. 그리고 그 사실을 깨달았을 때는 이미 30년이 지나고 말았다. 한스러운 일이다.

나는 중학교에 들어가기 이전까지의 부모님에게 감사한다. 그들은 나에게 제법 쓸 만한 두뇌와 튼튼한 몸을 주었다. 그러나 그 이후의 부모님을 원망한다. 사실은 부모님에 맞서 더욱 고집을 부리지 못하고 타협한 나 자신을 원망해야 한다.

돌이켜보면 지금 나의 든든한 자산이 되는 것들은 모두 중학교에 들어가기 이전에 만들어진 것들이다. 나는 지금도 진보적인 교육자, 교육학자 사이에서 글쟁이로 통하고 있다. 곽노현 교육감이 나를 아꼈던 것도 내 글솜씨 때문이지, 내 대입 성적 때문이 아니었다. 나는 곳곳에 글을 기고했고, 그 글 덕에 알량하나마 제법 명성도 얻었고, 또 짭짤하게 돈도 벌었다. 글솜씨 역시 피아노 솜씨와 마찬가지로 연마하고 다듬어야 하는 것인데, 중학교 이후 부모님 몰래 계속 글을 써 버릇하지 않았더라면 아마 오늘날의 나는 존재하지 않았을 것이다.

또 나는 박학한 사람으로 통한다. 단지 시험 점수만 높았던 그냥 그런 서울대 출신에게서는 찾을 수 없는 넓은 관심사와 풍부한 감수성이 내 자산이다. 이 역시 부모님 몰래 시험에 안 나오는 책을 읽고, 음악을 듣고, 연주하지 않았더라면 전혀 존재하지 않았을 것이다. 반면 중학교 이후 부모님이 계속해서 강요했던, 이른바 공부는 지금 내 머릿속에서 깨끗하게 지워지고 없다.

그래서 오히려 회한이 더 커진다. 지난 30년 동안 제대로 글쓰기를 배우고 익혔더라면 하는 생각이 지워지지 않는다. 특히 미국의 치밀한 소설 작법 교재들을 보면서 그런 생각이 더욱 커진다. 글을 쓴다는 것은 탁구를 치거나 농구를 하는 것처럼 일종의 기능을 요구한다. 마이클 조던이 체계적인 훈련을 받지 않았다면 그저 동네 농구꾼으로 그치고 말았을 것이다. 글도 마찬가지다. 나는 특별한 글쓰기 수업을 받지 않고, 심지어 학교 문예부 활동조차 하지 못했는데도 일필휘지로 글을 쓴다. 하지만 이는 농구에 재능 있는 어느 뒷골목 흑인이 동네 농구 골대에서 이렇게 저렇게 슬램 덩크를 하는 것과 마찬가지다. 묘기는 부릴지언정 경기를 할 수는 없다. 경기를 하려면 체계적인 훈련을 받아야 하며, 전술을 익혀야 한다. 하지만 그 슬램 덩커의 나이가 마흔여섯이라면? 이제 훈련을 받는다고 그가 선수가 될 수 있겠는가? 안타까운 일이다.

그래도 나는 도전해보려고 한다. 이제 5년만 더 지나면 50대다. 아이들하고 소통하며 활동적으로 수업하기는 벅찬 나이다. 내가 활기차게 살 수 있는 시간이 얼마 안 남은 것이다. 그 5년 안에 지난 30년을 되찾아보려고 한다. 그리고 이 각오를 밝힘과 동시에 대한민국의 모든 학부모에게 겉으로는 그럴듯해 보이는 내 인생에 감추어진 슬픔이 교훈이 되었으면 하는 마음에서 이 글을 쓴다. (2013. 6.)

당신은 무엇을 가르치고 있는가

앨 고어_{Al Gore}의 〈불편한 진실〉(지구온난화와 온실가스 문제를 제기해 노벨 평화상을 수상한 그의 강연을 바탕으로 만든 다큐멘터리다.)을 보면 그가 자기 인생을 고백하는 장면이 나온다. 고어는 아들이 교통사고로 입원해 있던 한 달간, 성공과 명예를 추구하며 바쁘게 살던 상황에서 잠시 벗어난 그 순간, 문득 "내가 이 세상에 존재하는 이유는 무엇인가? 나는 남은 인생을 무엇을 하며 채울 것인가?"를 진지하게 물어볼 수 있었다. 그래서 환경운동에 투신하게 되었다고 한다.

이 이야기는 "인생은 물음과 그에 대한 답의 모색 과정이다."라는 말을 다시 보여주는 사례. 그런데 물음을 던지고 답을 찾는 과정이란 결국 '탐구'의 과정이니, 인생은 부단한 '탐구의 과정'인 셈이다. 그런데 이 탐구는 허공 속에서 허황된 답을 찾는 것이 아니라 그 답을 찾는 과정에서 소요되는 여러 정서적, 지적 자원을 획득하는 과정을 포함하며,

이러한 정서적, 지적 자원을 획득하는 과정이 바로 '학습'이다. 따라서 인생은 기나긴 학습의 과정이라고도 말할 수 있다. 학습하기에 인생을 살며, 인생을 살기에 학습한다.

이제 눈을 교사에게 돌려본다. 교사는 가르치는 일을 자신의 업으로 삼는 자다. 그런데 이 직업의 역사는 매우 짧다. 100여 년 전만 해도 가르치기만 하는 업은 존재하지 않았다. 물론 그 시대에도 초심자는 배워야 했다. 그러나 초심자를 가르치는 일만 하는 그런 직업은 따로 있지 않았다. 초심자를 가르치는 자는 그 자신도 그 분야에서 계속 일하고 수련하는 자였다. 즉, 그 자신도 끊임없이 학습하는 자였다. 장인의 세계뿐 아니라 이른바 지식인의 세계도 그러했다. 흔히 '최초의 직업적 근대 교육자'라고 불리는 요한 코메니우스도 그의 교육학적 업적에 가려져서 그렇지, 당대의 철학 논쟁에 꼬박꼬박 참여하고 바뤼흐 스피노자, 고트프리트 라이프니츠와 어깨를 나란히 한 대철학자였다. 이 전통의 그림자는 아직도 대학교수와 고등학교 철학교사가 같은 자격증을 사용하는 프랑스에, 혹은 수준 높은 인문학 계열 과목을 가르치는 교사를 '프로페서professor'라고 부르는 영국이나 미국에 남아 있다. 이 그림자 속에는 여전히 그 분야에서 정진하고 학습하면서 학생들을 그 길에 입문시키는 그런 지식인의 상이 깃들어 있다.

이는 우리나라도 마찬가지였다. 일제강점기만 해도 적어도 민족사학의 교사들은 일종의 연구자 상을 가지고 있었다. 일반 민중이 생소해하고 어려워하는 새로운 지식의 세계에 먼저 뛰어들어 연구하고 그 결과물을 신참에게 전해주는 지식의 선도자였다. 따라서 교사란 많은 답을 가지고 있는 존재가 아니라, 많은 물음을 가지고 있는 존재였다. 물음이 많기에 공부하고, 그래서 남을 가르치는 사람이다. 그런데 독재 정권이 교사에게 지식의 선구자가 아니라 기존의 것을 전달하는 도구의 지위를 강요하자 엄청난 불만과 분노가 누적되었고, 그 결과가 전교협, 전교조로 터져 나왔다. 초창기 전교조 운동의 선구자는 누구보다도 많은 질문을 가지고 있었던 교사들이었다. 당연한 것을 그대로 받아들이지 않고 비판의 수술대 위에 과감히 올려놓았던 그런 지식인들이었다.

그러나 이 전통이 지금 어디로 갔는지 알 길이 없다. 이제 교사들은 자신이 무슨 일을 하는지도 설명하지 못하고 의문을 품지도 않는다. 전교조 지도자들도 이제는 20년 전에 자신이 그 나름 찾았다고 생각했던 답을 의심하지 않고 그것을 도그마로 만들어버렸다. 질문을 던졌다는 이유로 해직까지 감수했던 그들은 이제 수많은 질문을 금기의 영역에 가두어두는 정신적 만행까지 저지르고 있다. 하물며 다른 교사들이야…….

사회 교사가 사회책에 나온 내용을 가르친다. 그러나 그 내용을 사회과학적으로 탐구해본 적은 없다. 그 내용이 해당 사회과학 분야에서 어떤 위치와 의의를 가지는지, 다른 설명이나 논쟁은 없는지 따져본 적도 없다. 사회라는 교과를 왜 배워야 하는지를 수능 주요 과목이라는 것 외에는 다른 이유를 대어 설명하지도 못한다. 과학 교사가 과학책에 나온 내용을 가르치지만, 스스로 어떤 이론을 세워서 작은 실험이라도 해본 적이 없다. 자기 분야의 새로운 학설이나 실험 결과가 나왔을 때 그걸 자기 것으로 만들어 나가는 능동적인 학습을 하지도 않는다. 과학을 왜 배워야 하는지, 심지어는 과학이 무엇인지도 설명하지 못한다. 그들은 사회라는 과목을, 과학이라는 과목을 가르치고는 있으나 자신이 가르치는 내용이 실제로 무엇인지를 알지 못한다. 기술 교사가 있다. 그러나 그는 기술자가 아니다. 그렇다고 기술에 대해 비평할 수 있는 존재도 아니다. 기술이라는 교과서가 있지만, 도대체 이게 뭘 가르치고 배우는 건지 딱 부러지게 말할 수 없다. 체육 교사가 있다. 그는 무엇을 가르치는가? 신체를 건강하게 단련시키는 것을 가르치는가, 아니면 스포츠 기능을 가르치는가. 아니면 유신시대의 흔적인 국민동원 집체 훈련의 흔적을 이어가고 있는가?

이들의 공통점은 교육과정에 따라 편성된 교재를 가르친다는 것이다. 그것은 그들이 고민한 결과물도 아니고, 그들이 학습한 결과물도 아니다. 새 교과서가 나오면 재빨리 그걸 읽고 대충 요약해서 학생들에게 전달할 뿐이다. 그게 전부다. 그래서 교사라는 말보다 선생이라는 말이 보편적인 말이 되었는지도 모른다. 단지 조금 먼저 알았을 뿐이다. 그런데도 그 권위의식은 여전히 100년 전 스승의 대우를 바라고 있다. 그래서 충돌이 일어나는 것이다.

학생의 입장에서 생각해보자. 그냥 교과서를 읽으면 다 알 수 있는 내용을 조금 먼저 알았다는 이유로 앞에서 이야기하고 있다. 그렇다면 그에게 그 정도의 대접만 해주어도 충분하지 않은가? 왜 그 이상의 권위를 요구하는가? 도저히 이해되지 않는다. 그러니 "선생님한테 그게 무슨 말버릇이야?" 따위의 말이 통하지 않는 것이다.

교사들은 우선 질문하는 존재로 돌아와야 한다. 그리하여 스스로 학습하는 존재가 되어야 한다. 그래야 가르침의 의미도 되살아나고 가르치는 존재로서 자신의 삶도 가치가 있어지며, 학습하고 가르치는 귀중한 경험을 가로막는 낡은 장벽들이 무엇인지도 알게 되고, 무엇에 대해 분노하고 무엇을 비판해야 하는지도 알게 된다. (2010. 5.)

2
부

학교라는
이름의
괴물

꿈이 사라진
사회

*

이 글을 썼던 시점과 지금은 사정이 많이 달라졌다. 이때는 젊은 세대가 교사를 너무 선망해 문제라는 기사가 나왔지만, 지금은 교직 기피 현상이 사회문제로 대두되고 있기 때문이다. 둘 다 바람직하지 않기는 마찬가지다. 그때와 지금, 무엇이 달라진 것인지 제대로 고민할 필요가 있다.

10월 15일에 한국직업능력개발원이 중학교 1학년부터 고등학교 2학년생까지 6,290명을 대상으로 희망 직업을 조사한 결과를 발표했다. 그 결과 초등학교 교사가 가장 많이 선호되는 직업으로 나타나 당당히 1위를 차지했고, 2위는 의사, 3위는 공무원, 그리고 4위는 중고등학교 교사가 차지했다고 한다.

이를 보고 대부분의 언론사에서는 청소년의 장래희망에서 정년퇴직이 보장되는 안정적인 직업군이 상위권을 휩쓸었다면서 점잖게 한마디 거들었다. 여러 언론에서는 "중고생 선호 직업 1위, 연예인이 아닌 '초등교사'"라는 기사 타이틀을 붙이면서 의외라는 반응을 보여주었다. 누리꾼들의 반응은 이렇게 점잖지만은 않았다. 한 보도에 따르면 누리꾼들의 반응은 "안정적인 것만 찾는 세상의 단면" "안타깝다" "어째서" 등 노골적인 거부감을 드러내었다고 한다.

이는 전형적인 청년 나무라기의 한 사례다. 소위 국민의정부, 참여정부를 거치면서 무슨 일만 발생하면 청소년의 정신 자세나 도덕의 문제로 몰아가고서는 다시 그 책임을 교사에게 뒤집어씌우는 것이 무슨 유행처럼 되어버렸다. 그러고 나면 반드시 뒤따라 나오는 것은 학교에 그것과 관련한 업무를 하나 추가하는 것이다. 이번에도 이주호 장관의 스타일로 봐서 각급 학교에 청소년의 다양한 진로 선택을 위한 진로교육을 강화하라, 혹은 진로교육 시간을 확보해서 그 실적을 학교 평가에 반영하라 따위의 조치가 나올까봐 미리 걱정될 정도다.

하지만 이런 식의 청소년 나무라기는 완전히 빗나간 해법이다. 흔히 생각하는 것과 달리, 학교가 청소년에게 주는 교육적 영향은 절대적이지 않다. 청소년에게 가장 큰 영향을 주는 교육기관은 학교가 아니라 사회다. 즉, 사회가 건전하면 학교가 엉망이라도 청소년은 잘 자랄 것이다. 그러나 사회가 엉망이라면 학교의 힘으로 이 아이들이 제대로 자라도록 지키기란 대단히 어렵다. 이는 일제강점기 때 식민교육을 거부한 학교들이 얼마나 버텨내기가 어려웠는가만 살펴봐도 바로 답이 나오는 것이다. 그러니 박원순 시장이 말한 "마을이 학교다."라는 말은 당위를 말한 것이 아니라 현상을 말한 것이다. 정말 문자 그대로 마을이야말로 학교다.

전 국민의 절반이 스스로 원한 것이 아니라 일자리가 없어 등 떠밀리듯 자영업에 종사하고, 다시 그중 2/3가 3년 안에 폐업하는 나라. 나머지 절반 중에서도 50퍼센트 이상이 불완전 고용에 시달리면서 정규직보다 열악한 대우와 언제 해고될지 모르는 공포에 시달리는 나라다. 노동자를 두고 억압받는 피지배 계급이라고 한 마르크스의 말이 우습게 들릴 정도로 우리나라에서는 정규직 노동자이기만 하면 이미 상위 20퍼센트라고 볼 수 있다. 그렇다고 해서 정규직 노동자의 삶도 결코 여유롭지는 않으며 극심한 경쟁에 시달려야 한다. 정규직 노동자와 자영업자를 통틀어 월 200만 원 이상 소득을 안정적으로 보장받을 수 있는, 이른바 괜찮은 일자리를 가진 사람은 500만 명에도 미치지 못한다. 게다가 이 자리도 계속해서 줄어드는 추세이기 때문에 해마다 신규 채용 인원은 병아리 눈물만큼밖에 되지 않는다.

이런 나라에서 청소년이 가장 안정적이라고 생각하는 일자리를 선호하는 것이 뭐가 문제란 말인가? 오히려 누가 안 가르쳐줘도 진로교육이 너무 잘되어 있고, 우리 사회를 정확하게 분석해내고 있다고 봐야 하지 않을까?

정작 비참한 것은 교사를 선호하는 이유가 갈수록 원초적으로 되어간다는 것이다. 불과 10년 전만 해도 교사를 선호하는 이유에는 고용 안정뿐 아니라 많은 여유 시간과 자기계발 기회 같은 고차적인 이유도 포함되어 있었다. 하지만 이제는 오직 정년이 보장된다는 이유뿐이다. 청소년이 바라보는 어른들이 얼마나 해고의 공포에 질려 있었으면 청소년의 진로관이 잘리느냐, 안 잘리느냐로 단순화되었을까?

문제는 교사직이 이런 원초적인 동기를 가지고 수행할 수 있는 일이 아니라는 것이다. 교사에게 가해지는 지적, 정서적 스트레스는 목구멍이 포도청이라면서 버티기에는 엄청나다. 현 교사들은 수능 4개 과목이 모두 1등급 아니면 아예 원서도 못 낼 정도의 극심한 경쟁을 뚫고 교육대학에 들어갔을 것이다. 그 후 다시 두 겹 세 겹의 경쟁을 뚫고 학교로 들어온 자부심 넘치는 젊은 엘리트들이 깊은 교육적 성찰 없이 단지 안정적인 일자리만 찾아 교직을 선택했다가 이를 견뎌내지 못하고 쓰러져 가는 모습은 안타깝다 못해 섬뜩한 장면이다. 최근 몇 년 사이 자살하는 교사가 세 배로 늘어난 것도 이와 무관하진 않으리라. 용기를 가지고 선택해야 할 직업을 단지 해고되지 않는다는 이유로 선택해야 하는 세태가 안타깝다.

여러 언론은 청소년이 연예인보다 교사를 더 선호한다며 신기하다는 듯이 기사를 썼다. 하지만 이거야말로 청소년을 세상 물정 모르는 철부지, 어른들이 사회를 엉망으로 만들어놓고도 언제든지 장밋빛 환상으로 속여 먹을 수 있는 만만한 대상으로 보는 오만함의 반영이다. 청소년도 이미 알고 있다. 수많은 사람의 사랑을 받았던 가수 달빛요정역전만루홈런이 대자본 SK에 얼마나 철저히 착취당하고 비참하게 죽어 갔는지. 평생 히트곡 하나 내기도 어려운 치열한 연예계를 가진 이 나라에서 노래 한 곡 다운받는 데 고작 63원이며, 온 세계를 뒤흔든 히트곡인 〈강남 스타일〉조차 고작 3,600만 원 벌어들이는 나라라는 사실을. 그런데 철없이 연예인을 꿈꾸라고? 도대체 청소년을 애 취급 하는 데도 정도가 있는 법이다.

물론 청소년은 세속적 가치보다 행복을 추구해야 하는데, 너무 꿈이 세속적이지 않느냐는 걱정도 있을 수 있다. 하지만 그것 역시 어른이 가르쳐준 것 아닐까? 만약 어른이 돈은 적게 벌어도 얼마든지 행복하게 살아가는 모습을 보여주었다면, 청소년 역시 보다 고차적인 행복이라는 가치를 생각했을 것이다. 하지만 현대경제연구원이 10월 14일에 발표한 보고서에 따르면 응답자의 40.5퍼센트만이 지금 행복하냐는 물음에 '그렇다.'라고 답했다. 그리고 가장 행복한 사람의 특성은 '대졸, 20대, 여성, 미혼, 충청 지역, 공무원, 자산 소득이 많은 사람'이었고, 반대로 가장 불행한 사람의 특성은 '중졸 이하, 50대 이상, 남성, 자영업자, 월소득 100만 원 미만, 자산 1억 원 미만'이었다. 결국 돈 많이 벌고 안정된 일자리를 가진 사람이 행복하고, 돈 못 벌고 일자리가 불안한 사람이 불행하다는 이야기다. 청소년이 이런 모습을 뻔히 보고 자라는데, 그들더러 쩨쩨한 월급쟁이 말고 더 큰 꿈을 가지라고 요구할 수 있는가? 차라리 그냥 일찍 죽어라 혹은 불행하게 살아라 하고 노골적으로 요구하는 게 솔직하겠다.

청소년도 이미 세상에 대해 알 만큼 안다. 세상이 이렇게 꿈이 사라진 곳이 되어버렸는데, 청소년만 장밋빛 꿈을 꾸라고 요구하는 것은 한마디로 개꿈 꾸라는 말밖에 안 된다. 청소년이 꿈을 되찾게 하고 싶다면, 그래서 우리 사회의 미래가 지속 가능하게 하려면 먼저 어른이 행복하게 살 수 있어야 한다. 어른이 늘 해고의 공포와 생활고에 찌든 모습을 보여주는 나라에서 꿈을 꾸는 청소년은 아주 고결한 사람이나 아주 미련한, 즉 흔히 말하는 꼴통 외에는 없다. 여기서 참고 삼아 지난해 국내 기업이 거둔 순이익의 30퍼센트를 삼성전자 등 10대 기업이 독식했지만 이들의 고용 비중은 2퍼센트에도 못 미쳤고, 정보기술IT – 자동차 – 석유화학 – 철강 등 4개 주력 업종이 전체 순이익의 45퍼센트를 가져가면서도 고용은 5퍼센트 수준에 그쳤다는 사실을 부기해둔다.

(2012. 10.)

우리에게 필요한 건
명함이 아닙니다

최근 문용린 교육감이 엉뚱하게 명함 타령을 하고 있다. 문 교육감은 강연에서 교사들이 명함을 만들지 않는 것이 바로 교사가 위축되어 산다는 점을 보여주는 징표라고 하면서 "교사의 프라이드(pride·자긍심) 찾기"의 상징적인 방편으로 '명함 만들기'를 제안했다. 아울러 "선생님들이 명함으로 자신이 어떤 역할을 하는지 드러내고 긍지와 품위를 세우는 계기가 되길 바란다."라고 밝히면서, "교사가 자신감을 가질 때 우리 아이들이 달라질 것."이라고 말했다.

교사들이 자신감을 가져야 하며, 위축된 교사의 어깨를 펴주어야 한다고 한 주장에는 이의가 있을 수 없다. 또 명함 파는 것 자체를 가지고 시비할 일도 아니다. 교육청에서 교사 명함을 파준다면, 그거야 전혀 나무랄 일이 못 된다. 문제는 이 명함론 저변에 깔린 현실 인식이다. 문 교육감은 이 명함 논란과 관련해 현재 교직 사회에 대해 큰 오해를 두 가지 범하고 있다. 첫째, 교사들이 자기가 교사라는 것을 부끄러워하고 위축되어 있다는 인식, 둘째, 그 원인이 교사들 스스로의 마음가짐, 즉 자신이 어떤 역할을 하고 있는지 자각이 부족하다는 것에 있다는 인식이다.

실제로 교사들이 스스로 위축되고 심지어 사회적 열등감을 느끼기까지 했던 시절이 있었던 것은 사실이다. 그러나 그것은 산업 개발이 한창이던 1970~1980년대의 일이다. 물론 문 교육감이 주로 활동적으로 살았던 시기가 그 무렵이라는 점과 현재 그의 주변에 포진하고 있는 교육 관료가 가르치는 일에서 벗어나고자 일생을 바친 사람들이라는 점을 고려하면 교사들에 대해 오해하는 것을 이해할 수도 있겠지만, 적어도 서울 교육의 수장이라면 실제의 교사, 현실 속 교사의 목소리를 듣고 정확한 판단을 해야 할 것이다.

1997년 이래 교직에 입직한 교사 중 교사라는 것을 부끄러이 여기고, 밝히기 싫어하거나 위축되어 있는 교사는 거의 없다. 또 사신의 역할을 자각하지 못하는 경우도 없다. 그들은 오히려 엘리트 의식을 가지고 있으며, 가르치고 연구하는 일에 강한 열망을 가지고 있다. 진보적인 성향을 보이는 20~30대 교사들이 전교조 가입을 꺼리는 이유도 전교조가 교육보다 정치 중심이기 때문이라고 말할 정도다. 문 교육감이 생각하는, 열등감을 느끼고 사회적으로 위축되고 역할에 대한 자각이 없는 교사 세대는 이미 퇴직했거나 아니면 교육 관료가 되어 문 교육감 주변에 포진한 지 오래다.

물론 교사는 명함이 없고, 교수는 명함이 있는 것이 사실이다. 그러나 교사에게 명함이 없는 이유는 간단하다. 학교에서 만들어주지 않으며, 또 만들어봐야 구태여 필요가 없기 때문이다. 현재 우리나라의 교사는 교수와 달리 이런저런 규정으로 인해 사회적, 정치적 활동이 심각하게 제약되어 있다. 그들의 활동 공간은 학교, 집, 그리고 공공도서관 정도다. 명함을 돌릴 이유가 없다. 이렇게 별 쓸모도 없고, 필요를 느끼지도 않는 명함을 구태여 자기 돈 들여서 만들 교사가 얼마나 되겠는가?

물론 지금 교사들이 자존감과 자신감을 많이 상실한 것은 사실이다. 하지만 그것은 결과이지, 원인이 아니다. 현재 우리나라 학교의 현실은 교사가 자존감과 자신감을 갖지 못해서 문제가 아니라, 자존감과 자신감을 가져도 그것을 꺾어버리기 때문에 문제인 것이다. 젊은 교사들은 교직에 입직할 때 자신감이 충천해서 들어온다. 그들이 어떤 사람들인가? 수능 4개 영역이 모두 1~2등급이라야 교대에 갈 수 있는데, 거기서 다시 좁은 관문을 통과한 대한민국 5퍼센트라는 자존감과 자신감에 가득 찬 젊은이들이 아닌가? 그런데 그들이 자긍심을 상실하고 자괴감 속에서 한탄하게 만드는 데 채 한 달이 걸리지 않는 것이 학교 현실이다.

보수나 처우의 문제가 아니다. 그것은 그들에게 요구되는 일의 성격과 구조 때문이다. 그들은 교사의 역할에 대해 충분히 자각하고 있다. 가르치고 연구하고 관계 맺는 일이 바로 그것이며, 교대에서도 사대에서도 내내 그것만 준비해 왔고, 임용고시에서도 면접에서도 그 이야기만 했다. 그런데 막상 학교에서는 그들이 갈고닦아 온 가르치고 연구하고 관계 맺는 능력에 대해 관심 없다. 그리고 그들은 어느새 교육과 무관한 이런저런 행정 문서 셔틀이나 각종 전산 입력 시스템의 클릭 노예로 전락하고 만다. 여기에 무슨 자신감과 역할 자각이 있겠는가?

교사더러 연구하지 않는다며 사회적 질타는 쏟아진다. 그러나 정작 방해받지 않고 연구할 공간 하나 없고, 말단 행정직처럼 좌석이 배치된 교무실에서는 아무 의미 없이 시간만 잡아먹는 형식적인 문서에 파묻혀서 시간을 다 빼앗기고 있다. 자신감이니 역할 자각이니 하는 것은 사치스러운 감정에 불과하다.

10년, 20년 동안 꾸준히 학생들을 가르치며 방대한 노하우를 쌓아온 교사라 할지라도, 그런 것에 대해서 어떤 사회적 인정도 보상도 없다. 교장, 교감이 아니면, 하다못해 한낱 보직에 불과한 부장교사조차 아니면, 그는 교육과 무관한 행정 위주 부서에 편성된 일개 계원으로 취급받는 것이 고작이다. 그런데 무슨 자신감이며 역할 자각인가? 설사 명함에 '사회 교사, 교육학 박사(사회통계 전공)'라고 써놓고 역할을 자각하더라도, 학교가, 사회가 그 명함에 박힌 역할대로 취급하고, 보상하고, 인정해주는가? 괜히 명함 팠다가 인지부조화, 더 나아가 정신분열증에나 걸리기 십상이다.

현실은 참혹하다. 학생들이 사랑하며 잘 따르는 백발의 노교사가, 교사는 가르치는 직업이라고 생각해 가르치는 일 외에는 한눈팔지 않았던 과거가 후회되며, 교육보다는 행정에 더 열중했던 사람들이 교감이 되고 교장이 되어 자신을 깔보고 마구 대할 때 무력하기만 한 자신의 모습에 인생의 회의가 느껴진다고 하는 판이다. 이게 그 교사가 자신감이 부족하고 역할 자각이 안 되어서인가? 아니면 명함을 안 파서

인가?

어디 이뿐인가? 교사를 양성하는 교대나 사대에서조차 20년간 무수한 수업 모형을 개발하고, 엄청난 교육 노하우를 축적하고, 박사학위까지 소지한 교사를 인정하지 않는 판국이다. 명색이 교원양성기관의 교수들 입에서 '교사가 바로 교수가 되는 것은 문제가 될 수 있으니, 한 다리 더 거쳐서 와야 한다.' 식의 발언이 거침없이 튀어나오는 실정이다. 법대 교수가 변호사를, 의대 교수가 의사를, 그리고 그들의 경험과 축적된 노하우를 이런 식으로 홀대한다는 이야기는 들어본 적이 없다.

이렇게 학교 안팎으로 교사의 자신감을 꺾는 기제가 널려 있는 판에 그까짓 명함 한 장 있고 없고가 무슨 문제이며, 무슨 징표씩이나 되겠는가? 유능한 교사의 자존심과 자신감은 교실에서 한껏 고양되다가 교무실에만 내려오면 땅바닥에 곤두박질치며, 교문 밖으로 나가면 땅속으로 들어갈 지경이다. 20년 이상 훌륭한 교육 경력을 쌓아온 교사들은 되도록이면 교장, 교감을 마주치지 않으려고 한다. 비교육적인 이유로 교육자로서의 자존감에 상처받지 않기 위해서다. 그래서 그들은 학교 안에서 은둔자가 되어간다.

물론 교사들이 자신감을 잃어 가는 현실에 대한 문 교육감의 안타까운 심정은 백배 공감한다. 그러나 그것을 교사 스스로 마음가짐을 고쳐먹음으로써 해결할 수 있다고 보는 것은, 심지어 명함에 새겨진 자기 역할을 보면서 마음을 고쳐먹을 수 있다고 보는 것은 인과관계를 거꾸로 뒤집은 것이다.

지금 교사들은, 특히 자신감 있고 역할 자각이 잘된 교사들은 자신에게 학교와 교육 당국이, 전문직이라고 써놓고 말단 행정직이라고 읽는 기만과 희롱을 하고 있다는 참혹한 느낌 속에 있다. 이 깊은 상처에 대한 힐링은 전시회를 하고 콘서트를 여는 것이 아니라, 그 역할에 충실할 수 있게 해주는 것이다. 이는 교사들이 교감, 교장이 되는 것을 승진한다고 여기지 않고 교육을 지원하기 위한 일을 한다고 여기는 교육 체제, 교사가 학교에서 보내는 시간의 90퍼센트 이상을 가르치거나 가르치는 일의 준비에 사용할 수 있는 교육 체제를 만드는 것이다. 이런 일에 대한 계획과 비전 없이 공연히 명함 이야기를 꺼낸다면, 학교마다 명함 만들자면서 소동만 일어나고, 명함 만드는 잡무만 늘어날까 걱정된다. 교육감의 현실적인 판단을 기대한다. (2013. 4.)

모든 게임은
유해하다?

컴퓨터 게임 논란이 계속 이어지고 있다. 게임 중독 방지법을 제정하겠다는 논의는 끊이지 않고, 최근 임 병장 사건 이후 게임 중독증을 병역면제에 해당하는 질병으로 다루겠다는 주장까지 나오고 있다. 게임업계에서는 컴퓨터 게임을 유해 물질 취급하는 것은 부당하다며 강력하게 반발하고 있고, 일부 교육계, 학부모는 게임을 규제해야 한다고 목소리를 드높이고 있다.

일단 일선 교사들의 입장에서 말하자면 멀쩡한 아이가 게임에 빠져 거의 폐인이 되는 사례들이 실제 있기 때문에 게임 중독의 실체를 부정하는 주장에는 동조할 수 없다. 그러나 이 때문에 게임을 규제해야 한다는 주장에도 역시 동조할 수 없다. 게임 중독에 빠진 청소년이 있는 것은 사실이나 엄청나게 심각하다거나 확대일로라고 보기는 어렵기 때문이다. 2011년 서울시교육청에서 대대적으로 실시했던 게임 중독 전수조사에서도 과몰입 위험군으로 분류된 학생은 한 학년에 한두 명 꼴이었고, 한국콘텐츠진흥원과 한국교육개발원이 발표한 「2012 게임 과몰입 종합 실태조사」에서도 이상 사용군은 2퍼센트 정도에 불과했다.

그럼에도 게임 중독이 아주 심각하기 때문에 게임을 규제해야 한다는 주장이 힘을 얻는 것은, 어른들 눈에는 아이들이 게임을 너무 많이 하는 것처럼 보이기 때문이다. 그러나 여기서 분명히 해야 할 것은 게임 중독은 게임을 많이 하는 것이 아니라는 것이다. 예컨대 우리는 하루에 일곱 시간씩 책을 읽는다고 해서 독서 중독이라고 하지 않는다. 그러나 어떤 책이든, 심지어 슈퍼마켓 영수증이라도 읽어야 불안에 빠지지 않는다면, 그때는 사정이 다르다.

중독이란 마음과 몸에 손상이 있다는 것을 알고 있는데도 의존성, 내성 형성, 금단 현상 때문에 스스로 이를 중단하지 못하고 마침내 조절 능력 상실에 이르는 현상이다. 의존성은 대상이 없으면 정상적 생활이 불가능한 것, 내성 형성은 그 대상을 점점 더 많이 필요로 하는 것, 금단 현상은 그 대상의 공급이 중단되었을 때 견디기 어려운 고통을 겪는 것, 조절 능력 상실은 중독 대상으로 인해 심신이 자기 의지를 따르지 않는 상태다.

그러니 컴퓨터 게임 역시 이 정도 지경에 이를 때 혹은 그럴 위험성이 현저하게 관측될 때 중독 위험이 있다고 말해야 한다. 단지 밤늦은 시간까지 게임을 하고 있다고 해서 중독은 아니다. 어떤 학생이 밤을 새울 정도로 푹 빠져 있다 할지라도 도전과 성취에 따르는 재미를 즐기고 있다면 그는 마니아이지 중독자가 아니다. 만약 이들을 굳이 중독이라고 부르겠다면, 새벽 두 시 넘도록 공부하는 학생도 공부 중독이다. 몸과 마음이 망가지는 것을 알면서도 시험에 대한 불안 때문에 멈추지 못한다는 점에서 공부 역시 얼마든지 중독 대상이 될 수 있다. 실제로 대치동 학원가에 심리상담사도 성업을 이루는 것을 보면, 게임 중독보다는 공부 중독 환자가 많으면 많았지 결코 더 적지 않을 것이다.

물론 그 수가 적다고 해서 이미 중독이라고 할 수 있는 상황에 이른 청소년을 방치할 수는 없다. 특히 도시보다 농촌, 중산층보다 저소득층 청소년에게 게임 중독이 더 많이 관측된다는 점에서 이는 복지 문제이기도 하다. 게임 중독 청소년이 늘어난 정도와, 1997년 이후 청소년 약물 오남용의 상징과도 같던 본드, 가스 흡입 사례의 감소가 나란히 가고 있음에 주목해야 한다. 공교롭게도 현재 게임 중독 청소년의 비율은 1991년 당시 본드, 가스 흡입 청소년의 비율과 비슷하다. 이는 게임 중독은 게임 때문이 아니라 청소년을 중독에 이끄는 심리적, 사회적 원인이 먼저 존재했기에 나타난 현상임을 보여준다. 그리고 대부분의 전문가는 청소년의 각종 중독 성향의 원인으로 학업 스트레스 증가와 가족 상호작용의 약화를 꼽고 있다. 너무 버겁고 너무 외로워서 중독되는 것이다. 따라서 게임 중독이라는 병리 현상은 게임을 규제한다고 해서 예방되지 않는다. 그러면 버겁고 외로운 청소년은 다른 중독 대상을 찾아 이동할 것이다.

그렇다고 게임 개발자, 게임업계의 책임이 완전히 면제되는 것은 아니다. 실제로 중독성이 강한 게임이 있기 때문이다. 이런 중독성 게임은 어른들 생각과 달리 선정적이지도 폭력적이지도 않으며 사행성도 크지 않아 쉽게 식별되지 않는다. 게임 개발자도 이런 중독성 게임의 존재를 인정한다. 그러나 그들은 "저런 것은 게임이라고 부를 수도 없다."라며 건전한 다수의 게임과 차별을 요구한다. 물론 그 항변은 정당하다. 그러나 사회는 개발자 다수가 게임으로 인정하지도 않는 중독성 게임을 게임과 다른 무엇으로 분류하지도 않는다. 그렇다면 건전한 게임 개발자는 억울함만을 호소할 것이 아니라 어떻게 진정한 게임과 게임을 빙자한 중독 물질을 구별할 수 있는지 그 방안을 제시해야 하며, 업계 내에서 자정 활동도 벌여야 한다.

중독 청소년이 발견되면 반드시 가족 상호작용을 점검해야 하며, 상호작용을 양적으로 또 질적으로 개선해야 한다. 이 문제가 해결되지 않으면 청소년의 각종 중독증은 백약이 무효다. 또 학업 스트레스를 낮추기 위한 조치를 취해야 한다. 이른바 스트레스 푸는 활동을 하라는 것이 아니다. 학업 스트레스를 해소하는 간단한 방법은 기대 수준을 낮추는 것이다.

또 학부모와 교사는 자신들 기준으로 게임을 바라보지 말고, 게임 고유의 논리와 기준을 가지고 게임을 평가할 수 있는 소양을 갖출 필요가 있다. 영화를 모르는 사람이 예술영화와 포르노를 구별해내기 어렵듯이, 게임을 잘 모르는 사람이 중독적 게임과 건전한 게임을 구별하기는 쉽지 않기 때문이다. 게임을 잘 모르면서 "모든 게임은 해롭다."라는 식으로 대응하는 것은 세대 간의 갈등만 유발하고, 청소년의 중독 위험에는 아무런 도움이 되지 못한다. (2010. 5.)

안전한 수학여행은 비싸다,
안전하고 의미 있는 수학여행은 매우 비싸다

1990년대 이전까지 수학여행은 고등학생의 특권이었다. 초중고 12년을 통틀어 자신이 사는 고장을 벗어나 친구들과 밤을 지새울 기회가 고등학교 2학년 때 나가는 수학여행 한 번뿐이었던 것이다. 한 번뿐이라니, 돌이켜보면 생각만으로도 갑갑증이 일어날 정도다. 그러다가 1990년대 들어 중학교에 수련회라고 하는 것이 서서히 퍼지기 시작했다. 처음에는 한 개 학년이 1박 2일 다녀오던 것이 점차 전 학년 2박 3일로 확대되었고, 어느새 해마다 똑같은 수련회를 가는 것이 지루하다고 해 3학년 때 수련회 대신 수학여행을 가는 것이 일반화되었다.

사실 수련회 프로그램이라 해봐야 각종 기합이나 얼차려에 가까운 활동, 아니면 학생들이 공부보다 더 싫어하는 하이킹 정도다. 실제로 수련회 활동 중인 학생들의 얼굴을 봐도 힘들고 싫은 기색이 역력하다. 재미없기는 수학여행도 마찬가지다. 심지어 관광지에 도착해서도 그냥

차 안에서 자면 안 되냐고 떼쓰는 학생들을 깨워서 끌고 나가느라 교사들이 고역을 치르기도 한다.

하지만 학생들이 이 지루하고 재미없는 수련회, 수학여행을 왜 1년 내내 손꼽아 기다리는지 되짚어볼 필요가 있다. 세월호 참사 때문에 수학여행, 수련회가 취소되자 심지어 '병영 체험'을 가기로 되어 있던 아이들까지 입이 한 자씩 나와서 서로 "너희 엄마가 반대해서 그런 거야!"라며 쌈박질까지 했다. 활동이 재미있어서가 아니다. 학교나 집에서 멀리 떨어진 낯선 곳에서 부모의 간섭 없이 친구들끼리 밤을 함께 보내는 경험, 그 자체만으로도 충분히 흥미진진하고 값진 체험이기 때문이다. 그래서 학생들은 야영 수련을 매우 좋아한다. 아무 프로그램도 볼거리도 없이 하는 일이라곤 밥해 먹는 것밖에 없지만, 낯선 자연 속에서 친구들과 같이 식사하고, 모닥불 피워놓고 둘러앉아 밤을 지새우며 노는 것 자체가 체험 활동이다. 따라서 가족여행 활성화가 수학여행 무용론을 정당화해주지 못한다. 가족여행은 부모가 함께 있다는 사실만으로도 이미 수학여행 대체재로서는 실격이다.

물론 수백 명이 한 떼거리가 되어 몰려다니는 수학여행이 교육적으로 별 의미 없고, 구시대적이란 점도 사실이다. 학생들 스스로 여행 계획을 수립한 뒤, 10명 내외 그룹을 이루어 스스로 여행을 다녀온다면 이보다 더 좋을 수 없다. 하지만 현실적으로 불가능하다. 청소년 활동가에게는 미안하지만 아무리 동등하게 대해야 한다고 해도 어쨌든 애들은 애들이다. 특히 중학생들은 반드시 보호자가 필요하다. 다만 규모는 작게 그리고 교사의 간섭은 최소화하면서 다녀올 수 있는 방법을 모색해야 한다. 하지만 그게 쉬운 일이 아니다. 적어도 다음 세 가지가 필요하기 때문이다.

충분한 인솔교사: 당장 학교 밖으로 나가면 학생들은 기체의 분자운동을 연상시킬 정도로 활발하게 움직이기 때문에 학생들을 돌볼 교사 역시 교실에 있을 때보다 두 배 이상 필요하다. 응급조치 등에 능한 인솔자, 혼성 학급이라면 서로 다른 성별의 교사가 필요하다. 학교 교사만으로 부족하다면, 교육청이나 교육부에 소속되어 학생 체험 활동만 전담하는 교원이나 지도사 등이 추가 배치되더라도 학급당 두 명 이상의 인솔자는 꼭 필요하다.

믿을 만한 장소: 활동 장소는 교육적으로 바람직해야 하고, 숙소는 화재나 재해로부터 안전하고 대피로 등이 잘 갖춰져 있어야 하며, 식당은 위생적이라야 한다. 이런 조건을 갖춘 장소에 대한 정보가 학교에 널리 공유되어야 한다. 교육부나 교육청이 잘 관리되고 있는 숙소나 체험 장소 등을 충분히 확보하고, 여기에 교육 인력을 배치해 이를 필요로 하는 학교와 연결하는 것이 가장 바람직하며 대부분의 선진국이 채택하고 있는 방식이다.

보험: 예방만큼 사고 이후의 조치도 중요하다. 질병과 범죄까지 포함하는 일반적인 여행자 보험보다 안전사고가 빈번한 체험 활동, 수학여행에 특화된 맞춤형 보험이 필요하다. 학생들이 체험 활동을 떠나는 순간, 자동적으로 보험에 가입되도록 하는 제도적 장치를 마련해두는 것이 바람직하다.

안타까운 일이지만 그동안 우리나라는 학교에 다양한 체험 활동을 늘리라는 요구만 있었지, 이런 여건을 갖추려는 노력은 없었다. 심지어 민주정부 10년이라는 기간을 지나면서 서울의 경우 학급당 교원 수가 무려 10퍼센트 이상 줄어들어, 초등학교의 경우 담임교사 이외의 교사가 몇 명 남지 않을 정도다. 야외 체험 활동이 점점 늘어나는데 정작 인솔 교사는 크게 줄여놓은 것이다. 또 안전하고 위생적인 활동 장소 확보를 강조했지만 이를 고스란히 학교의 업무로 떠넘겼다. 정부는 학교로부터 안전하고 위생적인 장소를 찾기 위해 노력한 근거 자료를 보고하라는 공문만 보낸다. 보험 역시 학교에 떠넘겼다. 학생들이 체험 활동을 떠날 때마다 학교가 직접 보험회사와 여행자 보험을 체결해야 하는 실정이다. 수학여행 한 번 떠나려면 인원도 줄어든 상태에서 교사들이 거의 폭탄 수준의 업무를 처리해야 한다.

그런데 이 업무들을 다 감당하고서라도 학생들을 위해 기어코 체험 활동을 나가려는 교사들의 기를 '구더기 무서워서 장 못 담그는' 풍토가 완전히 주저앉힌다. 우리나라 학부모는 교육 활동 중 사고 발생 위험을 인정하거나 감당하지 않으려고 한다. 조금이라도 위험의 여지가 있으면 학교장과 학부모가 손사래를 친다. 하지만 학생들은 성장하려면 익숙했던 곳에서 벗어나 낯설고 위험한 곳으로 자신을 던질 수 있어야 한다. 학교의 역할은 이 위험한 성장 과정 중에 발생할 수 있는 각종 피해를 최소화하는 것이다. 학교는 위험을 제거한 온실이 아니다. 학교 아니라 그 누구도 위험 자체를 제거할 수 없으며, 위험이 제거된 교육은 바람직하지도 않다. 위험을 완전히 제거하는 방법은 아무것도 하지 않는 것, 성장의 포기뿐이다.

그러니 수많은 공문서가 양산될 수밖에 없다. 버스 사고가 나면 버스를 점검했다는 문서를 추가하란다. 출발 전에 기사에게 안전교육을 하란다. 관광버스 기사가 교사의 안전교육을 꽤도 잘 듣겠다. 숙소에서 화재가 나면 숙소를 사전 방문해 각종 안전조치를 점검하는 문서가 생긴다. 식중독 사고라도 나면 현지 식당 위생 점검 관련 문서를 추가해야 한다. 교장들이 여행업체로부터 리베이트를 받아서 물의를 일으키면, 업체 선정과 계약 과정의 투명성을 확보하기 위한 절차와 서류가 추가된다. 돈은 교장이 먹었는데 일은 교사 몫이다. 이렇게 수학여행 한 번 가기 위해 여행업자, 숙박업자, 운송업자 등에게 제출받아 점검해야 하는 문서의 제목만으로도 A4 용지 몇 장을 채울 정도다. 그중 일부만 소개해도 이렇다.

여행 계약서, 식단표, 숙소 객실 배치도, 수학여행 일정표, 계약 담당자의 주민등록증 사본, 집단급식소 설치신고증 또는 일반음식점 영업신고증, 영업 배상 책임보험 증권 사본(유효기간, 사고당 보험금액 등 확인), 여행자 보험 증권 및 계약 이행 보증보험 증권, 학생후송 대책(병원명, 전화, 담당자 등), 청렴이행각서, (법인)인감증명서 및 사용인감계(인감도장 날인), 등기사항전부증명서(법인), 여행업 등록증 사본(국세청 홈페이지 확인), 숙박업체 이용 계약서(소정 양식), 계약 이행 보증보험 증권 또는 계약보증금 지급 각서, 조리사 자격증 사본 및 재직증명서, 영양사 자격증 사본 및 재직증명서(50명 이상 집단급식소), 여행업체 입찰 과정에 필요한 제안서, 각종 심사

서식, 운송 수단 관련한 각종 점검 등등.

애석하게도 일반인은 수학여행을 가면 교사들이 그저 애들 뒤나 줄 줄 따라다니며 관광회사가 주는 밥 먹고 대접받으며 잘 쉬다 오는 줄 알지만, 이게 다 교사가 해야 할 일이다. 2박 3일 한 번 다녀오려면 한 달 전부터 여기에 온통 매달려야 한다.

하지만 해운사가 해양수산부를 속이고, 선박이 해경을 속이고, 해경이 국민을 속이는 세상이다. 이런 서류들을 교사가 아무리 본들 무엇을 점검할 수 있겠는가? 교사는 수업 전문가이지, 행정 전문가도, 회계 전문가도, 안전, 건축, 교통, 위생 전문가도 아니다. 세월호 참사 때문에 어쩌면 선박, 항공기 안전점검까지 교사더러 미리 하라고 할지 모르겠다. 그래서 항해사나 조종사가 안전점검 결과표를 공문으로 보내주면 어떤 교사가 그걸 보고 문제점을 진단하고 예방대책을 마련할 수 있겠는가? 항해사가 선박을 방문한 교사에게 이런저런 설명을 해주면 그런 줄 알고 점검했다는 서류나 하나 더 만들 뿐이다.

교육청도 각 학교가 수학여행, 수련회 등 체험 활동을 할 때마다 이런저런 서류를 비치하고 이런저런 사항을 보고하라는 공문만 보내면 자기 일은 다 했다고 생각한다. 학교는 학교대로 교육청이 요구하는 이런저런 서류들만 작성해서 비치하면 할 일을 다 했다고 생각한다. 수업과 학생지도를 하는 틈틈이 수학여행이나 체험 활동을 준비해야 하는 교사들에겐 답사 계획, 현지 교육 프로그램을 구상하는 것은 언감생심이고, 갖추어야 하는 각종 서류, 그리고 갈수록 복잡해지는 수학여행 의결 절차를 맞출 시간조차 턱없이 부족하다.

이 난제를 한꺼번에 해결할 수 있는 방법이 바로 학년 전체가 대규모 여행단을 꾸리는 것이다. 한 학급이 수학여행을 가나 10개 학급이 수학여행을 가나, 갖추고 점검하고 작성해야 하는 공문서와 절차는 동일하다. 10개 반이 각자 수학여행을 가면 교사 10명이 문서 작성에 시달려야 하지만, 학년 전체가 한 팀이 되면 한 사람(주로 학년부장)만 독박을 쓰면 된다. 학급 단위로 수학여행을 가면 담임교사 혼자 72시간(2박 3일의 경우) 연속해서 학생들을 관리해야 하지만 10개 반이 한꺼번에 수학여행을 가면 조를 짜서 교대로 잠은 잘 수 있다. 하지만 이렇게 수백 명이 한꺼번에 몰려다니는 체험 활동이나 수학여행에서 학생들이 무엇을 체험하고 배울지는 교사들도 회의적이다.

곽노현 교육감 시절 학급 단위로 수학여행을 다녀오는 소규모 수학여행이 권장되고, 3개 학급 이상이 한꺼번에 가는 수학여행은 금지되었다. 이를 문용린 교육감도 그대로 이어받았다. 하지만 실행에 필요한 조치와 지원 없이 추진되면서 무늬만 소규모 수학여행이 되고 말았다. 서류상으로는 세 학급씩 따로 움직이지만 숙소는 한 학년 전체가 들어간다거나, 한 학년을 셋으로 나누어 각각 다른 여행사와 계약하지만 실제로는 한 덩어리로 움직인다거나 하는 등의 편법이 횡행했다.

용감하게 자기 반을 홀로 인솔해 진정한 소규모 수학여행을 다녀온 담임교사들은 수없이 쏟아지는 돌발 사태에 탈진 상태가 되어 돌아왔다. 중학생들은 의외로 어리고 의외로 교사에게 많이 의존하기 때문에, 담임교사 혼자 학급을 데리고 여행을 다니는 일은 사실상 자녀 서른 명을 데리고 다니는 것과 같다.

우선 밤이 문제다. 수학여행을 간 아이들은 절대 밤에 자지 않는다. 잠만 자지 않는 것이 아니라 별의별 짓을 다 한다. 성인영화를 보겠다며 새벽 네 시까지 기다리는가 하면, 새벽 세 시에 시퍼런 강물이 흐르는 숙소 근처를 배회하기도 하고(물가에 내놓은 아이!), 잠깐 나갔다 왔더니 친구들이 문을 닫아걸고 잠들어버렸다고 엉엉 울며 복도에 주저앉아 있기도 한다. "머리 아파요." "배 아파요."는 기본이고, 심지어 새벽 세 시에 "배고파요." "목말라요." 하며 문을 두드리기도 한다. 별 용건 없지만 그냥 "선생님!" 하며 담임교사 방문을 두드리기도 한다. 학생 나름의 애정 표현이지만 교사는 죽을 맛이다.

이렇게 밤 열 시부터 새벽 세 시까지 담임교사는 거의 15분마다 한 번씩 문 두드리는 소리를 듣는다. 중학생들은 집에서는 엄마 아빠로부터 독립적으로 보이려고 애쓰지만, 학교만 오면 담임 앞에서 응석받이가 된다. 원래 청소년기는 그렇게 모순적인 시기다. 이렇게 첫 밤을 꼬박 새우면 이미 중년기에 접어든 교사는 향후 1주일간 회복이 안 되지만, 한창때인 학생들은 몇 번 끄덕끄덕 졸고 나면 회복된다. 그러면 쏟아져 내리는 눈꺼풀을 억지로 잡고 버티는 지옥의 둘째 밤이 온다. 교사가 하나뿐이니 교대해줄 사람도 없다.

이렇게 소규모 수학여행을 제대로 다녀온 교사들은 하나같이 두 번 다시 그렇게는 안 가겠다고 고개를 설레설레 흔들기 일쑤다. 게다가 돌아와서 학생들의 무용담을 들으면 소름이 끼친다. 관광지를 이동하는 동안 교사의 눈에 보이지 않는 곳에서, 교사가 비몽사몽 잠들지 않으려고 버티고 있는 동안 숙소에서 학생들이 갖가지 위험천만한 짓을 했던 것이다. 도로 난간 위에서 평균대를 하고, 리프트의 안전 레버를 들어 올리고, 여학생 방에 들어가려고 베란다 칸막이를 넘어가고, 가스레인지나 인덕션레인지로 장난을 치고, 그냥 치고받고 싸우고. 사고 안 난 것이 다행이다. 그럼에도 이들은 수학여행이나 체험 활동을 학급 혹은 주제별 소집단으로 다녀오는 것이 교육적으로 매우 효과적이었다는 점에는 의견을 같이하고, 학생들은 평생 제일 재미있는 수학여행이었다고 입을 모은다.

그렇다면 소규모 수학여행이나 체험 활동을 권장하되, 충분한 조치와 지원이 병행되어야 한다는 결론이 나온다. 최소한 학급당 인솔자가 두 명 이상 되도록 해주어야 하고, 담임교사가 폭주하는 각종 안전점검 공문서 작성에 파묻히지 않도록 행정 지원이 있어야 하고, 안전하게 잘 운영되는 수학여행 전문 숙소와 체험장을 충분히 세우고, 이곳을 이용할 경우 각종 점검보고 의무를 면제하는 조치도 꼭 필요하다.

문제는 이러한 조치에는 모두 돈이 든다는 것이다. 내실 있는 체험 활동은 돈이 든다. 안전 역시 비싸다. 내실 있으면서도 안전한 체험 활동은 더더욱 비싸다. 이 비싼 비용을 지불하고서라도 체험 활동이나 여행 활동을 해야 할 충분한 가치가 있느냐에 대해서는 사회적 합의가 필요하다. 그래서 가치 있다고 판단한다면 다른 분야에 투입되는 공적 자원을 줄여서라도 안전한 체험 활동에 투입해야 한다. 이제 물어보자. 우리는 그 정도로 체험 활동, 여행 활동을 가치 있게 생각하는가? 지금은 모든 교육 주체가 답해야 할 시점이다. (2014. 5.)

노동이 사라진 교육,
교육이 사라진 노동

5월 1일은 노동절이다. 그런데 이날의 공식 명칭은 '근로자의 날'이다. 그런데 근로자라는 말은 그 어원부터 매우 모욕적인 이름이다. 단어를 그대로 풀어보면 '부지런한 노동자의 날'이 되니, 부지런하지 않은 노동자는 해당 사항이 없는 말이 되고 마는 것이다. 여기에는 노동에 대한 뿌리 깊은 천시의 의미가 고스란히 담겨 있다. 노동 그 자체로는 가치가 없으나, 노동을 '부지런하게' 하면 그 '부지런함'만큼은 평가해줄 수 있다는 것이다. 심지어 '근심'이라는 단어에서 알 수 있듯, 이 '부지런함'은 '고달프고 괴로움'의 의미도 함께 담고 있다. 그러니 근로자가 되기 위해서는 그저 '부지런함'이 아니라 '고달프고 괴로운 것을 꾹 참는 부지런함'이 필요한 것이다. 꾹 참는 부지런함으로 칭찬받는 미덕은 노예의 미덕이지, 결코 주인의 미덕이 아니다. 이래저래 근로자라는 말은 노동에 대한 부정적 의미의 총합이다.

문제는 이 노동 천시의 풍토가 개선될 조짐이 보이지 않는다는 것이다. 이런 그릇된 인식이 바뀌려면 어린 시절부터 건전한 노동관과 의식을 익혀야 한다. 그러나 우리나라 초중등교육은 '노동 실종'이라고 해도 과언이 아닐 정도로 노동을 철저히 무시하고 있다.

우리나라 학교에서는 노동에 대한 부정적인 인식을 심어주는 정도가 아니라, 아예 노동이 이 세상에 존재하지 않는 것처럼 가르치고 있다. 우리나라 교육에서 노동은 그나마 사회과의 '근로자와 기업가의 자세'라는 소단원에 잠깐 등장할 뿐이다. 반면 최근에 개정된 교육과정에서는 재테크가 당당하게 대단원 하나를 차지하고 있다. 말 그대로 노동 없는 교육인 셈이다.

이렇게 노동 없이 재테크만 있는 교과서를 통해 학생들은 과연 무엇을 배울까? 그 과정과 원천이야 뭐가 되었건 이런저런 재주로 돈을 벌기만 하고 불리기만 하면 된다고 배울 수밖에 없다. 기업의 이윤도, 그리고 대부분의 가계소득도 기본적으로 노동으로 이루어질 수밖에 없고, 학생 대부분이 졸업하면 어떤 형태로든 노동을 할 수밖에 없는데, 우리나라 교육에서는 여기에 대해 일언반구하지 않는다. 그냥 돈은 거기 있으며, 재테크로 잘 굴리면 되는 것이며, 이걸 경제랍시고 배운다. 이렇게 배운 아이들이니 장래희망이 뭐냐고 물어보면 어떤 일, 어떤 가치를 말하는 대신 "돈 많이 버는 것."이라고 대답하는 것이다.

이렇게 노동 없는 교육을 받은 학생들이 졸업하면 자신이 노동을 한다는 것조차 인식하지 못하면서 노동 일선에 뛰어들게 된다. 이들을 기다리고 있는 것은 비정규 시간제 노동이다. 그러나 이들은 이런 현실에 대해 어떻게 대처해야 하는지 전혀 배우지 않았다. 근로계약이 무엇인지, 근로기준법이 무엇인지, 노동 3권이 무엇인지 배우지 않았다. 무방비 상태로 노동시장에 던져진 젊은이들은 냉혹한 자본의 만만한 먹잇감이 되어 이리저리 내몰리며 한 무더기의 노동으로 소진되어버린다. 그럼에도 노동을 배우지 못한 탓에 이들은 이 고통이 어디서 비롯되는지 따져보지 못하며, 그것을 오롯이 자기 탓으로 돌린다. 이들은 노동이 가치 생산의 원천임을 실감하지 못하기 때문에 노동 없이 돈 벌 수 있다는 유혹에 쉽게 넘어간다. 온 사회가 젊은이들을 부려 먹으려고, 다시 그 대가로 쥐여준 쥐꼬리만 한 임금을 털어먹으려고 혈안이 되어 있다.

이런 우리 젊은이들에게 필요한 것은 "아프니까 청춘이다." 따위의 위로도, 혹은 "나는 이렇게 성공했다." 따위의 판타지도 아니다. 이들에게 진정 필요한 것은 노동을 배우는 것이며, 노동의 의미와 노동의 권리를 배우는 것이며, 이러한 권리를 찾기 위해 어떤 절차와 행동이 필요한지 배우는 것이다. 그런데 우리나라 학교에서는 어디에서도 이를 가르치지 않는다. 노동 없는 교육이기 때문이다.

문제는 교육에만 있는 것이 아니다. 우리나라 교육에 노동이 없다면, 우리나라 노동에는 교육이 없다. 이것 역시 심각한 문제다. 노동은 사람이 생존을 위해 필요한 자원을 획득하는 과정이지만, 동시에 이를 통해 자신의 능력을 확장하고 자아를 실현하는 계기이기도 하기 때문이다. 그래서 듀이나 셀레스탱 프레네 같은 위대한 교육학자는 한결같이 일과 놀이와 배움을 일치시키려고 노력했던 것이다. 사람은 일하면서 배우고 놀이하면서 배운다. 그리고 배움을 통해 자신의 능력과 가능성이 확장되는 경험이 바로 행복이다.

그런데 노동자를 단기간 부리다가 언제든지 내칠 수 있는 풍토에서 노동은 배움의 계기가 되지 못한다. 노동이 배움의 계기가 되려면 긴 시간 동안 꾸준히 일하면서 자신을 연마할 수 있어야 하기 때문이다. 그러나 해고와 재취업을 반복하는 불완전 고용 상태의 노동자에게 이는 꿈같은 이야기다. 10년을 일해도 한낱 최저임금 대상자로만 취급받는 상황에서 꾸준히 한 분야에 정진하며 전문가로 성장해 간다는 것은 차라리 사치에 가깝다. 기업도 교육에 돈을 쓰지 않는다. 기업은 직원들을 단기간 부리다가 언제든지 버릴 준비가 되어 있기 때문에 이들에게 교육비를 투자하지 않는다. 이렇게 우리나라 노동에는 교육이 없으며, 노동을 통해 성장할 기회가 없으며, 따라서 하루 대부분 시간을 차지하는 노동을 통해 행복해질 기회가 없다.

노동은 사람이 살아가는 데 가장 중요한 행위이며, 또한 사람이 살아가면서 가장 많은 시간을 사용하게 될 행위다. 교육은 사람이 행복해지기 위해 가장 중요한 행위이며, 노동과 불가분의 관계에 있는 행위다. 교육은 마땅히 학생들이 가장 많은 시간을 보내게 될 노동의 가치를 가르치고, 노동에 필요한 여러 가지 준비를 시켜야 한다. 마찬가지로 깨어 있는 시간 대부분을 차지하게 될 노동은 마땅히 그 속에서 노동자가 성장하고 발전할 수 있는 계기를 마련해주어야 한다. 이렇게 교육이 노동을 준비하고, 노동이 교육의 계기를 마련할 때 우리 아이들의 미래가 행복한 삶으로 가득 차게 될 것이다. 행복교육이 별다른 데 있는 것이 아닌 셈이다. (2012. 5.)

학부모가
약자라고요?

*

12년도 더 넘은 예전의 글이다. 그때만 해도 학생인권, 학부모 권리가 중요했지, 교권이 문제가 될 것이라고 생각하는 사람은 거의 없었다. 하지만 나는 그때 이미 뭔가 잘못되고 있다는 것을 깨달았다. 12년 뒤 이 글에서 걱정했던 것들이 그대로 현실, 아니 더 나쁜 현실이 된 것이 안타깝다. 그리고 사정이 이렇게 바뀌었는데도 여전히 바뀌지 않는, 이른바 민주 진보 진영의 막힌 사고방식 역시 안타깝다.

교육과학기술부가 모처럼 한 건 했다. 이른바 교권보호 종합대책이란 것이 그것이다. 진보 진영은 교과부가 한 건을 하면 무조건 반발하는 반사 작용은 좀 접어둘 필요가 있다. 이건 시기적절한 대책이며, 오히려 이런 절호의 안을 선점당한 것을 반성해야 한다. 그런데 여기에 대해 엉뚱한 반응이 나왔다. 학부모를 교권침해의 주범으로 모는 듯한 표현이 거슬리며, 상대적으로 약자인 학부모를 지나치게 몰아세우고 있다는 진보교육단체의 반응이 그것이다. 물론 그 취지가 뭔지는 안다. 학부모나 학생으로 인한 교권침해만 다루고, 교장이나 여타 기관으로부터 가해지는 교권침해는 다루지 않았다는 불완전성에 대한 지적일 것이다. 그럴 경우는 불완전성만 지적하면 그만이다. 즉, '교권침해는 학부모, 학생뿐 아니라 교장이나 기관으로부터도 가해진다. 이 부분에 대한 대책이 전무하다.' 이렇게.

그런데 전교조는 꼭 여기다가 학부모가 무슨 죄냐는 식의 현장 감각 없는 반발을 붙여서 안 그래도 교총에 빼앗기고 있는 교사들의 지지를 더 빼앗기고 있다. 실제 현장에서 교사들이 교권을 침해하는 주체로 뼈저리게 느끼고 있는 상대는 교장이 아니라 학부모다. 실제로 충돌이 일어났을 경우 교사를 처절하게 약자 위치로 만들어버리는 상대도 교장이 아니라 학부모다. 혹자는 학부모가 자식을 맡긴 죄로 교사 앞에선 약자라고 말한다. 하지만 과연 그럴까? 여기서 단적인 사유 실험을 하나 해보자. 학부모가 학교로 쳐들어와서 교사에게 폭력을 행사했을 경우와 교사가 학부모를 찾아가 폭력을 행사했을 경우, 어느 쪽이 신문에서 더 대서특필되며, 어느 쪽이 사회적으로 더 확실히 매장될까? 당연히 후자다. 교사와 학부모가 서로 극한 대립으로 치닫고 있을 때 어느 쪽이 막장 전술을 구사해도 뒤탈이 더 적은가? 대개의 경우, 학부모다. 학교에서 일어나는 여러 갈등 상황에서 학부모가 교사보다 선택지가 더 많다는 것은 불문가지의 사실이다. 자식 맡겨놓은 죄로 저자세? 그건 옛날이야기 아니면 퇴학이 가능한 고등학교 이야기다. 아무래도 학부모가 막장으로 나올 수 있을 정도의 학생이라면 이미 교사들로부터 벌이란 벌은 다 받았고, 그까짓 여선생 회초리쯤이야 하는 수준일 가능성이 크다. 사회봉사? 교내봉사? 수업 안 하고 더 좋다. 만약 교사가 체벌이라도 하면 도리어 동영상 찍어서 돌리면 된다. 더 좋은 방법은 미워하는 교사의 발언을 발췌 녹음해 정치적 '좌빨'로 만들어서 조중동에 뿌리는 것이다. 현실적으로 '자식 맡겨놓은 죄'는 대부분 교양 있는 중산층 학부모의 일이며, 그런 학부모는 그리 많지 않다. 학부모단체에서 활동하는 학부모들은 자신이 표준적인 학부모라고 착각하면 안 된다. 좋지 않은 일로 학교에 소환되는 학부모들의 경우는 이미 자식 맡겨놓은 죄 따위에 면벌부를 구입한 지 오래다. 오히려 이들은 학교에서 막장으로 깽판 쳐도 학교에서 이렇다 할 제재를 할 수 없으며, 도리어 그럴수록 자녀가 받을 불이익에 브레이크를 걸 수 있고, 최소한 밑져야 본전이라는 것을 잘 알고 있는 경우가 많다.

사실 우리나라의 교권은 학부모와의 균형 타령을 하기에는 너무도 약하다. 자꾸 선진국 타령을 하는데, 선진국과 비교하면 우리나라 교사들의 교권은 위로는 교육 당국과 교장으로부터, 아래로는 학생과 학부모로부터 마음껏 유린되어 사실상 그 흔적을 찾을 수 없는 지경이다. 반대로 선진국의 학부모는 교사 앞에서 우리가 상상하는 이상으로 훨씬 저자세다. 우선 미국의 경우를 보자. 우리나라는 학부모가 학교에 아이를 맡겨둔 뒤 나중에 검사해보고 나서 따지는 체제다. 아니, 아이를 믿고 맡겼는데 왜 이 모양이야, 이런 식으로. 하지만 미국은 학부모가 자기 아이를 학교라는 공동체에 조심스레 소개시키는 형식이다. 만약 아이가 문제를 일으키면 학교공동체에 자기 아이가 누를 끼친 것에 대해 대단히 미안해하고 책임을 져야 하는 시스템이다. 다음 글은 미국의 학교공동체에서 교권이 어떻게 확립되어 있는지 보여준다.

1. 잠자거나 말대답하는 등 교사의 충고를 듣지 않는 소극적인 말썽꾸러기들은 학교의 생활지도 주임인 딘dean에게 보낸다. 학생은 교실에서 격리되며 조치가 취해질 때까지 교실로 돌아오지 못하고 딘이 관할하는 디텐션룸(수업 후 남아 있는 방)에 머물게 된다. 딘은 교사 가운데 특별히 문제아 지도와 교육법 교육을 받은 전문가다.

2. 학교는 학부모를 소환한다. 전화를 받은 학부모는 '내일' 오는 것이 아니라, '지금' 와서 아이를 데리고 가야 한다. 직장이나 다른 핑계로 부모가 오지 않으면 '방임'으로 고발당할 수도 있다. 아이가 옳게 행동하도록 교육하는 것은 학교의 책임이 아닌, 부모의 책임이다.

3. 학생의 유기정학권이 딘에게 있기 때문에 적극적인 말썽꾸러기들은 '당장', 그리고 소극적인 말썽꾸러기들은 3회 위반 시 3~5일 정학에 처해진다. 정학당한 학생들은 매일 등교해 정학실(정학자를 위한 교실)에서 담당교사가 보내준 과제를 수행하고 제출할 의무가 있다.

4. 각 학교에는 학교경찰이 배치되기 때문에, 학생 간 혹은 학생과 교사 사이의 육체 다툼을 학교경찰이 물리적 힘으로 제압할 수 있다. 학생 간 싸움이 났을 경우, 교사는 말려서는 안 된다. 교사는 자기 교실을 단속하고 전화로 학교경찰에게 통고하면 교사로서의 의무를 다한 것이다.

5. 교사는 고정적으로 수업 분위기를 해치는 학생에 대해 소정의 절차를 진행한 후, 반 재배치를 요구할 수 있다. 이 경우 학생은 새로운 환경에서 새로운 시작을 할 수 있고, 교사는 안정된 수업 분위기를 유지할 수 있다.

6. 교사가 학생으로부터 육체적 위협을 받는 경우, 교사는 아무 때나 교육위원회에 전근을 요구할 수 있다. 또한 상처를 입은 경우, 공상公務으로 처리되어 치료가 끝날 때까지 임금이 보장된다. 또한 교사는 경찰에 폭력학생을 형사고발할 수 있다. 유죄가 확정된 경우, 학생은 자동으로 무기정학에 처해지고, 학교로부터 500미터 이내 접근이 금지된다.

7. 교장은 학생의 행동에 문제가 있고 장기적으로 교정이 되지 않는 경우, 낙제를 명할 수 있다. 대부분 초중등학교에서 사용되는 방법이다. 고등학교에서는 학점 미달이 되면 자동 낙제가 되기 때문에 특별한 낙제 조치가 필요하지 않다. 교장은 문제아의 학부모를 방임으로 고발할 수 있다. 이 경우 학부모는 벌금형에서부터 실형까지 받을 수 있다.

8. 미성년 학생의 옳지 않은 행동에 관한 최종 책임은 부모가 지도록 되어 있다. 교장은 학부모에게 학생의 의사 상담이나 심리치료사 상담 등 의학적 진료를 청구할 수 있다. 학부모는 자신이 의료비를 부담하는 시설 혹은 교육위원회 소속 무료 의사를 만날 수 있으며, 그들의 권고 사항을 들어야 한다. 예를 들면, 학생의 안정제 복용이나 일반 교육과정에서 특수 교육과정으로의 전학 같은 일이다.

9. 학생의 문제 상황이 심각한 경우, 학교는 학생을 시교육구 재판부에 넘긴다. 무기정학에 해당하는 슈퍼인텐던트 서스펜션superintendent'

s suspension의 시작이다. 학생은 학교 대신 교육위원회가 준비한 특수교실로 등교한다. 재판부에서 유죄가 인정되면 학생은 퇴학조치를 받게 된다. 퇴학당한 학생은 집에서 멀리 떨어진 다른 학교 혹은 문제아를 위한 특수학교로 전학하게 된다. 어떤 경우에도, 고등학교까지 의무교육인 관계로 교육 기회는 제공해야 한다. 단, 학생에게 학교 선택권은 없다.

　그러면 엔엘 성향이 강한 전교조나 참교육학부모회 등에선 "그건 미국 놈들 이야기다." 그럴지 모르겠다. 안 그래도 오늘 어떤 전교조 활동가가 미국 사례 같은 거 검토해서 뭐 하냐, 다 쓰레기임에 분명할 텐데 따위의 헛소리를 했다. 그렇다면 이건 어떤가? 진보 진영이 교육 성지처럼 여기는 핀란드 이야기다. 진보 진영이 그토록 좋아하는 핀란드에서도 학생이 교사를 모욕하거나 욕설을 하면, 교사는 이를 지도하려고 하는 대신 즉시 당국에 신고하는 것이 원칙으로 되어 있다. 그래서 학생이 70만 원의 벌금을 무는 판결을 받기도 한다.

　그럼 독일은 또 어떨까? 독일 경우도 학부모는 교사 앞에서 큰소리를 치거나 행패를 부릴 기회 자체가 거의 없다. 독일은 지필고사 점수가 50퍼센트밖에 들어가지 않고, 교사가 임의로 매길 수 있는 점수가 50퍼센트나 된다. 그러니 시험 문제를 다 맞아도 수업 태도가 불량하면 50점밖에 못 받을 수 있다. 우리나라 같으면 살인 사건이 날 일이지만, 독일에서는 학부모가 찾아가 여기에 항의하고 소리 지르는 일은 상상할 수 없다.

다음은 영국의 사례다. 영국의 경우도 신자유주의 교육론을 들여오면서 학부모가 교육수요자라는 식의 인식이 팽배했고, 이는 학부모에 의한 교사 폭행, 폭언으로 이어졌다. 이에 영국은 공동체 정신의 해체를 우려해 교권에 대한 강력한 보호조치를 시행했다. 그 내용을 보면 매우 삭막하다. 영국에서는 교사를 위협(폭행이 아니라 위협이다!)하기만 해도 5만 7,000파운드의 벌금 혹은 6개월 징역형을 받을 수 있다. 교사를 위협하면 학교에서 쫓겨날 뿐 아니라 체포되며 교사 위협, 폭행에 대해서는 불관용을 원칙으로 한다.

"학교는 세속의 성전이며, 교사는 사회의 성직자."라는 뒤르켐의 말을 염두에 두자. 물론 교사가 과연 그만한 자격을 가지고 있느냐 따지고 들 수 있겠으나, 그런 식으로 따지고 들면 사회 자체가 유지되지 않는다. 그럼 당신은 경찰들이 벌금 스티커를 발부할 자격이 있다고 믿는가? 또한 육법전서 달달 외운 영혼 없는 법관들이라고 비난하지만 우리는 그 판결을 존중하지 않는가? 그건 경찰관과 법관 개인을 존중하는 것이 아니라, 그 자리와 그 자리가 대표하는 공동체를 존중하는 것이다. 공교육은 학생에게 잘 먹고 잘사는 기술을 가르치는 곳이 아니라 우리가 살고 있는 사회, 공동체의 가치와 규범을 가르치는 곳이다. 따라서 교사는 우리 사회, 공동체의 가치를 대변한다. 설사 그가 미숙한 24세의 젊은이라 할지라도 사회는 그에게 이 사회의 부모 같은 지위를 준 것이기 때문에 이를 존중해야 하는 것이다. 그것이 교권이다.

그럼 선생들은 살판난다고? 사마천의 『사기』에는 천리마의 뼈를 천금을 주고 구입한 군주의 이야기가 나온다. 그러자 살아 있는 천리마를

팔겠다고 상인들이 몰려왔고, 무능한 신하를 예를 다해 존중해주자 유능한 인재가 몰려왔다. 사람들은 대우하는 만큼 달라진다. 그리고 우리 사회에 필요한 교사는 공동체의 가치를 대변할 고결한 존재다. 하지만 그런 사람을 찾기란 매우 어렵다. 그렇다면 방법은 그 자리에 있는 사람을 그렇게 존중해주는 것이다. 그러면 그런 사람이 알아서 찾아오고, 또 그 사람도 거기에 걸맞게 변해갈 것이다.

자기 자녀의 성적과 처우에 조금이라도 불이익이 생기면 언제든 찾아가서 따질 수 있는 존재로 교사가 남아 있는 한 이 나라에 공교육은 없으며, 공동체의 가치는 없다. 만약 교사가 정말 '뭐 같은' 사람이라도 일단 그 앞에서는 그 지위를 존중해야 한다. 그 대신 공식적인 통로로 그와 같은 중요한 지위에 저런 '뭐 같은' 사람이 있어선 안 된다고 청구하면 되는 것이다. (2012. 10.)

교육 불가능의 공간, 교무실

학교를 바꾼다는 것은 거창한 것에서 시작하는 것이 아니다. 너무도 익숙해져서 자연스럽게 느껴지는 것들을 달리 보고, 낯설게 보고, 문제시하는 것에서부터 시작한다. 학교에서 가장 오랜 시간 동안 바뀌지 않고 유지되어 온 것 중 하나가 바로 교무실이다.

특히 중학교의 경우는 수십 년 전부터 지금까지 교무실 풍경이 전혀 바뀌지 않았다. 소속 교사의 절반이 넘는 수십 명의 교사를 한 공간에 몰아넣은 거대한 교무실이 바로 그것이다. 교무실의 교사 자리 배치도 수십 년째 그대로다. 교감을 중심으로 교육이 아니라 행정 업무 위주로 편성된 각 부서 부장교사가 배치되어 있고, 교사들은 그 부장교사 밑의 말단 직원처럼 배치되어 있다. 교실에서 제아무리 세상을 바꾸기 위해 열변을 토하는 고귀한 지식인이라도 일단 교무실에 돌아오면 교사는 시답잖은 행정 업무의 한 조각을 담당하는 말단 공무원으로 전락한다. 게다가 이 교무실이란 공간은 수십 명이 몰려 있고, 수십 개의 사무 기구가 배치되어 있다보니 잠시도 조용한 순간이 없다. 수업을 위한 연구도 휴식도 불가능한 공간이다. 자리 배치도 이상하다. 교감은 모든 교사를 둘러볼 수 있는데, 교사들은 자기 업무용 컴퓨터만 볼 수 있다. 이보다 감시에 더 좋은 구조는 없다. 문제는 이 공간이 이렇게 감시받는 구조로 되어 있다보니 학생들의 민감한 사연이나 신상 문제를 다루어야 하는 생활지도나 상담 등이 불가능하다는 것이다. 교실에서는 다른 학생들이 지켜보고, 교무실에서는 교감과 부장들이 등 뒤에서 지켜본다. 내밀하게 상담할 수 있는 공간을 찾아 학교를 헤매고 다니지만 그게 쉬운 일은 아니다. 궁여지책으로 조종례 시간에 복도에 내담자만 데리고 나와서 상담하거나, 학교 밖 커피숍 등에서 자기 돈을 써가며 상담한다.

교무실의 폐단은 여기에 그치지 않는다. 교사는 누구보다도 학생들과 친밀한 인간관계를 맺어야 하는 존재다. 가장 이상적인 학교란 학생들이 교사를 리더로 하는 배움의 공동체를 이루는 학교다. 그러나 교사가 교실에서 근무하는 초등학교와 달리 중고등학교에서는 이런 관계를 맺는 것이 매우 어렵다. 교사가 학생들이 있는 교실이 아니라 교사끼리 대거 모여 있는 교무실에서 시간을 보내는 구조이기 때문이다. 초등학교 교사들은 교실에서 학생들과 주로 생활하다가 회의 등을 위해 교무실에서 잠시 모이지만, 중고등학교 교사들은 평소 교무실에 모여 있다가 수업 시간에만 교실에 들렀다 다시 교무실로 돌아온다. 수업 시간 이외의 일상적인 인간관계는 대부분 학생이 아니라 교사들 간에 이루어진다. 게다가 교무실에서 교사의 자리는 교과 위주로 편성되어 있지 않고 오직 행정 편의를 위해 편성되어 있으니 교사들 간의 관계 역시 공통의 교육적 관심사보다는 인간적 친소 관계를 중심으로 형성된다.

이렇게 교무실은 수업을 위한 연구도, 휴식도, 학생지도도, 상담도 할 수 없는 공간이다. 그런데 이율배반적으로 교무실이란, 단어의 사전적 의미에서는 가르치는 업무를 처리하는 방이다. 평가, 학생기록 작성, 학생상담과 생활지도, 수업 준비를 위한 연구 등이다. 그런데 교무실에서는 이런 일들이 거의 불가능하거나, 아니면 상당한 인내심을 발휘해야 겨우 할 수 있다. 그래도 교사들은 수업 연구를 해야 하고 학생상담과 지도를 해야 하기에 교무실에서 억지로 이 일들을 한다. 그러니 교무실은 가르치는 업무를 수행할 수밖에 없는 방일 뿐, 결코 가르치는 업무를 위한 방이 아닌 것이다. 교무실에서 할 수 있는 일이란 집중력이나 심사숙고할 필요 없이 처리해도 되는 각종 행정 잡무, 그리고 교감이나 부장에 의한 교사 동태 파악뿐이다. 그러니 교무실은 잡무실 혹은 감시실이라 불러야 마땅한 그런 공간이다.

그뿐 아니라 교무실에 해당하는 교무敎務라는 용어 자체도 법에 없는 말이다. 혹자는 학교의 업무가 교무/행정으로 이원화되어 있으며 교무실 책임자인 교감과 행정실장이 독립된 일을 하는 것이라 주장한다. 그러나 초중등교육법에 따르면 교무란 교육이 잘 이루어지도록 학교를 운영하고 관리하는 일을 말한다. 학교의 업무를 교무/행정이라고 부르는 것과 교육/교무라고 부르는 것은 천지차이다. 전자의 경우 일반

행정 업무가 아닌 것은 모두 교무가 되고, 후자일 경우 교육이 잘 이루어지도록 각종 지원을 하는 것이 교무가 되며 여기에 행정 사무와 기타 사무가 포함되기 때문이다. 결국 법에도 없는 교무실이란 용어가 관행적으로 사용되면서 행정이 교육을 휘두르는 학교 구조가 고착화된 셈이다.

이렇게 교육에 방해가 되고 법적 근거도 없이 존속되는 교무실은 당연히 폐지되어야 하며, 교무실의 폐지야말로 학교 개혁의 출발점이 될 것이다. 학교 개혁은 학교가 교육기관으로서 제 기능을 잘 발휘하도록 하고 그 저해 요소를 혁파하는 것이기 때문이다. 학교의 모든 체계가 교육을 중심으로 편성되고, 교육, 즉 수업과 생활지도가 가장 잘 이루어지는 방향으로 움직이도록 하는 것이기 때문이다. 교육을 담당하는 교사가 교육에 전념할 수 있도록 학교의 여러 체계가 최대한 지원하게 하는 것이기 때문이다.

그러려면 교사의 근무 장소가 가르치는 곳, 즉 교실이 중심이 되어야 한다는 사실에서, 그리고 교사가 주로 함께 시간을 보내야 하는 상대가 어른이 아니라 학생이라야 한다는 상식에서부터 출발해야 한다. 교사의 업무 공간은 학생들과 함께 생활하는 교실에 설치해야 하며, 교육적 협의를 위한 학년 교사실, 교과 교사실을 따로 두는 것이 사리에 맞는다. 모든 교사를 한 공간에 몰아넣고, 교육이 아니라 행정 잡무 위주의 부서에 따라 위계적으로 배치해놓은 교무실이라는 공간은, 교사의 주요 업무가 각종 행정 잡무라고 주장하지 않는다면 어떤 방식으로도 정당화될 수 없다.

단적으로 생각해보자. 수십 명이 모여 있는 1층 교무실에서 행정 잡무를 강요받고 있는 담임교사에게 4층 귀퉁이에 있는 자기 반 교실을 챙기라는 요구를 한다면 이게 말이 되는가? 교사들을 교실로 보내자. 그리고 학생들에 대한 책무를 묻자. 교사들을 연구실로 보내자. 그리고 전문성에 대한 책무를 묻자. 교사들에게 행정 잡무에 대한 책무를 묻지 않을 것이라면 교무실은 폐지하고 교과협의실과 학년협의실로 대체하자. (2013. 9.)

조련할 것인가,
가르칠 것인가

　우리나라에서는 교육강국이라고 하면 단연 핀란드를 꼽는다. 교육계에 몸을 담고 있는 사람이라면 보수, 진보를 막론하고 순례하듯이 핀란드를 찾는다. 또 교육 관련 행사에서 핀란드 교육 관계자는 최고의 인기를 누린다. 핀란드 국가교육청장을 역임한 에르키 아호의 초청 강연회는 일찌감치 좌석이 매진될 정도로 폭발적인 관심을 받았다. 가히 핀란드 열풍이라 해도 과언이 아니다. 정도의 차이는 있지만 우리나라뿐 아니라 세계적으로 나타나는 현상이다. 핀란드 교육이 이렇게 큰 주목을 받은 것은 2003년 핀란드가 국제학업성취도평가, 즉 피사PISA에서 1위를 한 이후의 일이다. 그러니 10년도 채 되지 않는 일이다.

　그런데 여기서 한 가지 의문이 생긴다. 피사 1등이라서 핀란드가 교육강국이라면 우리나라는 어떤가? 우리나라도 피사 순위 2등의 교육강국이 아닌가? 그런데 왜 우리나라에서는 교육에 큰 문제라도 있는

양 교사를 못 잡아먹어서 안달이며, 우리보다 순위가 한참 뒤에 처진 미국이나 캐나다로 조기유학을 가는가? 이런 질문을 던지면 대개는 우리나라 피사 순위는 공교육이 아니라 사교육 덕분이라거나 혹은 하도 무지막지하게 공부를 많이 시켜서라고 대답한다.

하지만 이는 피사의 목적이 학력평가라고 오해해서 나오는 대답이다. 피사는 단지 지식과 이해를 측정하는 것을 넘어서서 '문제해결력'을 평가하고자 한다. 따라서 피사에는 "~은 다음 중 무엇인가?""~에 대한 바른 설명은?""아래 빈칸에 들어갈 말은?" 등의 문제는 출제되지 않는다. 실제 삶 속에서 경험할 수 있는 어떤 상황을 제시하고, 이 상황에서 발생한 문제를 해결하기 위해 수학이나 과학 지식을 어떻게 활용할 수 있는가를 평가한다. 즉, 아는 것이 아니라 써먹을 수 있는 능력을 평가하겠다는 것이다. 적어도 개발자들의 주장은 그렇다. 그러니 이론적으로는 피사에서, 학습 시간이 많고 사교육이 성행해 단지 시험만 잘 치는 학생들의 점수는 절대 높을 수 없다. 그래서 피사 2003이 처음 개발되었을 때 피사 개발자들은 이전의 국제학업성취도평가에서와 같이 단지 공부를 무지막지하게 시키는 동아시아 국가들(싱가포르, 홍콩, 대한민국, 일본, 타이완)이 상위권을 휩쓰는 일은 더는 없을 것이라고 장담했다. 공부에 자신감도 없고, 공부하는 것이 행복하지도 않고, 공부가 의미가 없으며, 공부를 좋아하지 않는다면서 어쨌거나 시험 점수는 높은 학생들이 많은 것이 무슨 교육적 의미가 있겠는가?

그러나 막상 피사의 뚜껑을 열어보니 동아시아 국가들의 강세는 여전했다. 피사 개발자들 입장에서는 무척 실망스러운 일이다. 그런데 불행 중 다행으로 학생들이 자신감 넘치고 행복감 넘치면서 학습 시간도 그리 많지 않은 핀란드가 최상위를 차지했다. 이게 바로 같은 고득점 국가임에도 우리나라는 단지 놀라움의 대상으로, 핀란드는 벤치마킹 대상으로 자리매김한 까닭이다. 핀란드의 고득점은 피사의 평가 방식이 목표를 달성했다는 축포였다.

그렇다면 비록 공언하지는 않고 있지만 이후 피사의 개선 방향이 어떻게 이루어졌을지는 짐작할 수 있다. 피사는 횟수를 거듭할수록 '문제해결력'이 높은 학생이 고득점을 받고, 단순한 지식과 정보를 많이 알거나 연습을 많이 한 학생이 고득점을 받지 못하는 쪽으로 진화해 왔다.

그렇다면 이 문제해결력이란 무엇인가? 지금까지 별 탈 없이 기존의 방법, 습관으로 해결할 수 있었던 것이 더는 그렇게 되지 않는 상황, 즉 문제 상황을 해결할 수 있는 능력이다. 사실 문제해결력이란 단일한 능력은 없다. 기존의 방식이 더 이상 통하지 않거나 오히려 해로운 결과를 가져오고 있음을 발견할 수 있는 감수성, 이러한 문제를 해결하기 위해 기존의 방법이나 도구 대신 새로운 방법과 도구를 창안해내거나 혁신할 수 있는 창의성, 그리고 새로운 방식에 빨리 적응할 수 있는 지적, 정서적 유연성 같은 능력이 문제해결력을 이루는 요소다. 감수성이 없으면 문제를 발견하지도 못할 것이며, 창의성이 없거나 유연한 사고를 하지 못하면 기존의 것에 얽매이다가 결국 문제를 키우고 말 것이다.

따라서 피사에서 중요한 것은 당면한 혹은 예상되는 문제의 발견과 해결을 위해 읽기, 수학, 과학 같은 도구를 창의적으로 활용할 수 있는 능력이지, 이 과목들 자체에 대한 지식이 아니다. 피사 개발자들의 주장에 따르면 그들은 환경 문제, 금융 위기 이후 부각된 금융 문제 등 당면한 사회적 문제해결을 위해 읽기, 수학, 과학 능력과 지식을 창의적으로 활용하는 능력을 측정하기 위해 노력한다고 한다. 이는 왜 피사 시험에 '사회 과목'이 없냐는 어리석은 질문에 대한 대답이 되기도 한다. 피사의 세 영역은 국어, 수학, 과학 과목이 아니다. 이는 사회 문제를 해결하기 위한 방법의 세 측면일 뿐이다. 그러니 별도의 사회 시험이 필요 없다.

그런데 2012년 올림픽 축구에서 개인기가 탁월한 선수들로 구성된 브라질이 튼튼한 팀워크로 무장한 멕시코에 패배한 결과가 보여주듯이, 어떤 사회 문제도 개인의 힘으로는 해결할 수 없다. 문제해결력은 개인에게 있는 능력이 아니다. 이 능력은 동료들의 협력을 구하고, 서로의 능력을 효율적으로 발휘할 수 있는 조직을 만들어내고, 이를 유지해 나가며 상호작용하는 가운데 공동체 전체에 깃드는 능력이다. 공동체는 단지 개인의 합 이상인 것이다.

그러니 개인의 능력을 아무리 측정해본들, 문제해결력을 평가했다고 볼 수 없다. 마찬가지로 한국 학생들의 피사 점수가 아무리 높다고 한들, 그게 우리 학생들의 능력을 말해주는 것도 아니다. 1970년대에 유행했던, 한국인 개개인은 유능한데 뭉치지 못한다는 자조적인 말이 여기서도 문제가 되는 것이다. 그리고 2015년에 피사는 단지 문제해결 능력이 아니라 '협력적 문제해결 능력'을 측정하겠다고 이미 공언했다.

피사의 지향점은 분명하다. 단순한 지식과 기능 평가에서 문제 상황에 대한 창의적인 해결 능력의 평가로, 분리된 교과 평가에서 다양한 영역의 문제와 융합된 평가로, 개별적인 평가에서 동료와의 협력 능력까지 포함하는 평가로 나아갈 거라고 천명했다.

물론 2015년에도 우리 학생들이 피사 개발자들의 예측과 달리 협력적 문제해결 능력에서조차도 높은 점수를 받아서 온 세계의 경이로운 시선을 받을지 모른다. 다시 축구에 비유하자면 반복적인 지옥 훈련으로 축구를 좋아하지도 않고, 의미를 부여하지도 않고, 또 서로 좋아하지도 않는 선수들을 데리고 환상적인 팀플레이를 구사하는 팀을 만들 수는 있다. 예상되는 모든 상황마다 수천, 수만 번의 반복 훈련을 시켜서 반사적으로 움직이게 만들면 된다. 그럼 관중 눈에는 이들이 마치 스스로 동료와 의사소통해서 팀워크를 맞추는 것으로 보일 것이다. 심지어 선수들이 진짜로 의사소통하며 펼치는 팀플레이보다 더 잘 맞을 수도 있다.

하지만 이 팀의 선수들은 정작 경기 그 자체에서 행복을 느낄 수 없는 불행한 선수가 될 것이며, 승리하더라도 왜 승리했는지 그 원인을 되짚어볼 수 없으며, 미리 훈련하지 않은 돌발 상황에 직면하면 여지없이 무너지고 말 것이다. 듀이의 말을 빌리자면 이들은 다만 조련된 짐승에 가까울 뿐, 새로운 경험을 통해 배우는 사람은 아니기 때문이다.

피사 2015는 우리 교육 앞에 두 개의 갈림길을 보여주고 선택을 요구하고 있다. 학생들을 조련할 것인가, 아니면 교육할 것인가? 학생들을 잘 훈련된 가축으로 만들 것인가, 아니면 스스로 배우고 성장하는 인간으로 기를 것인가? (2014. 5.)

학교폭력에 대한 관점을
전환하자

＊

학교폭력이 사회 문제로 강력하게 떠올랐던 시기가 바로 2011~2012년이다. 하지만 이때만 해도 가해자 엄벌로 학교폭력을 예방할 수 있다는 잘못된 믿음이 굳건했다. 이 글은 그런 잘못된 믿음을 당시 최신 연구를 참고해 논파하고, 학교폭력 해결에 문화적이고 역동적인 방법을 동원하게 만든 중요한 문헌이다. 꼭 이 글 하나가 그렇게 만든 것은 아니겠지만 말이다. 어쨌든 이 글을 바탕으로 서울시교육청에서는 연극을 통한 학교폭력 예방 프로그램을 실시했고, 이것이 전국적으로 확산된 것은 사실이다.

학교폭력 때문에 연일 언론에서는 아우성이다. 특히 조선일보가 유별나게 적극적이다. 조선일보에 비친 우리나라 학교는 일진들이 학생들을 괴롭히다 못해 교사들까지 제압하고 있는 폭력 천지다. 이 지경이면 자퇴하지 않고 학교에 다니는 학생들이 신기하게 보일 지경이다. 정말 우리의 학교가 이리도 막장이란 말인가? 이제는 우리 학교가 학생 은커녕 교사마저 안전을 장담할 수 없는 무법천지란 말인가? 여기서 조금 엉뚱하게 들릴 수도 있겠지만, 미국의 이미지는 범죄로부터 안전한 나라일까, 아니면 강력범죄가 날이 갈수록 심각해지는 나라일까 생각해보자. 아마 후자일 것이다. 하지만 실제 자료를 보면 지난 10년 동안 미국의 살인 사건은 20퍼센트 이상 감소했다. 그렇다면 왜 미국의 이미지는 이렇게 험악해졌을까? 같은 기간 미국 언론과 방송에서 살인 사건에 대한 보도가 무려 600퍼센트나 증가했기 때문이다.

그다음에는 뭐가 올까? 폭력에 대한 공포와 불안 조성, 그리고 인권 존중에 대한 반대와 공권력 강화에 대한 요구가 등장한다. 범죄를 집중적으로 보도해 공포를 증폭시킨 다음 이런데도 인권 타령이나 할 것이냐, 하며 당장 엄하고 강력한 공권력이 개입되어야 한다는 주장이 이어지는 것이다. 이렇게 다른 나라 사례로부터 글을 시작하는 것은, 바로 이게 마침내 우리나라의 일이 되고 있기 때문이다.

지금 조선일보를 위시한 보수 언론의 논조가 이와 판박이다. 먼저 충격적인 폭력 사례를 집중적으로 보도한다. 피해자가 자살하거나 교사가 구타당한 사건이 있다면 놓치지 않고 계속 집중 보도한다. 30만 명 넘는 교사 가운데 0.1퍼센트만 학생에게 폭력 피해를 입어도 300건이다. 집중적으로 보도해서 지면을 꽉 채우기엔 충분하다. 이렇게 폭력에 대한 반감과 공포를 잔뜩 유포한 다음에는 이 모든 것이 자유가 지나치고 인권이 지나쳐서, 그리고 공권력과 권위가 약화되어서란 논지를 펼친다. 그리고 그 책임을 진보교육감과 학생인권조례에다 돌린다.

그다음 귀결이 학교 규율 강화, 학교장 권한 강화 등인 것은 정해진 수순이다.

왜 이런 짓을 할까? 폭력의 위험으로 가득 찬 세상, 이웃과 급우들이 언제든지 가해자로 돌변할지 모른다는 불안과 공포가 가득한 세상에서 사람들이 가장 갈급해하는 것은 안전이며, 이 안전에의 욕구야말로 사람들을 정치적으로 보수화하기 때문이다. 홉스의 명저 『리바이어던』의 주제가 바로 타인의 폭력에 대한 공포와 불안이 어떻게 강력한 주권자를 정당화하는지 설명하는 것이다.

그러니 두려워하고 흥분하기 전에 먼저 따져봐야 한다. 우리나라 학교는 정말 그렇게 폭력이 난무하는 위험한 곳인가? 그래서 약한 학생들이 견디다 못해 자살하고야 마는 그런 곳인가? 정말 그런가?

먼저 청소년폭력예방재단에서 발표한 최근 5년간 학교폭력 변동 추이를 보면, 우리나라의 학교폭력 피해율과 가해율은 특별하게 늘어나거나 줄어들지는 않았다. 오히려 2006년에 17.3퍼센트에 달했던 피해율이 2010년에는 11.8퍼센트로 크게 줄었다. 그다음은 청소년 자살이다. 흔히 우리나라 청소년 자살률이 세계적으로 높은 것으로 알고 있지만, 사실은 전혀 그렇지 않다. 우리나라의 청소년 자살률(10만 명당 자살자 수)은 8.3명으로 OECD 국가의 평균 정도다. 가장 심각한 나라는 뉴질랜드이며, 우리에게 교육선진국으로 알려진 핀란드나 스웨덴이 오히려 우리보다 훨씬 높다. 게다가 '2012 청소년 통계'에 따르면 청소년 자살의 대부분을 차지하는 원인은 '가정 문제' '성적 비관'이며 학교폭력은 매우 미미하다.

설사 자살까지는 가지 않더라도 학교폭력이 우리 아이들을 늘 불안에 떨게 만드는 스트레스의 근원은 아닐까? 물론 그런 경우도 있을 것이다. 하지만 우리 아이들을 불안에 떨게 만드는 원인은 학교폭력 말고도 많고, 학교폭력은 그중 유력한 원인에 들지도 못한다. 표 1은 우리나라 청소년의 스트레스 원인이 무엇인지 2002년과 2010년을 비교하고 있다.

• 표 1 – 청소년이 고민하는 문제

(단위 : %)

	외모/건강	가정환경	용돈부족	공부	직업	친구	이성교제	학교폭력	흡연/음주	기타	고민없음
2002	18.4	6.8	5.7	48.9	5.2	3.3	5.5	1.2	1.5	3.1	0.4
2010	16.6	6.8	4.1	55.3	10.2	2.2	1.0	0.2	0.1	0.6	3.0

(통계청 자료)

이에 따르면 우리나라 청소년 스트레스의 근원 중 압도적 1위는 공부, 그다음은 외모와 건강이다. 학교폭력이라고 응답한 학생은 0.2퍼센트에 불과했다. 2002년과 비교하면 공부와 직업(진로) 관련 스트레스는 크게 증가한 반면, 학교폭력은 1/6로 줄어들었다. 직업 관련 스트레스가 8년 사이에 2배로 늘어났다는 것에 주목하자. "공부만 열심히 하면" 되었던 선배에 비해 지금 청소년은 "공부를 열심히 해도 불투명한" 미래와 맞닥뜨린 것이다. 우리나라 학교의 학교폭력 문제는 언론이 떠드는 만큼 심각하지는 않다.

사실은 어른들이 청소년을 걱정할 상황이 아니다. 우리나라의 성인 자살률은 압도적으로 OECD 1위다. 지금 성인과 노령층이 청소년보다 더 절망적인 상태에 있다. 최근 청소년 문제가 심각해지기 시작한다면 그것은 성인이 절망적 상태에 있기 때문이며, 제 코가 석 자인 성인들이 청소년을 제대로 돌보기 어려워졌기 때문일 것이다.

하지만 기왕 이렇게 사회적 화두가 되었으니 학교폭력 문제에 좀 더 관심을 가지고 합리적인 해결 방법을 찾아보는 것도 나쁘지 않다. 물론 폭력에의 공포를 유포하고 일진 등의 증오 대상을 찾아 헤매는 것은 문제해결에 전혀 도움이 되지 않는다. 학교폭력의 개념을 엄밀히 정의하고, 원인과 결과 그리고 그 과정을 정확히 파악해 교육적 처방을 찾아야 한다.

먼저 학교폭력의 정의부터 엄격하게 내려야 한다. 폭력 상황이 발생했다 해서 무작정 학교폭력이 되는 것은 아니다. 학교폭력은 학교 구성원 사이에서 피해자가 동의할 수 있는 정당성 없이 가해지는 모든 신체적, 정신적, 사회적, 문화적 압력 혹은 강제력의 행사를 의미한다. 교사의 체벌이나 강압적인 꾸지람도 넓게는 학교폭력에 들어간다. 사실 스웨덴이나 노르웨이 같은 경우는 교사는 물론 학부모가 자기 자녀를 체벌하는 것도 법으로 금지되어 있다.

하지만 여기서는 일단 학생들 간에 발생하는 폭력적, 공격적 행위로 범위를 좁혀보자. 이 중 폭력을 행사한 쌍방 간의 관계가 대등한 경우는 큰 문제가 되지 않는다. 이건 그냥 아이들끼리의 싸움이다. 싸움은 가능하면 하지 않는 것이 옳지만, 만약 하게 되더라도 서로 화해시키고, 부상 등의 피해가 있으면 배상하도록 하고, 이후 갈등을 비폭력적으로 해결하도록 지도하면 그만이다. 따라서 싸움은 학교폭력의 범주에 들어가지 않는다.

학교폭력은 가해자와 피해자가 대등하지 않은 경우만 지칭한다. 대등하지 않은 관계 속에서 발생하는 폭력에는 순간적으로 격분한 가해자가 열등한 관계에 있는 피해자에게 강력한 신체적, 언어적 공격을 가하는 '폭행assault'과 우월한 위치의 가해자가 피해자에게 의도적이면서 그리 과격하지 않은 폭력을 지속적이고 장기적으로 가하는 '괴롭힘bullying'이 있다.

선정적인 언론은 폭행에 관심을 가지지만 실제 더 위험한 것은 괴롭힘이다. 실제 교육 선진국에서 개발한 무수한 학교폭력 예방 프로그램도 대부분 괴롭힘 방지에 초점을 맞추고 있다. 즉, 일진회를 박멸하는 데만 촉각을 세우기보다 평범한 학생들이 가하는 눈에 띄지 않는 폭력을 더 심각하게 보아야 한다.

학교폭력 문제의 세계적인 권위자인 노르웨이의 심리학자 단 올베우스Dan Olweus는 괴롭힘을 1) 가해자와 피해자의 힘의 불균형에 기반하고, 2) 한 명 혹은 다수의 학생이 3) 특정한 개인이나 집단을 목표로 삼아 4) 신체적, 언어적, 사회적, 간접적 폭력 등을 5) 장기간 지속적으로 가하는 것이라고 정의한다.

괴롭힘은 가해자, 피해자뿐 아니라 다른 학생들에게까지 큰 피해를 준다. 실제로 가해자의 65퍼센트가 범죄를 저지르며, 그중 40퍼센트가 재범 이상의 전과자가 된다. 피해자는 공포, 불안, 고립감 등에 시달리면서 자존감, 자기효능감 등에 심각한 상처를 받고, 심한 경우 우울증에 걸려 자살하기도 한다. 심지어 가해자나 피해자가 아닌 학생들 역시 폭력 상황에 대해 스트레스를 느끼며, 자기들도 피해자가 될지 모른다는 불안감 때문에 고통받는다.

게다가 괴롭힘은 강도가 약하거나 어른 눈에 그저 친구끼리 장난치는 것으로 보이는 경우가 많다는 점에서 더 심각하다. 또 괴롭힘 가해자는 일진처럼 눈에 두드러지는 비행 청소년인 경우가 드물다. 오히려 교사들에게는 모범생으로 알려진 학생이 가해자인 경우도 많다. 따라서 언론이 선정적으로 취급하는, 두드러지는 폭력이 아니라 우리 청소년을 좀먹는 이런 숨은 폭력을 찾아야 한다. 그리고 그 폭력의 강도가 강해진 고등학교보다 폭력이 시작되는 중학교에 주목해야 한다.

그럼 이런 학교폭력은 왜 일어날까? 여기에 대해서는 크게 세 가지 설명이 있다. 가해자에게 가해의 원인이 있다는 의견(가해자 귀인), 피해자에게 폭력을 유발한 원인이 있다는 의견(피해자 귀인), 학교폭력이 일어나게끔 만드는 사회적 원인이 있다는 의견(사회적 귀인)이다. 하지만 이 세 가지 설명 중 어느 것도 학교폭력을 완전하게 설명하지 못한다. 학교폭력은 이 세 가지 요인이 한데 엉켜서 발생하는 복잡한 현상이다.

그런데 학교폭력을 다루는 보수 언론은 이구동성으로 가해자를 질타한다. 그리고 상담, 치료, 엄벌, 사법 처리 등을 통해 이들을 교화하거나 배제해야 하는데, 그걸 '인권조례'가 가로막고 있다며 개탄한다. 이들의 주장은 한마디로 가해자보다 더 강한 힘으로 이들을 제압하고 본때를 보이자는 것이다. 하지만 학교폭력의 원인을 살펴보면 그게 그렇게 쉽게 말할 수 없는 일임을 알게 된다.

학교폭력의 원인이 되는 가해자 특성은 단지 "나쁜 녀석" 프레임으로 설명할 수 있는 그런 단순한 것이 아니다. 가해자들은 타고나기를 냉담한 기질로 태어났을 수 있다. 또 문화예술적 경험이 부족하거나 어릴 때부터 잘못 형성된 성격으로 인해 감정적 공감 능력이 부족할 수도 있다. 열악한 가정 환경, 어린 시절의 폭력 피해 경험, 학업 스트레스 등도 학교폭력의 가해자가 되게 만드는 다양한 원인이다.

또 일탈심리학자들에 따르면 청소년의 높은 긴장 상태가 각종 폭력적 일탈 행동의 중요한 원인이 된다. 이때 청소년의 긴장 상태를 높이는 중요한 원인은 경쟁 격화와 함께 공동체(커뮤니티) 등 각종 사회적 자본 파괴, 그리고 가정에서 특히 부모에 의한 부정적이고 폭력적인 상호작용 등이다. 이런 것들이 가해자가 책임질 수 있는 원인일까? 오히려 2008년 이후 갈수록 격심해지는 사회 전반적인 경쟁 풍토와 거기서 비롯되는 긴장감의 고조에 책임을 돌려야 하지 않을까? 아울러 아무리 가해자의 특징을 두루 갖춘 학생이 있다 하더라도, 그것이 쉽사리 용인되고 정당화되는 사회적 분위기가 갖춰지지 않으면 쉽게 폭력을 행사할 수 없다. 사소한 폭력도 용납되지 않는 사회 분위기와 힘의 원리가 지배하는 사회 분위기가 학교폭력에 주는 영향은 매우 다르기 때문이다.

다름과 차이에 대해 관용하지 않는 학교나 사회 풍토, 위계서열과 폭력의 규범이 지배하는 경직되고 권위적인 사회 분위기 등은 없는 가해자도 만들어낼 정도로 중대한 학교폭력의 원인이다. 보수 언론의 기대와는 달리 진보교육감 지역보다는 대구, 경북 지역에서 끔찍한 학교폭력이나 교사 폭행 등의 사건이 더 빈번하게 일어나는 까닭도 어쩌면 이 지역이 관용이 부족하고, 위계서열을 중요시하는 문화가 팽배해서가 아닐까 조심스레 진단해볼 수 있다.

이런 상황에서 일진회만 적발해내면 학교폭력이 줄어들 것이라고 기대하는 것은 순진하다. 다른 변인들이 멀쩡히 살아 있다면 일진의 제거는 새로운 일진의 탄생 외에는 아무것도 바꾸어놓지 못할 것이다.

가해자 적발 위주인 학교폭력 대책의 가장 큰 문제점은 대부분의 학생과 어른에게 자신은 학교폭력과 관계없다는 면죄부를 준다는 것이다. 실제 학교폭력 가해자는 5퍼센트 내외, 피해자는 8퍼센트 내외다. 그렇다면 85퍼센트의 학생들이 국외자인 셈인데, 과연 이들은 아무 책임도 없는 것일까?

크리스티나 살미발리Christina Salmivalli(학교폭력 예방 프로그램 개발자)는 학교폭력은 가해자-피해자 간 문제가 아니라 학급, 학교, 경우에 따라 지역사회까지 함께 움직이는 복잡한 집단 현상이라고 지적하면서 이런 단순한 견해를 반박했다. 모든 학생은 학교폭력에서 그 나름의 역할을 수행한다. 가해자를 도와서 가담하는 조력자, 선동적인 청중 노릇을 하는 동조자, 그리고 모른 척하는 방관자, 피해자를 돕는 방어자가 그들이다. 방어자를 제외하면 누구나 크건 작건 학교폭력에 대한 책임이 있다.

학교폭력 가해자는 대체로 동조자와 방관자가 많아서 자신이 다수의 지지를 받고 있다고 여겨지면 폭력의 강도와 지속 기간을 늘리는 경

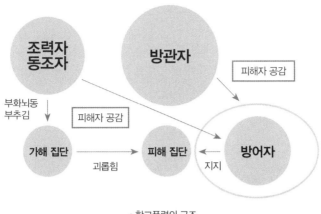

• 학교폭력의 구조

향이 있다. 애초에 학교폭력 가해 자체가 권력 과시를 위해 이루어지는 경우가 많기 때문에, 똘마니와 응원 부대의 존재가 중요한 것이다.

따라서 방관자는 비록 직접 가담하지는 않으나 폭력이 일어나고 있음을 아는데도 이를 방조함으로써 가해자가 지지받고 있다는 느낌을 준다. 즉, 침묵을 지키는 것 자체가 이미 이 상황을 인정하는 것이다. 게다가 대체로 학교폭력이 장기간 지속되면 방관자는 이미 대세가 기울었다고 보고 가해자 쪽으로 돌아서는 경우가 많다.

반면 피해자를 도와서 가해를 막거나 피해자를 사후에라도 도와주는 방어자의 수가 동조자보다 많아지면 가해자가 집단의 압력을 받아 가해 행위를 쉽게 하지 못한다. 이른바 "세상에서 가장 무서운 총인 눈총"의 위력이 발휘되는 것이다. 따라서 학교폭력 예방의 열쇠는 가해자를 적발해내거나 제압하는 것에 있지 않고, 가해자의 편을 줄이고 피해자의 편을 늘리는 데 있다. 이때 가장 중요한 대상이 방관자다. 어떻게 방관자를 방어자로 돌려세우는가가 학교폭력 예방의 열쇠인 것이다. 이때 방관자를 피해자에게 돌려세우는 데 결정적인 역할을 하는 것이 타인의 상태, 정서를 마치 자신의 것처럼 느낄 수 있는 공감 능력이다.

하지만 그 무엇보다도 선행되어야 할 것은 학교폭력보다 몇 배, 아니 몇십 배 우리 청소년들을 더 괴롭히는 학업성적, 진로, 그리고 경쟁의 스트레스를 해소하는 일이다. 물론 학교폭력 문제가 해결되는 것은 중요한 일이며 좋은 일이다. 하지만 그보다 더 심각한 고통의 원인은 외면하고 기껏 몇몇 일진에게 학교가 불행한 이유를 전가하는 행위야말로 또 다른 폭력이며 기만이다. (2012. 5.)

교육을 조롱하고
행정을 숭상하다

실제 있었던 일들을 바탕으로 재구성한 가상 상황이다. 어느 중학교에 학생을 매우 사랑하고 또 학생도 잘 따르고 존경하는 노교사가 한 분 있다. 33년이 넘는 경력의 노교사는 학생 한 명 한 명을 헌신적으로 챙기며 젊은 교사 못지않게 열정적으로 수업을 한다. 그런데 젊은 교사들의 존경을 받지 못한다. 심지어 젊은 교사들끼리 모였을 때는 단골 안주로 전락하기까지 한다. 왜 이런 일이 일어났을까? 그 이유를 알아보니 컴퓨터를 잘 다루지 못하기 때문이다. 그 선생님의 컴퓨터 실력은 OA는커녕 독수리 타법도 겨우 면한 수준이다.

이건 학교 밖에 있는 사람들에게는 쉽게 이해시키기 어려운 상황이다. 아니, 교사는 사무원이 아니라 교육자 아닌가? 그렇다면 수업 잘하고, 학생의 존경을 받는 교사가 젊은 교사의 존경을 받는 것이 당연한데, 컴퓨터에 미숙하기 때문에 빈축을 사다니? 그러나 교사라면, 특히 경험 많은 교사라면 이 상황의 원인을 쉽게 짐작할 수 있다. 그 원인은 학교를 왜곡시키고 있는 부장교사 제도 때문이다.

일반인에게는 여전히 이해되지 않을 것이다. 관공서, 회사는 물론 시민단체에도 부장이니 실장이니 하는 간부가 있다. 학교라고 해서 예외는 아니지 않을까? 부장교사가 뭐가 문제란 말인가? 물론 원론적으로는 옳다. 교육적 권위와 경험을 인정받는 고경력 교사가 부장교사 등의 호칭과 함께 일정한 권한을 가지는 체제는 세계 어느 나라에서나 쉽게 찾아볼 수 있다. 문제는 우리나라의 부장교사 제도가 그게 아니라는 것이다.

우리나라의 부장교사는 고경력 교사의 교육 경험과 권위를 존중해서 설치한 간부직이 아니라, 단지 행정 일을 시키기 위해 설치한 보직에 불과하다. 원래 교사의 법정 업무는 당연히 '교육'이다. 그런데 우리나라는 이런저런 학교 관리 업무인 교무를 담당할 충분한 직원을 채용하는 대신 교사 일부에게 교무를 분담시킬 근거를, 즉 일종의 뒷문을 하나 만들었는데 그게 바로 부장교사 제도다.(초중등교육법 19조 ③ 학교에는 원활한 학교 운영을 위해 교사 중 교무를 분담하는 보직교사를 둘 수 있다.) 그런데 독재정권하에 우리나라 학교는 교육보다 행정을 우대하는 풍토가 만연했고, 그 결과 행정 업무를 분담하는 부장교사가 교육을 전담하는 교사보다 더 상급자라는 그릇된 인식이 정착했다. 게다가 우리나라 학교에는 오랜 세월 교육에 전념한 교사를 우대하고 예우하는 제도가 전혀 없었기 때문에 부장교사 보직이 고경력 교사를 예우하는 자리로 사용되는 관행이 자리 잡았다.

여기서 두 가지 문제가 발생했다. 하나는 수업 시수의 문제다. 행정 업무를 분담하려면 교육에 투입되는 시간, 즉 수업 시수를 줄여야 한다. 그런데 교육 당국은 이를 전혀 감안하지 않고 교사 정원을 책정한다. 따라서 부장교사가 행정 업무를 담당하려면 다른 교사들에게 그만큼의 수업 시수를 전가해야만 한다. 물론 독한 부장교사는 평교사보다 훨씬 적은 수업을 하겠다고 우기기도 하지만 대부분의 경우 부장교사 역시 상당 시간의 수업을 담당해야 한다.

이런 어려움 때문에 생겨난 또 다른 악습이 이른바 '계원'이다. 부장교사가 수업 다 해가면서 행정 업무를 전적으로 분담하기 어려운 실정이기 때문에 모든 교사가 부장이라는 '보직'도 없이 행정 업무를 분담하게 되었다. 교사들은 이렇게 분담한 행정 업무의 이름을 따서 '~계원'으로 불리며 해당 부장교사의 부하 직원처럼 배치된다. 이게 수십 년째 바뀌지 않고 내려온 우리나라 학교의 교사 조직이다. 여기에는 사회 교사, 국어 교사, 수학 교사가 없다. 각종 업무 담당 계원과 소관 부장이 있을 뿐이다. 교사는 교육이 아니라 행정 업무에 따라 담당 계원으로 조직, 편성된다.

그런데 2000년대 들어 큰 문제가 발생했다. 행정전산화가 빠르게 진행되면서 주로 고경력자인 부장교사들이 업무를 제대로 수행하기 어려운 경우가 늘어난 것이다. 엎친 데 덮친 격으로 전산화와 함께 학교의 각종 행정 업무는 예전보다 훨씬 늘어났다. 그 결과 컴퓨터에 능한 30대 교사들에게 각종 행정 업무가 집중되었다. 이들 30대 교사들은 수업 시수 경감, 학급 담임 면제라는 부장교사의 혜택도 누리지 못한다. 수업할 것 다 하고, 담임까지 맡으면서 행정 업무도 대폭 늘어난 셈이다. 부장교사들이 이들의 부담을 덜어주고 싶어도 컴퓨터 장벽을 넘지 못해 큰 도움을 줄 수 없고, 때로는 안 도와주는 게 돕는 거라는 소리를 듣기도 한다.

이럴 거라면 차라리 이들 30대 교사들을 부장교사로 보임해 행정 업무를 분담케 하는 것이 합리적이겠지만, 아직도 학교에서는 부장교사가 행정 담당 보직이라는 인식보다는 상급자라는 인식이 남아 있어서 젊은 교사들을 부장에 보임하는 일은 흔하지 않다. 그 결과 오랜 경륜과 교육적 성취를 통해 존경받아야 할 고경력 교사들조차 젊은 교사들 눈에는 컴퓨터도 제대로 못 다루어 자기들에게 업무 폭탄 전가하는, 마땅치 않은 존재로 취급받게 되는 것이다.

이는 학교 교육공동체 간의 단절을 가져왔다. 오늘날 우리나라 학교는 젊은 교사들과 고경력 교사들 간에 소통과 교류가 거의 없다. 교육이 아니라 행정 업무 때문에 훌륭한 노교사가 천덕꾸러기 취급을 받는 학교는 그 자체로 비교육적이다. 이런 비교육적인 일은 '교사의 업무는 교육'이라는 너무도 간명한 원칙을 지키지 못하고 '보직을 부여하면 행정 업무를 분담할 수 있다.'라는 작은 뒷문을 열어두었기 때문에 발생한 것이다. 작은 뒷문이 점점 크게 열리면서 이제는 교육공동체 전체를 분열과 불신으로 몰고 가는 것이다.

뒷문에서 비롯된 문제는 우선 원칙을 공고히 함으로써 해결해야 한다. 교사는 교육에 전념해야 한다. 교육 이외의 업무는 교사가 아니라 행정직인 교장, 교감, 그리고 교직원이 담당해야 하며 업무가 지나치게 많으면 이들을 증원해 해결해야 한다. 물론 고경력 교사를 예우할 수 있는 부장교사 등의 직책은 필요하다. 그러나 이는 행정 업무 분담을 위한 보직이 아니라 교육적 권위를 가지는 직책이라야 한다. 따라서 학년부장, 각 교과부장을 제외한 모든 부장교사 제도를 폐지하고, 행정 업무를 교사가 분담하는 소위 '담당계', 특히 교사인지 행정 주사인지 정체성이 혼란스러워지는 소위 '기획계'를 폐지하는 조치가 시급하다. 이는 결코 학교 혁신이 아니다. 당연히 이뤄져야 하는 학교 정상화다. 명색이 신뢰와 원칙을 강조하는 정부에서 학교가 교육의 장소이고, 교사는 교육에 전념해야 한다는 것, 이거 하나 지키는 것이 그렇게 어려운가? (2013. 10.)

스승은 없고
교사만 있는 학교

교실붕괴, 교권 실추 등이 이슈가 된 것은 어제오늘의 일이 아니다. 그런데 교권이 실추되느냐 회복되느냐는 교실에서의 노력만으로 해결되지 않는다. 이는 결국 사회가 교육을 어떻게 다루는가에 달려 있다. 사회가 교육을 존중하면 교권은 저절로 신장되며, 사회가 교육을 하찮게 다루면 교권은 저절로 무너진다. 최근 교사의 사회적 지위가 상대적으로 높게 유지되고 있음에도 교권이 실추되는 까닭도 바로 사회가 교육을 하찮게 다루고 있기 때문이다.

물론 한국 학부모의 교육열은 세계 최고 수준이다. 하지만 이는 사회 전체적으로 경쟁적 분위기가 널리 퍼지면서 교육에서의 경쟁 밀도가 높아졌기 때문에 비롯된 현상이지, 사회가 교육을 존중하기 때문은 아니다. 교육을 존중하지 않으면서도 교육에서 높은 성취를 얻으려고 하는 사회에서 교육은 도구적으로 취급되며, 이때 자연스럽게 효율을 중요시하는 시장주의가 스며든다.

　이는 교육 투입에 비해 교육 산출을 높이자는 것이다. 그런데 '교육은 백년지대계'라는 말이 보여주듯, 교육의 성과는 단기간 내에 측정할 수 없다. 따라서 교육에서의 효율은 결국 투입을 줄이는 방향으로 가는 경향이 있다. 해마다 스승의 날만 되면 '교사는 있고 스승은 없다.'라는 상투어가 난무하지만, 실상 1997년 이후 교육 정책에서 교사는 스승은커녕 다만 교육에 투입되는 비용, 인건비로 취급되었을 뿐이다. 따라서 한국 사회는 끊임없이 교원의 노동 강도를 높이고, 비정규직 교원의 비중을 늘리는 것을 효율화랍시고 추진해 왔다.

　1997년 이래 학급당 교사 배치 기준은 늘어나기는커녕 끊임없이 감소해 왔다. 서울 지역 중학교의 경우 15년 동안 학급당 교사 정원은 10퍼센트 이상 줄어들었다. 경제성장과 역행하는 것이다. 교사 정원만 줄어든 것이 아니다. 정규직 교사의 비율도 줄어들었다. 1995년만 해도 비정규직 교사의 비율은 중학교의 경우 2.6퍼센트에 불과했다. 그런데 2013년에는 비정규직 교사의 비율이 무려 17.8퍼센트로 급증했다. 특히 이 비율은 2010년에서 2012년 사이에 8.7퍼센트나 늘어났다. 15년간 증가율보다 3년간 증가율이 더 높은 것이다. 이런 추세라면 정규 교사 반, 비정규 교사 반이 될 날도 멀지 않다. 정규 교사 수는 줄이고, 비정규직 교사의 비중을 늘리는 흐름이 갈수록 가속화되는데, 이 사실이 잘 알려지지도 않고, 여기에 대한 사회적 반발이나 문제 제기도 없었다는 것은 우리 사회가 얼마나 학교를 무성의하게 다루고 있는가를 보여주는 산 증표다.

더욱 놀라운 소식이 있다. 현재 학급 담임교사의 15퍼센트가, 특히 중학교는 20퍼센트가 비정규직인 기간제 교사로 충원되어 있고, 심지어 정규직 교사 중 담임 비율은 40퍼센트인데, 기간제 교사 중 담임 비율이 무려 66퍼센트가 넘는다. 이는 사회가 교육을 무성의하게 다룰 뿐 아니라 이제는 교사들조차 교육을 무성의하게 다루기 시작하고 있음을 보여주고 있다. 바야흐로 학교가 안팎으로 무너지는 조짐을 보이는 것이다.

내가 처음 발령받은 1992년만 해도 학급 담임교사는 아무나 할 수 없었다. 기간제 교사는 물론이려니와 정규직 교사도 발령받고 적어도 1년이 지나기 전에는 학급 담임(정식 명칭은 학급 담당교사)을 배당하지 않았다. 내가 처음 부임하면서 학급 담임을 희망하자 당시 학교장이 "당장은 어렵고 한 3년차가 되면 담임을 배당할 수 있습니다."라고 말할 정도였다.

정규직 교사도 이 정도였으니 비정규 교사에게 학급을 맡긴다는 것은 있을 수 없는 일이었다. 실제로 '기간제 교사에게는 학급 담임 등 책임이 중한 업무를 맡기지 않는다.'라는 지침도 있었다. 이는 비정규 교사를 무시해서가 아니라 학급 담임의 책임을 그만큼 중히 여겼기 때문이다. 이렇게 학급 담임을 중하게 여긴 것은 담임교사가 학생의 인격에 직접적인 영향을 주는 위치에 있기 때문이다. 이것은 누가 생각해도 지극히 상식적인 처사이며, 교육에 대한 최소한의 존중이 남아 있었기에 가능한 처사이기도 하다.

그런데 중학교 학급 담임의 20퍼센트가 비정규 교사이며, 정규 교사의 40퍼센트가 담임을 맡는 반면에 비정규 교사의 60퍼센트 이상이 담임을 맡고 있다는 현실은 교사들 스스로 학급 담임이라는 중요한 일을 힘없는 비정규직에게 떠넘기고 싶은 부담으로만 여기고 있음을 보여준다. 이는 교사들의 무책임만을 질책할 일이 아니다.

중학교 학급 담임은 사춘기 한가운데 있는 청소년의 인성교육과 생활지도의 최전선에 있는, 그야말로 수십 명의 인생을 좌우할 수 있는 중요하면서도 또한 고달픈 직책이다. 그런데 해마다 반복되는 고달픔에 지치면서 정작 그 중요성에 대해서는 인정과 존중을 받지 못한다면 이를 멍에로 여기게 되는 것은 당연하다. 소명의식에도 한계가 있다. 사회가 교육을 '효율'의 논리로 재단하고 있는데, 교사인들 '효율'의 논리로 대응하지 않을 까닭이 없다. 그리하여 젊은 교사들에게 담임을 전가하는 과도기를 거쳐, 마침내 약자인 기간제 교사에게 집중적으로 담임을 전가하는 지경에 이른 것이다.

이제 이러한 악순환의 고리를 끊어야 한다. 우선 일선 학교에서부터 교육을 존중하고, 담임의 책무에 걸맞은 존중과 배려를 해주어야 한다. 그런데 일선 학교에서는 교육의 최전방을 책임지는 담임보다는 행정 업무를 분담하는 부장이 더 우대받는 실정이다. 이런 상황에서 담임을 이탈해 행정직으로 옮겨 가려는 경험 많은 교사들의 '효율적' 판단을 막을 수는 없다. 만약 학교에서 담임이라는 보직과 부장이라는 보직을 동등하게만 대우해준다면, 그리고 행정 업무까지 분담해야 하는 담임의 업무를 교육으로 한정해주기만 한다면 중견 교사들은 다시 담임을 맡기 위해 몰려올 것이다.

또 담임을 맡을 인원이 부족하다고 탄식할 것이 아니라, 그 부족한 인원만큼을 정규 교사로 새로 채용해야 한다. 교사의 20퍼센트 이상을 비정규직으로 채워놓고, 그 비율을 해마다 늘려가면서 담임교사 중 비정규직이 많다고 개탄하는 것은 논리적으로도 앞뒤가 맞지 않는다. 청년실업 해소는 학교에서 교사라는 좋은 일자리를 늘림으로써 해소되는 것이지, 온갖 종류의 비정규 교원을 늘려서 해결될 일이 아니다.

(2013. 6.)

'달랑' 수업만 해도
당연히 교사다

시간제 교사를 반대하는 논거 중 오히려 교육 정상화에 역행하는 목소리가 있다. 이른바 공교육에 대한 민주 진보 진영의 무관심과 무지를 보여주는 논거다. '말할 수 없는 것에 대해서는 침묵하라.'라는 철학자의 경구가 이럴 때 필요하다. 그중 가장 대표적인 잘못된 반대 논거는 시간제 교사를 "수업만 하고 집에 가는 알바 선생님"으로 지칭하는 것이다.

한겨레신문에서는 아예 이걸 타이틀로 기사('달랑 수업만 하면 학원강사와 다를 게 있나요?', 한겨레신문, 2013년 12월 17일자)까지 냈다. 이 기사에 실린 의견 중 일부를 보면 교사의 업무가 교육과 행정이며, 교육은 수업과 학생상담 등 생활지도로 이루어지고, 행정은 교장이 부여하는 각종 업무분장으로 이루어지는데, 시간제 교사는 이 중 1/3인 "달랑 수업만 하는" 불완전 교사라고 이야기한다.

결론부터 말하면 그 의견은 틀렸다. 달랑 수업만 해도 교사다. 아니, 달랑 수업이라도 제대로 하면 다른 건 하나도 하지 않아도 좋다. 그러나 수업이 교사가 담당해야 할 가장 중요한 책무로 받아들여지지 않고, 여러 업무 중 하나로 받아들여지는 상황에서 이는 불가능한 미션이다.

사실 교사의 하루는 밖에서 보는 것처럼 만만하지 않다. "달랑 수업만" 제대로 하기도 벅차다. 보통 중학교 교사는 하루에 4시간, 많으면 5시간 수업을 한다. 그럼 나머지 3~4시간이 노는 시간일까? 천만의 말씀이다. 1시간 분량의 수업을 제대로 준비하려면 적어도 그와 비슷한 수준의 준비 시간, 수업을 마친 뒤 그 결과를 되새기고 수업을 재설계하는 시간이 필요하다. 여러 시간을 투자해 만든 학습 자료도 첫 시간에 학생들 반응이 시원찮으면 폐기하고 다시 만들어야 한다. 숙제도 검사해야 한다. 각종 수행과제를 준비하고 독려하고 평가하는 시간도 필요하다. 시험 문제도 출제해야 한다. 출제했으면 당연히 채점도 해야 한다. 같은 교과 선생님들, 혹은 같은 학년 선생님들과 교육과정, 수업 방법, 평가문항, 평가기준 등을 결정하기 위한 회의도 해야 한다.

또 교사의 머리는 iOS처럼 저절로 업데이트되지 않는다. 계속 반성하고 연구해야 하며, 이 반성과 연구 시간은 당연히 근무 시간에 포함되어야 한다. 교사가 하루에 4~5시간 수업을 한다면 그건 나머지 3~4시간에 다른 일을 하라는 것이 아니라 그 수업을 준비하고 평가하라는 것이다. 만약 교사에게 이 나머지 시간에 소위 행정 업무 등 다른 일을 시킨다면 당연히 준비와 평가 없는 수업을 하게 되어 수업의 질이 떨어진다. 베테랑 교사들은 그동안 누적된 노하우만 믿고 준비 없이 교실에 들어가고, 젊은 교사들은 부족한 준비 시간 확보를 위해 퇴근 시간이 훨씬 넘어서까지 일하다가 시들어간다.

그런데 "달랑 수업만" 운운하는 기사들은 은연중에 교사가 하루 4시간 수업하고 나머지 시간 동안에는 각종 업무를 담당하는 것을 기정사실화하고 있다. 그래서 시간제 교사는 이 중 4시간의 수업만 하고 퇴근하는 것으로 오해하고 있다. 이것은 대단한 착각이다. 행여 이런 식의 논리가 교육부에 들어갈까 겁날 정도다. 만약 4시간 근무하는 시간제 교사가 도입된다면, 그는 하루에 4시간이 아니라 2시간의 수업을 맡아야 하며 나머지 2시간을 연구와 상담 등에 투입해야 마땅하다.

이게 지나친 특권이라고 여겨지는가? 다른 모든 직장도 마찬가지다. 예를 들어 기자에게 직접 기사를 작성하는 시간만 근무 시간이니 남는 시간에 신문사 행정 업무도 담당하라고 한다면 누가 이것을 받아들이겠는가? 어떤 기사를 쓸까 고민하고, 취재에 필요한 각종 정보와 지식을 수집하는 과정도 당연히 근무 시간에 포함되어야 한다. 그렇다면 교사 역시 하루 근무 시간이 8시간이라면 그중 실제 수업 시간은 4시간을 넘지 않는 것이 당연한데, 어째서 교사의 수업만 "달랑"이라는 단어와 함께 불려야 하는가? 교육 관료로의 승진 혹은 사교육 시장이 주는 고소득의 유혹을 뿌리치고 학생을 가르치는 일만을 천직으로 삼으며 평교사로 나이 먹어 가는 베테랑 교사들은 이런 수식어를 보면 무한한 모욕감을 느낀다.

게다가 이 기사는 소위 "~계"라는 이름으로 교사들에게 각종 행정 업무가 주어지는 것을 교장의 적법한 권한인 것처럼 써놓았다. 그러나 이것은 완전한 잘못이다. 초중등교육법에는 교사가 각종 교무 행정을 담당해야 한다는 규정은 없고 다만 일부 교사에게 행정 업무를 담당케 할 수는 있으나 이때는 반드시 보직을 부여해야 한다고 되어 있을 뿐이다. 즉, 교사에게 행정 업무를 맡기려면 "부장" 자리를 주어야 한다는 뜻이다. 그런데 우리나라 학교는 모든 교사가 "~계"란 이름으로 행정 업무를 할당받는 관행이 뿌리 깊게 자리 잡아 왔고, 이 "~계"가 수업보다 더 중요시되는 나쁜 풍토에 사로잡혀 왔다. 이를 바로잡기 위해 진보교육감들은 적어도 학급 담임교사에게는 "~계"를 부여하지 않도록 하는 등 교원 업무 정상화 방안을 고민하는 것이다. 그런데 이 기사는 이런 노력에 자칫 찬물을 끼얹었을 수도 있다.

물론 시간제 교사를 신규 교사 선발 과정에 도입하는 것은 잘못이다. 하지만 그 까닭은 "달랑 수업만 하는 교사"를 뽑기 때문이 아니라, 신규로 선발될 때부터 시간제 교사, 정규직 교사라는 카스트를 만들기 때문이다. 교사의 수업이 교실에만 들어가면 저절로 되는 것이라 생각하지 않고, 수업 준비를 위해 충분한 시간이 필요하다는 사실을 적어도 진보적이라는 매체에서라도 이해했으면 한다. (2013. 9.)

교사는
춤추고 싶다

얼마 전 어느 선생님의 명예퇴임식에 다녀왔다. 그 선생님은 34년이라는 긴 시간을 평교사로 학생들을 가르치는 일에만 최선을 다해왔던 분이다. 또한 보기 드물게 퇴직하는 그날까지 전교조 조합원의 자격을 꾸준히 유지해 온 선생님이기도 하다. 학교에서는 따로 예산을 편성해 성대한 퇴임식을 개최했고, 방학인데도 학생들이 자발적으로 각종 선물과 카드를 준비해 오고, 엉성한 하모니로 〈스승의 은혜〉를 합창하는 등 감동적인 행사가 이어졌다.

그런데 눈에 거슬리는 것이 하나 있었다. 행사장 가운데 걸려 있는 현수막에 '축 ○○○ 교감님 퇴임'이라고 적혀 있는 문구가 바로 그것이다. 물론 공무원 명예퇴임 규정에 따르면 명예퇴임자는 퇴임일자 당일에 한해 1계급 승진한 뒤 퇴임하도록 되어 있다. 그래서 명예퇴임하는 교사에게는 퇴임날 하루라도 교감이라 불러주는 것이 예우라고 학교

측에서 생각했던 모양이다.

그런데 예우라고 하는 것은 그것을 받을 사람의 마음을 헤아리는 것이지, 세상의 잣대, 세상의 관례를 당사자에게 강요하는 것이 아니다. 그날 명예퇴임하는 선생님은 '선생님'이라는 직분 외에 그 무엇도 생각한 적도 없고, 행정직 따위에는 한눈 한 번 팔아보지 않고 30여 년을 봉직한 분이다. 그랬던 그 선생님을 퇴임식 날 '교감'이라고 애써 부르면서 그것을 예우라고 생각한다면, 이는 그 선생님의 고결한 30여 년을 송두리째 부정하고 심지어는 조롱하는 것에 다름 아니다. 선생님은 선생님으로 끝나는 것이 가장 아름답고, 그 아름다움을 선택한 선생님을 '선생님'이라고 불러드리면서 보내는 것이 진정한 예우다.

하지만 학교 측이나 굳이 '교감님'이라고 불러야 예우라고 생각하는 몇몇 교사를 탓할 일이 아니다. '선생님'으로 늙는 것을, 그리고 '선생님'으로 공직 생활을 마무리하는 것을 자랑스러운 일이 아니라 부끄러운 일로 여기는 사회 풍토가 문제이기 때문이다. 게다가 이 풍토는 명시적인 것이 아니라 감추어져 있기에 더 문제가 된다.

"교사는 승진 따위에 한눈팔지 않고 평생 아이들 가르치는 외길만 파다가 퇴임하는 것이 가장 아름답다."라고 어느 교사가 말한다면, 그 말에 대해 이상론이니 비현실적이니 토를 달 사람은 거의 없을 것이다. 누구라도 이 말을 들으면 고개를 끄덕이며 훌륭한 생각이라고 박수 칠 것이다. 마찬가지로 "교수는 정치권이나 관직을 기웃거리지 않고 평생 학문만 연구하다가 퇴임하는 것이 가장 아름답다."라고 어느 교수가 말한다면, 모두 참으로 훌륭한 교수라고 칭찬할 것이다.

그러나 문제는 말뿐이라는 것이다. 사람들은 승진에 한눈팔지 않은 교사가 참교육자라고 말은 하면서 정작 교사보다 교장을 존중하고, 교사의 말보다 교장의 말을 신뢰한다. 백발이 성성한 나이의 교사들은 존경의 대상이 되기는커녕 일종의 루저, 즉 패배자로 취급받는다. 심지어 교사들조차 말로는 승진에 한눈팔지 않는 외길을 멋지다고 하면서 막상 그런 동료 교사들을 존중하지 않아, 학교에서 평교사로 나이 먹은 노교사들은 일종의 천덕꾸러기 취급을 받기도 한다. 사람들은 정치권에 기웃거리지 않은 교수를 존경해야 한다고 말은 하면서도 온갖 위원장이니 수석이니 하는 타이틀을 달고 있는 교수들의 말을 더 존중하며, 다만 교수에 불과한 교수를 내려다본다.

어디 교육계뿐인가? 범죄와 싸우고 정의를 구현하는 것이 참된 검사의 길이며, 정치검사를 경멸해야 한다고 말들은 하지만, 실제로 정치검사의 화려한 출세 경력을 경멸하는 사람들은 거의 없다. 오히려 외길을 걸어온 검사들이 세상을 바보같이 살았나보다, 하고 자탄해야 할 지경이다. 정치권을 기웃거리다가 하루아침에 대변인 등 고위 관직을 꿰차는 언론인이 별문제 없이 언론계에 낯을 들고 다니고 심지어 부러움의 대상이 되기도 한다. 물론 말로는 다들 "언론인은 진실만을 벗 삼아야 하며 이를 출세의 수단으로 삼아서는 안 된다."라고들 할 것이다.

이렇게 사회가 겉 다르고 속 다르다. 이렇게 겉 다르고 속 다른 사회에서 사회가 겉으로 표방하는 참되고 진실한 가치를 추구하며 평생을 살아온 사람은 오히려 바보 취급 당한다. 이런 풍토에서 갓 교직에 진출한 젊은 교사들이 무엇을 배우고 무엇을 지향할지 두렵다. 요즘 젊은 세대는 감춤이 없고 거리낌이 없다. 그들은 아마 교사가 가르치는 일에만 전념해야 한다는 따위의 내숭도 떨지 않을 것이다. 그들은 선배 교사들이 가르치는 일에만 전념해 온 노교사를 어떻게 대하는지 잘 보았을 것이고, 수십 년 아이들과 함께 생활하며 승진 따위는 초개같이 보아온 절개 있는 교사를 사회가 오히려 패배자 취급하는 것을 잘 보았을 것이다. 그런 그들에게 어떻게 교사는 한눈팔지 않고 가르침의 외길을 걷는 것이 가장 아름답다고 강요할 수 있을 것인가? 그리하여 교사들이 최소한의 내숭마저 포기하고 노골적인 승진 경쟁으로 치고받기 시작하면 거만한 승자와 무기력한 패배자로 아수라장이 되어버릴 교단에서 무슨 백년의 대계를 기대할 것인가?

흔히 교육개혁이 성공하려면 교사를 춤추게 해야 한다고 한다. 그러나 이것만으로는 부족하다. 교사도 사람인 이상 보상이 필요하며, 그 보상은 금전적인 것이 아니라 사회적인 것이라야 한다. 교사로 늙고, 교사로 퇴직하는 일이 자랑스럽게 하라. 오히려 교감이 되고 교장이 되는 것을 학교 운영과 행정을 위해 할 수 없이 떠맡는 일종의 고역이 되도록 하라. 그리하여 사람들이 노교사는 존경의 대상으로, 교장, 교감은 힘든 일 떠맡아주는 고마움의 대상으로 여기게 하라. 그러면 이미 교육개혁은 절반 이상 성공한 것이며, 교사들은 억지로 멈추기 전까지 춤을 출 것이다. (2014. 2.)

교사의 업무는
교육이다

교사의 업무는 무엇인가? 초중등교육법에 따르면 교사는 "학생을 교육"한다. 교장은 "교무를 통할하고 학생을 교육"한다. 행정 직원은 "행정 사무와 기타 사무"를 담당한다. 여기서 교무란 敎(가르칠 교)무가 아니라 校(학교 교)무다. 즉, 가르치는 것과 관련된 일은 교육이라 칭하고, 기타 학교 운영과 관련된 일을 교무라고 칭하는 것이다. 그래서 이 교무 안에 행정 사무와 기타 사무가 포함된다.

이런 행정 사무와 기타 사무는 기본적으로 교육을 지원하고 교육이 이루어지는 학교를 운영, 관리하는 데 필요한 여러 업무다. 그런데 지금까지 우리나라 학교는 교사들이 이런 사무까지 상당 부분 분담해 수행해 왔다. 교육만 할 뿐 아니라 교육 지원, 관리 업무까지 교사가 다 수행했던 것이다. 그리고 그런 일을 '잡무'라고 불렀다.

역대 교육부장관 중 교사의 잡무 경감을 외치지 않았던 사람이 어디 있을까? 그러나 비웃기라도 하듯 교사의 잡무는 해가 갈수록 늘어만 가고 있다. 그 까닭은 기본적으로 이 '잡무'가 많아서 문제가 아니라 교사가 해서는 안 되는 일, 교육에 쏟을 시간을 빼앗아 가는 일이라는 근본적인 문제의식이 없었기 때문이다. 교사들의 소위 '잡무'는 경감되어야 하는 것들이 아니라 '폐지'되어야 하는 것들이다.

그렇다면 지금까지 교사들이 십시일반으로 맡아서 하던 이런저런 잡무를 몽땅 행정 직원에게 떠넘기면 그 일 덩어리가 엄청날 텐데, 이건 또 어떻게 해결할까? 항상 이게 문제가 되니 교사를 교육에 전념하도록 하자는 너무 당연한 요청조차 공무원노조 등의 집단 이기주의 앞에서 막혔던 것이다. 하지만 그걸 어떻게 욕하겠는가? 보수는 그대로에 업무가 늘어날 게 뻔한데 그걸 그냥 두고 볼 노동조합이 어디 있겠는가? 그러니 이런 각종 사무를 닥치는 대로 행정실로 이관할 일은 아니다. 우선 대폭 감축하고 폐지한 다음 이관해야 한다. 물론 그 감축과 폐지 과정에 행정 직원이 기존에 맡아서 하던 일도 함께 감축하고 폐지할 수 있다.

혹자는 묻는다. 왜 교사는 행정 업무를 안 맡으려 하는가? 너무 편해지는 거 아닌가? 기가 막힌 일이다. 이런 당연한 것이 아직도 문젯거리가 되는 나라다. 교사는 가르치는 사람이다. 그런데 가르치는 일은 다른 일과는 달리 계속해서 그 능력을 갱신하고 새로운 지식으로 일신우일신해야 하는 일이다. 그 능력이 갱신되려면 그동안에 알았던 것을 되새겨야 하며, 학생들을 가르쳤던 결과를 반추해야 하며, 이 둘 간의 상호작용 속에서 새로운 지식과 교수법을 개발해야 한다. 이 모든 일이 필요로 하는 것은 시간이다. 한마디로 가르치는 일은 엄청나게 많은 시간이 필요한 일이다. 애초에 학교의 어원인 '스콜레_schole_'도 그리스 말로 '여유 시간'이란 뜻이다. 따라서 교사의 근무 시간에는 이러한 '여유 시간'이 반드시 포함되어야 한다. 만약 어떤 가수가 연습하고 작곡하고 다른 음악을 들을 시간 없이 계속 노래만 해야 한다면 절대 성장할 수 없다. 진정 창조적인 작업은 다소 멍 때리는 시간, 비어 있는 시간에서 나온다. 그런데 우리나라의 교사는 이 시간 동안 각종 공문서와 행정 업무를 수행하고 있다. 그러니 수업이 늘 답보 상태에 있고 진부하다.

배우나 가수의 예를 들어보자. 공연할 때는 스태프가 있다. 이 스태프의 역할은 아티스트가 최상의 상태에서 공연할 수 있게 하는 것이다. 만약 배우나 가수가 무대 설치, 각종 계약, 공연 뒷정리까지 모두 담당한다면 우리는 그런 공연을 절대 보러 가고 싶지 않을 것이다. 학교도 마찬가지다. 학교에도 교단에 서는 교사가 있고 행정 직원, 교장, 교감이라는 스태프가 있다. 교사 못지않게 이들의 묵묵한 희생은 매우 중요하며, 그 덕분에 교실이라는 무대에서 아름다운 교육이 꽃필 수 있는 것이다. 하지만 이들이 교사들에게 스태프의 일을 나눠 하자고 요구한다면 아마 교사는 아티스트도 스태프도 아닌 애매한 위치에서 허우적거리다가 그냥 시간만 때우는 월급쟁이가 되고 말 것이다. 직원과 교장, 교감 역시 자신이 교육을 위해 헌신했다는 보람을 느낄 아름다운 기회를 잃어버리고 팍팍하고 의미 없는 인생을 살게 될 것이다.

흔히 수십 년 된 내용을 계속 반복해서 가르치는 낡은 교사를 욕한다. 그러면서도 그 교사에게 그 낡음을 갱신할 시간을 주려는 정책에는 관심이 없다. 세상에 공짜는 없는 법이며 좋은 교육은 비싸다. 흔히 아이들에게 무관심한 교사를 욕한다. 하지만 아이에게 관심을 갖게 하려면 그 교사에게 아이들을 생각할 시간을 주어야 한다. 그리고 가르치고 소통하고 생각하는 일 외에는 어떤 일도 하지 않게 해야 한다.

게다가 교사가 교육 외에 다른 업무를 담당하지 않게 될 경우, 얻을 수 있는 또 다른 이득이 있다. 지금까지 교실에서 엉터리 수업을 하고도 그런 엉터리 교사들이 끄떡없던 까닭은 교사의 업무가 교육 외에 하나 더 있었기 때문이다. 즉, 잡무라고도 불리는 각종 행정 업무 말이다. 그래서 이런 엉터리 교사들은 수업은 개판을 치면서도 자신만만해할 수 있었다. "난 일을 잘한단 말이다. 수업 따위." 이렇게 말하면서 말이다. 즉, 교육 말고도 또 다른 업무가 있다는 것은 이들 무능한 교사들에게 아주 든든한 피난처를 제공해준 셈이다. 비록 교육은 못해도 교부는 잘하는 교사라는 자부심을 느끼면서. 흔히 잡무라 부르는 일의 폐해가 바로 이것이다.

만약 잡무가 사라지면 학생들에게 엉망인 교사들은 학교 안 어디에도 숨을 곳이 없다. 교사도 사람인데 하루종일 부정적인 상호작용만 하고 살 수는 없다. 그전에는 학생들과 부정적인 상호작용을 해도, 소위 행정 일 잘해서 교장, 교감 칭찬 듣고 그럭저럭 살 수 있었다. 하지만 그 업무가 정상적으로 행정직에게 넘어가버리면, 이 교사들은 공부하고 연구해서 잘 가르치는 길 외에는 살아남을 길이 없다.

이래서 교원 업무의 합리화, 구조조정이 필요한 것이다. 교사에게서 가르치는 일과 그 결과물을 관리하는 일만 남겨두고 싹 걷어버려야 한다. 그렇게 되면 교장, 교감에게 비비면서 행정직으로의 승진을 꿈꾸었던 딸랑이 교사들의 앙상한 모습이 만천하에 드러나게 될 것이다. 그렇게 되면 교장, 교감은 다만 행정적인 업무의 책임자가 될 뿐, 교사들에게 과거와 같은 제왕적 권력을 휘둘러서 19세기 학교를 만들지 못하게 될 것이다.

제도적인 부분은 좀 더 정교해야 하겠지만, 일단 방향을 설정하는 것이 중요하다. 교육과 행정을 완전히 분리하고, 더 나아가 승진에서도 교육과 행정을 분리한다면 지금처럼 행정 잡무 잘 처리하는 교사가 학교에서 인정받고, 교육에 헌신하는 교사가 오히려 소외되어 급기야는 생명력 없는 좀비 교사로 늙어가는 일을 막을 수 있을 것이다.

우리나라 교사들은 세계에서 유례없이 상위권에서 충원된다. 핀란드에서는 자기 나라 교사들이 상위 20퍼센트에서 충원된다고 자랑하지만 우리나라는 적어도 상위 10퍼센트, 아마도 5퍼센트 이내에서 충원될 것이다. 이런 사람들을 데려다가 각종 종이 뭉치에 호치키스나 박게 하고, 엑셀 문서 칸에 숫자나 집어넣는 일을 시키고, 그런 일 잘한다고 승진시킨다면 이건 정말이지 안타까움을 넘어 한심한 노릇 아니겠는가? (2011. 12.)

야바위꾼들의
학교

*

한 가지 물어보고 싶다. 12년이 지났지만 야바위꾼들이 과연 줄어들었을
까? 학교를 교육자가 주도하고 있는가? 이 글에서 비판하는 현상이 이제
는 옛날이야기로 느껴지는가? 오히려 지금의 현실은 보수 야바위, 진보 야
바위에 에듀테크 야바위까지 설치고 있지나 않나?

교사의 일은 겉으로 보기에는 지루하고 때로는 쩨쩨하다. 어린 학
생들과 일상생활을 함께하는 일이기 때문이다. 물론 겉보기에 그렇다
는 것이다. 실제 그 내밀한 부분은 바깥에서 보는 것보다 훨씬 다이내
믹하고 변화무쌍하다. 배움이 일어나는 현장이며 무한한 가능성을 가
진 아동, 청소년과 함께하는 일이기 때문이다.

어른들에게는 무덤덤하게 넘어갈 아주 작은 단초만 가지고도 학생
들은 완전히 다른 캐릭터로 바뀔 수 있고, 어른들은 전혀 알아차리지도

못하고 넘어갔을 작은 단서만 가지고도 학생들은 엄청난 규모의 앎과 상상을 초월한 창조적 산물을 내놓곤 한다.

교사의 일이란 것이 거창한 것이 아니다. 이런 작은 단초를 마련하기 위한 소소한 아이디어를 생각해내는 것이다. 밖에서 보면 코웃음이 나올 정도로 사소한 그런 아이디어 말이다. 그래서 훌륭한 교사는 겉에서 보면 아무것도 안 하는 교사로 보인다. 그저 교실만 올라갔다 내려왔다 하는 것처럼 보인다. 교실 풍경을 봐도 아이들이 뭔가 하고 있고, 그 사이를 부드러운 얼굴을 하고 유유자적하는 것으로 보인다. 이런 교사는, 없어도 아이들이 충분히 공부할 수 있을 것 같아 보이지만, 막상 없으면 제대로 교육이 이루어지지 않는 그런 존재다.

이런 교사는 뭐 하나 양적으로 환산해 바깥으로 내세울 실적이 없다. 이들의 진정한 실적은 학생들의 삶 속에 녹아들어 가 있기 때문이다. 이들의 실적을 굳이 확인하고자 한다면 학생들과 함께 2주 정도 생활하면서 이들이 학생들의 삶을 긍정적으로 바꾸는 데 얼마나 영향력이 있는가 보면 된다.

그러나 양적 지표로 순위를 매기고자 하는 관료주의자들이 이런 노력을 할 턱이 없다. 결국 이런 훌륭한 교사들은 점점 학교에서 무시당하고 모욕당한다. 대체로 아이들과 진실한 관계를 맺고 교육에만 매진하는 교사일수록 각종 성과급이나 평가에서는 최하등급에 가까운 등급을 받는다. 그런데 이들 역시 성자가 아니다. 그렇다고 비교육적인 일에 열과 성을 쏟는 것도 견디기 어렵다. 결국 이들은 점점 학교를 떠나고 싶어 한다. 학교가 이들을 쫓아내는 것이다.

반면 정해진 교과서의 정해진 내용을 학생들에게 쑤셔 넣는 것을 수업이라고 생각하는 교사들에게 교육은 행복한 작업이 아니라 단순한 노동이 된다. 하루의 수업은 퇴근 시간까지 견디고 버텨야 할 고역이고, 한 학기의 수업은 방학이 올 때까지 견디고 버텨야 할 고역이 된다. 이런 교사들에게 삶의 목표는 이 지긋지긋한 노동을 벗어나는 것, 즉 학생들과 함께하는 시간을 최소로 줄이는 것이다. 학생들과 함께하지 않는 자리로 옮기는 것을 '승진'으로 여기고, 학생들과 함께하는 시간이 줄어들수록 자신의 지위가 '상승'한다고 여긴다.

따라서 이런 교사들은 학생들과 함께하는 소소한 일상, 즉 수업이 아닌 다른 무엇으로 뭔가를 보여주어야 한다. 이들이 국어 교사라면 학생들과 함께 시를 읽으며 기쁨을 나누는 일상적인 수업보다는 거창한 '시 쓰기 대회'를 개최하거나 '학생 1명당 1년에 시집 한 권 쓰기 프로젝트' 같은 프로그램을 펼치는 것을 선호한다. 그리고 우리나라의 천박한 교육 관료 집단은 학생들과 조용히 시를 음미하는 교사가 아니라 이런 프로그램을 펼치는 교사에게 스포트라이트를 집중한다. 이렇게 교실에서 탈출하고자 하는, 교사가 아니기를 열망하는 교사들의 경쟁으로 인해 학교는 수업 이외의 온갖 사업과 프로젝트로 몸살을 앓는다. 그리고 정작 이런 사업과 프로젝트의 자잘한 실무는 교실에서 행복을 느끼고자 했던 교사들에게 분담된다.

최근 들어 고경력 교사가 선망하는 자리가 된 상담교사 직도 예외는 아니다. 부모님에게도 선생님에게도 말하기 어려운 학생들의 고충을 들어주는 것이 이들의 가장 근본적인 임무다. 그런데 이런 상담은 은밀하게 이루어져야 하기 때문에, 겉보기에는 아무 일 안 하는 것처럼 보이는 상담교사가 최고의 상담교사다. 아무것도 안 하는 것처럼 보이는데 어느새 보이지 않는 곳에서 많은 아이의 고충을 들어주고, 적절한 조치를 해주고 있기 때문이다. 상담교사가 학교에서 존재감을 자꾸 드러내는 것은 마치 정부에서 국정원이 자꾸 존재감을 드러내는 것만큼이나 적절하지 않다.

하지만 교실에서 탈출하는 방편으로 이 자리를 선택한 교사들은 일상적인 상담과 만남에는 관심이 없다. 그 대신 거대한 프로그램을 계속 들여온다. 각종 상담 프로그램, 진로 활동 프로그램을 들여와서 뭔가를 보여주며 홍보용 사진을 찍는다. 물론 외부의 시선은 묵묵히 아이들의 고충을 들어주는 상담교사보다 이런저런 상담, 진로 프로그램과 행사를 개최하는 상담교사를 유능하다고 평가한다. 이제 학교에는 이런 행사들까지 추가된다. 물론 자잘한 실무는 교실에서 행복을 느끼고자 했던 교사들에게 분담된다.

이는 학교 관리자나 행정 직원의 경우도 마찬가지다. 교사의 수업이 훨씬 편리해지고 학생 생활의 질이 높아지도록 학교의 시스템과 시설, 기자재 등을 손질하는 일을 한다면 그 일은 매우 즐겁고 창발적이다. 밖에서 보면 쩨쩨해 보이겠지만 말이다. 식당 배식대의 작은 변화에도 학생의 행복이 크게 달라질 수 있고, 각종 물품 구입을 조금만 더 신경 쓰면 같은 예산으로 훨씬 좋은 기자재를 사용할 수 있고, 냉난방 시스템을 조금만 손보면 전기 요금을 절약하면서도 충분히 시원한 여름과 따뜻한 겨울을 보낼 수 있다.

교사가 신나게 가르칠 수 있고, 학생이 행복할 수 있도록 학교 시설과 시스템을 손보는 것에서 삶의 보람을 느끼는 관리자라면 학교 구석구석을 돌보고 다닐 때 가장 행복할 것이다. 바깥에서 어떻게 보이는가 하는 것은 관심의 대상이 아니다. 이런 관리자는 든 자리가 표 나지 않는다. 이런 관리자가 있는 학교는 겉보기에는 평온하고 평범하다. 그냥 모든 일이 저절로 이루어지고 있는 것처럼 보이며, 얼른 보면 살짝 나태해 보이기까지 한다. 하지만 진정 제대로 교육이 이루어지고 있는 곳이다.

이런 소박하고 평범한 역할에서 행복을 느끼지 못하는 관리자는 일상적인 수업에는 관심이 없고 뭔가 대외적으로 내세울 큰 행사를 열고 싶어 한다. 그런 행사에서 개최자로 나서서 폼 나게 한 말씀 던지고 싶어 한다. 그런 행사에 참석하는 고위 관료, 유명 인사에게 폼 나게 인사하고 싶어 한다. 따라서 학교에는 또 행사와 프로젝트 폭격이 쏟아진다. 결국 가장 중요한 일상적인 교육 활동이 그만큼 위축된다. 관리자가 이런 행사와 프로젝트를 중요시하면 교사들도 수업은 제때 교실에 들어가 있기만 하면 되는 것으로 여기면서 대외적인 활동에만 매달릴 것이다. 이렇게 학교가 망가져 간다.

자기에게 주어진 작고 소소한 일을 창조적으로 하지 못하는 사람들은 자신이 뭔가 하고 있다는 것을 보여주기 위해 다른 거창한 일을 벌인다. 그러나 겉보기에는 작고 사소한 아이디어를 고민하는 사람들 덕분에 학교가 움직인다. 그런데 저 거창한 일들 때문에 실제로 학교를 움직이는 소중한 인력이 위축되고 좌절하고 마침내 학교를 증오하게 된다면, 이것이야말로 가장 치명적인 손실이다. 지금 우리나라의 학교는 거의 이 지경까지 와 있다. 이제 이들을 잃어버린 학교는 그동안 느끼지 못했던 그 존재감을 뼈저리게 느끼게 될 것이다. 든 자리는 몰라도 난 자리는 크게 보이는 법이다. (2013. 4.)

창조경제의 장애물,
교장 제도

　재정경제부에서 일하다가 부처 이동 사례로 교육부를 몇 년 경험한 어느 고위 관료의 경험담이다. 재경부에서는 국장이나 과장을 찾는 전화가 올 경우, 부하 직원이 내선 전환으로 연결해주는 게 매우 당연했다고 한다. 사실 재경부가 아니라 어디에서도 당연한 일이다.

　그런데 이분이 교육부로 오자 가장 먼저 느낀 변화는, 하급자 중 내선 전화를 쓰지 않는 사람들이 많더라는 것이다. 전화나 메신저로 업무 추진 상황을 물어보면, 꼭 몇 층 거슬러 올라와서 직접 대면 보고를 한 뒤 다시 몇 층 내려가거나 올라가더라는 것이다. 심지어 외부에서 전화가 오면 내선으로 물어보는 것이 아니라 10미터를 직접 걸어와서 "전화 돌려드릴까요?"라고 물어본 뒤, 다시 자기 자리로 가서 돌리더라는 것이다.

　그래서 회식 시간을 빌려 "메신저로 물어보면 바로 메신저로 답하거나 내선 전화로 이야기하면 되지, 왜 시간 낭비해 가며 굳이 여기까지 찾아와서 이야기하고 다시 가는가요?" 물었더니 그 대답이 "윗사람한테 어떻게 전화나 메신저를 던지고 그럽니까?"였다고 한다.

사실 재경부라고 해봐야 어차피 관료 조직이다. 그리고 우리나라 관료 조직이 권위적이고 경직된 것은 어차피 다 거기서 거기이며, 재경부가 특별히 혁신적이거나 탈권위적이라는 이야기는 들어본 적이 없다. 그런데 그런 관료로 평생을 살았던 사람의 눈에조차 교육 관료들의 모습은 지나치게 경직되어 있고 권위적이었다. 교육은 미래를 담당하는 창의적인 작업이다. 그러니 다른 분야가 다 관료주의적이고 권위주의적이라도 교육계만큼은 유연하고 창의적이라야 마땅하다. 그런데 이렇게 다른 부처 관료에게 너무 권위적이고 경직되어 있다는 훈수를 듣는 교육계가 우리 현실이다.

이 경직된 교육 관료 중에는 교사 출신인 장학관들도 있으나 본질적으로 다른 관료들과 구별되지 않으며, 오히려 더 경직되고 권위적이기까지 하다. 문제는 이 장학관들이 결국 몇 년 지나면 교장이 되어서 일선 학교로 간다는 것이다. 따라서 장학관들은 이른바 윗선에게 직언하면서 교육적 소신을 지키는 일 따위는 절대 하지 않는다. 어차피 몇 년만 꾹 참으면 꿈에 그리던 교장이 되어 나갈 텐데 그런 위험을 감수할 이유가 없다. 그러는 과정에서 이들은 상급자에 대한 절대복종을 몸에 익힌다.

학교라는 기관은 단일 기관으로서는 상당히 규모가 클 뿐 아니라, 교장 위로는 상급자가 전혀 없는 기관이다. 따라서 이런 권위주의와 경직성, 그리고 '윗선 바라기'를 학습한 관료들이 교장으로 부임할 경우 발생하는 폐단은 이루 말할 수 없을 정도로 많다.

가장 큰 폐단은 이런 관료 출신 교장들의 눈은 교실이 아니라 항상 저 윗선 어딘가에 닿아 있다는 것이다. 이들의 관심사는 교실에서 일상적으로 이루어지고 있는 교육과정, 즉 수업이 아니다. 이들의 관심사는 학교보다 상급 관청을 지배하는 관료들의 의중을 파악하고, 그들의 시책이 학교에서 이루어지도록 하는 특별 프로그램에 있다. 교육감이 진로라는 말을 강조하면 진로교육이 바로 교육의 중심이 되며, 교육부장관이 행복을 말하면 행복교육이 교육의 중심이 된다. 그러면 교장들은 진로나 행복과 관련된 특별한 행사나 프로그램을 하나라도 더 실시하려고 안달 난다.

결국 교사들이 이런 특별 프로그램과 행사에 매달리게 되면서 학교교육의 중추라고 할 수 있는 일상적인 교육과정, 즉 수업의 질은 곤두박질친다. 그나마 이 프로그램이나 행사가 내실 있게 진행되는 것도 아니다. 중요한 것은 내용이 아니라 형식이고 의전이다. 이런 보여주기식 프로그램이나 행사에 얼마나 많은 예산이 허비되고 있는지 안다면 국민은 교육세 납부를 거부하고 싶어질 것이다.

이런 교장들이 들어서면서 일어나는 또 다른 폐단은 독단주의다. 관료 시절부터 상급자에게 절대복종하기를 체질화한 이들은 교사, 학생, 학부모를 '하급자'로 간주한다. 그래서 전교생, 전체 교사가 반대하는 일도 교장의 한마디에 시행하고, 전교생, 전체 교사가 원하는 일도 교장의 한마디가 없으면 시행되지 않는 것을 당연한 것으로 여긴다. 교사는 학생이 원하는 것에, 교장은 교사가 원하는 것에, 교육청은 학교가 원하는 것에 민감한 것이 정상인데, 현재 우리나라 교육계는 교장은 교육청이 원하는 것에, 교사는 교장이 원하는 것에, 학생은 교사가 원하는 것에 민감해야 살아남는 정글이 되어 있다. 이런 학교에서 창의적인 교육이 이루어질 턱이 없으며, 창의적인 교육이 이루어지지 않는데 소위 '창조경제'를 담당할 인재가 성장할 턱이 없다.

창조경제는 대통령이 창조를 외친다고 해서 하늘에서 뚝 떨어지는 것이 아니다. 창조경제는 교실에서부터 시작된다. 창조적인 사람이 창조적인 경제를 끌어낼 수 있기 때문이며, 창조적인 사람은 교육 없이는 저절로 생기지 않기 때문이다. 따라서 학교를 경직되고 권위적인 구태의 온상으로 만들고 있는 교장 제도의 대대적인 개혁이야말로 창조경제의 출발점이라고 할 수 있다.

더구나 우리나라의 교장 제도는 일제강점기부터 지금까지 본질적으로 변한 것이 없다. 소위 민주정부, 혹은 좌파정부 10년 동안에도 터럭만큼도 바뀐 적이 없다. 이런 학교가 시대에 뒤떨어지는 것은 당연하며, 그렇다면 이런 나라가 시대에 뒤떨어지는 것도 당연한 일이다. 만약 이번 정부가 큰 업적을 남긴 정부로 기억되고 싶은 욕심을 아직 가지고 있다면 지난 김대중 정부, 노무현 정부도 감히 하지 못한 일, 수십 년간 학교를 좀먹어 온 교장 제도의 대대적인 개혁에 눈을 돌려보기 바란다. (2014. 2.)

교장이
되기까지

글쓴이 자신이 교장 승진 경쟁에 나설 뜻이 없다보니 교장 승진 점수 따는 방법에 관한 내용 중 세세한 부분은 조금 틀릴 수 있다. 또 이 글이 나온 이후 규정이 좀 달라졌을 수도 있다. 그러나 본질적인 부분은 다르지 않을 것이다. 가장 좋은 것은 이 글이 출판되었을 때 사실상 이 글의 내용이 몽땅 틀린 것이 되는 상황이다.

교장이 되려는 승진 경쟁이 과열되는 이유

일부 교사의 승진 경쟁이 과열되면서 독직, 부정부패, 시험 문제 사전 유출 등 교육자로서 도저히 용납할 수 없는 일이 벌어지기도 한다. 교사들 사이에서는 '승진병'이라는 말이 공공연히 사용된다. 교감 승진을 위해 거의 모든 것을 걸다시피 한 교사들을 '승진병 환자'라고 부른다. 물론 그들의 목표는 교감이 아니라 교장이 되는 것이다.

교장이 좋기는 좋은 모양이다. 직무만족도 조사를 할 때마다 교장, 특히 초등학교 교장은 모든 직업을 통틀어 직무만족도가 가장 높은 행복한 직업이다. 그런데 교사, 특히 초등학교 교사의 직무만족도는 바닥을 긴다. 교장의 행복이 교사의 불행인 것이다. 일본이나 미국에서는 도리어 교장이 교사로 돌아가겠다고 내신을 내기도 한다는데, 참으로 대조적이다. 우리나라에서 교장은 도대체 어떤 자리인가?

교장의 직무에 대해 명시적으로 규정해놓은 법률은 초중등교육법 제20조다. 법 조문 자체는 매우 단순하다. 이 조문은 교장, 교감, 교사, 그리고 학교 행정 직원이 해야 할 바를 간결하게 정리하고 있는데, 다음과 같다.

제20조 (교직원의 임무)

❶ 교장은 교무를 통할하고, 소속 교직원을 지도·감독하며, 학생을 교육한다.

이 법조문에 따르면 교장의 직무는 1) 교무의 통할(총괄), 2) 학생의 교육, 3) 소속 교직원의 지도·감독이다. 즉, 교장은 학교의 모든 권한을 전적으로 행사할 수 있다. 사실상 학교에서 유일한 행위자라고 해도 과언이 아니다.

그럼 교사는? 사실상 수업 시간 외에는 교사의 행위는 없다고 보아야 한다. 심지어 학급 담임 업무라는 것도 교장이 할 일을 교사들이 나누어서 도와주는 것에 불과하다. 안 믿어지는가? 다음 초중등교육법 제25조를 보라.

제25조 (학교생활기록)

❶ 학교의 장은 학생의 학업성취도 및 인성 등을 종합적으로 관찰·평가해 학생지도 및 상급학교(「고등교육법」 제2조 각 호의 규정에 의한 학교를 포함한다. 이하 같다)의 학생 선발에 활용할 수 있는 다음 각 호의 자료를 교육과학기술부령이 정하는 기준에 따라 작성·관리해야 한다. 1. 인적 사항 2. 학적 사항 3. 출결 상황 4. 자격증 및 인증 취득 상황 5. 교과 학습발달 상황 6. 행동특성 및 종합의견 7. 그 밖에 교육 목적에 필요한 범위 안에서 교육과학기술부령이 정하는 사항
❷ 학교의 장은 제1항의 규정에 의한 자료를 제30조의4의 규정에 의한 교육정보시스템으로 작성·관리해야 한다.
❸ 학교의 장은 소속 학교의 학생이 전출하는 때에는 제1항의 규정에 의한 자료를 그 학생이 전입하는 학교의 장에게 이관해야 한다.

말은 무척 복잡하지만 한마디로 생활기록부를 작성하고, 관리하고, 학생이 전출되거나 진학할 때, 그간 작성한 생활기록부를 이관하는 일이 교사가 아니라 교장의 일이라는 것이다. 담임교사가 생활기록부를 작성했는데, 교장이 멋대로 이를 고쳐 적어도 하등의 문제가 될 것이 없다. 원래 생활기록부 작성은 교장의 업무이며 담임교사는 편의상 그 작성의 일부를 배당받은 심부름꾼에 불과하기 때문이다. 따라서 교장

은 학교 내 유일한 평가자이며, 유일한 장부 작성자다.

어디 그것뿐일까? 학교에서 예산을 편성·집행할 수 있는 권한도 오직 교장만 가지고 있다. 초중등교육법 제30조의3을 보자.

제30조의3 (학교회계의 운영)

❷ 학교의 장은 회계연도마다 학교회계 세입세출예산안을 편성해 회계연도 개시 30일 전까지 제31조의 규정에 의한 학교운영위원회에 제출해야 한다.

❸ 학교운영위원회는 학교회계 세입세출예산안을 회계연도 개시 5일 전까지 심의해야 한다.

❹ 학교의 장은 제3항의 규정에 의한 예산안이 새로운 회계연도가 개시될 때까지 확정되지 아니한 때에는 다음 각 호의 경비를 전년도 예산에 준해 집행할 수 있다. 이 경우 전년도 예산에 준해 집행된 예산은 당해 연도의 예산이 확정되면 그 확정된 예산에 의해 집행된 것으로 본다.

1. 교직원 등의 인건비 2. 학교 교육에 직접 사용되는 교육비 3. 학교 시설의 유지관리비 4. 법령상 지급 의무가 있는 경비 5. 이미 예산으로 확정된 경비

물론 학교운영위원회를 거치게 되어 있지만, 어디까지나 '심의기구'임을 명심하자. 학교운영위원회는 의결기구가 아니다. 학교 예산을 학생 기자재에 사용할지, 아니면 각종 토목 공사에 사용할지는 전적으로 교장 마음이다. 대개의 교장은 토목 공사를 선호한다. 학교에는 은

근히 각종 공사할 거리가 많이 있는데, 건설업계의 불투명한 관행을 알고 있는 사람이라면 교장들이 왜 회계장부에 정확하게 기재되는 기자재 등을 구입하기보다 각종 토목, 건설 사업에 예산을 펑펑 쓰는지 금방 알 수 있을 것이다.

교장이 그 학교를 떠날 때가 되었거나, 혹은 정년이 얼마 남지 않았다면 어김없이 각종 공사를 벌인다. 공사 자금은 상상을 초월한다. 농구 코트 한 면 설치하는 데 3~6억이 들어간다. 운동장 트랙 한 바퀴 포장한다면 물경 10억 정도가 들어간다. 거기서 토목, 건설업계의 부정한 관행상 리베이트가 얼마쯤 될지는, 그런 식으로 교장 4년 하면 그가 얼마의 리베이트를 챙기게 될지는 상상에 맡기겠다.

교사들이 교장이 되겠다고 기를 쓰고 경쟁하는 이유가 교육과는 무관하다는 것이 거의 확실해지는 순간이다. 누구의 제어도 받지 않는 유일한 행위자로서의 권력을 만끽하거나, 경제적 부수입을 위해서다. 물론 그런 식으로 리베이트 안 해 먹는 교장도 많다. 그리고 모든 교장이 그렇게 엉망진창이라는 말도 아니다. 문제는 그런 엉망진창인 교장이 못된 짓을 하려고 할 때 전혀 제어할 방법이 없다는 것이다.

학교에서 일어나는 모든 일은 교장을 거치지 않고는 그 어느 것도 가능하지 않다. 따라서 지금 공교육이 문제가 많다면, 그 책임의 대부분은 교장의 몫이라야 한다. 공교육의 개혁은 먼저 교장을 비판하고, 그들의 아성을 무너뜨리는 것에서 시작해야 하는 것이다.

그럼 교감은 대체 뭐 하는 자리인가? 우스갯소리처럼 들리겠지만 교장이 되기 위한 자리다. 교사가 바로 교장이 되는 방법은 내부형 공모

외에는 없다. 특별한 경우가 아닌 한 교사는 우선 교감이 되어야 한다. 그런데 초중등교육법 법조문을 살펴보면 교감이라는 자리는 참으로 우스꽝스러운 자리처럼 보인다.

제20조

❷ 교감은 교장을 보좌해 교무를 관리하고 학생을 교육하며, 교장이 부득이한 사유로 직무를 수행할 수 없는 때는 그 직무를 대행한다. 다만, 교감을 두지 아니하는 학교의 경우에는 교장이 미리 지명한 교사가 그 직무를 대행한다.

보다시피 교감은 아무것도 할 수 있는 일이 없다. 교무를 관리하고 학생을 교육하는 일이 교장을 보좌하는 것으로 한정되어 있기 때문이다. 즉, "교장을 보좌하고, 교무를 관리하며 학생을 교육한다."가 아니라 "교장을 보좌한다."라는 것이다. 교무를 관리하고 학생을 교육하는 일은 교장이 하는 것이다. 따라서 교장이 전권을 휘두르며, 이를 교감과 공유하거나 일부를 할양할 의사가 전혀 없을 경우, 혹은 교장에게 부득이한 사유가 생기지 않는 경우 교감은 "할 일도 없고, 권한도 없는" 자리다.

사실 교감이 이런 자리라는 것은 누구보다도 교감들이 더 잘 안다. 교감이 무슨 벼슬인 줄 알고 교사들에게 군림하려 들었다가 자신의 무력함을 절감한 교감들은 초보에 속한다. 그럼에도 교사들이 교감이 되려고 애쓰는 이유는 현행 교장이 자격증 제도이며, 교장 자격증을 따기 위해서는 교감 자격증이 반드시 필요하기 때문이다. 교감은 교장이 되기 위해 반드시 거쳐 가야 하는 코스이며 요식적인 절차에 불과하지, 결코 어떤 교육적 이유로 소신과 사명감을 갖고 일할 수 있는 자리가 아니다. 교감들이 자조적으로 하는 말 중 하나가 "교감의 일은 교장 되는 것이다."란 말이 있다. 교감은 교장이 되려고 노력하는 자리에 불과한 것이다.

결과적으로 교감들은 자신의 근무평정 성적을 좌우하는 교장의 충견이 될 수밖에 없다. 연세가 지긋해서 교감으로 정년퇴임할 것이 확실시되는 교감 외에는 교사들의 의견을 수합해 교장과 협의하는 교감을 찾아보기 어렵다. 교감에게 이런 용기를 요구해서도 안 된다. 적어도 교장이 되고자 하는 야심을 가진 교감이라면 이는 거의 초월적 요구라 할 수 있다. 교감은 교장의 확성기에 불과하다. 한국의 학교는 이런 교장의 확성기를 위해 아까운 교원 정원을 낭비하고 있다.

이렇게 애매한 위치에 있다보니 교감들은 마음의 상처를 받기 쉽고, 자격지심을 느끼는 경우도 많다. 그토록 용을 써서 교감이 되었는데, 막상 되고 나니 아무 권한 없는 교장의 그림자일 뿐이다. 얼마나 기가 막히겠는가? 그래서 엉뚱한 방식으로 자신의 '교감됨'을 과시해 심적 안정감을 추구한다. 사소한 트집을 잡아 결재를 반려한다거나 아니면 남들 있는 앞에서 교사에게 호통을 친다거나 하면서. 그런데 그런 교감일수록 전교조 활동가, 부유층이나 권력층 남편을 둔 교사, 그리고 힘이 세 보이는 남교사에게는 절대 그러지 않는다. 항상 애꿎은 기간제 교사나 비교적 젊은 여교사가 교감의 스트레스 해소 대상이 된다.

서울의 어느 중학교에서 있었던 일이다. 1학년 어느 반에선가 전교 1등이 나왔다. 그래서 그 학생의 학부모가 감사드린다면서 별안간 보쌈을 학교에 보냈다. 담임교사는 과학 교사들의 양해를 얻어, 과학실에 보쌈을 펼쳐놓고 전체 교사에게 쪽지를 돌려 작은 파티에 초대했다. 그런데 교감이 삐쳤다. 다들 고기 한 점씩 먹으러 가는데, 꼼짝 않고 자리에 앉아 있었다. 몇몇 여교사가 가서 달래주자, 겨우 비적비적 일어나서 "진작 그럴 것이지." 하는 모습으로 과학실에 갔다.

그는 대체 왜 삐쳤던 것일까? 나중에 자초지종을 알아보니, 이랬다.

1. 과학실을 교과 이외의 목적으로 사용하면서 "관리자"의 허락을 구하지 않았다는 점.
2. 교사들에게 과학실로 오라고 초대 쪽지를 보내기 전에 먼저 "교감"을 모시지 않았다는 점. 한마디로 평교사들과 동등하게 취급했다는 점.

나는 이 이야기를 듣고 화가 난다기보다는 매우 코믹하다는 느낌을 지울 수 없었다. "관리자"라는 말을 그렇게 애써 사용하는 그 유치한 심리가 애처롭기까지 했다. 교감들이 이렇게 사소한 일에 시비를 걸고 자기를 어떻게든 드러내려고 애쓰는 이유는 단 하나밖에 없다. "할 일이 없어서!" 만약 교원평가를 실시해야 한다면, 교사들보다는 이런 "관리자"들에 대한 평가가 먼저 엄하게 이루어져야 할 것이다.

교장으로 가는 사다리

교장들 세계에 "교장으로 부임한 첫날, 자리에 앉으면 눈앞에서 주마등처럼 지난 세월이 흘러간다."라는 말이 있다. 교장이 되기 위한 과정이 정말 지난하고 길고 험했단 뜻이리라. 학교를 책임지는 수장이 쉽게 되는 것도 문제겠다. 하지만 진짜 문제는 그 지난하고 험한 길이 학생의 교육과는 전혀 무관하다는 것이다. 영어 교사가 운동장에 구덩이 100개를 파고, 내가 이렇게 힘들게 일했는데 왜 인정해주지 않느냐고 따지면 "삽질"이라고 비웃음을 살 것이다. 그런데 교장이 되기 위해 파란만장하게 겪었던 그 고생도 학생 교육의 관점에서 보면 속된 말로 "삽질"이라는 것에 한국 교육의 비극이 있다. 이제부터 그 삽질을 하나하나 분석해볼 것이다.

교장이 되려면 어떻게 해야 할까? 먼저 교장 자격증을 획득해야 한다. 교장 자격증을 받으려면 어떻게 해야 할까? 교장 자격연수를 받아야 한다. 그럼 그 연수는 어떻게 받나? 그건 국가가 연수 대상자 명단에 포함해줘야 받을 수 있다. 즉, 누구나 일정 요건이 되면 연수를 받고 자격증을 받는 것이 아니라, 일정한 수를 정해놓고 순위를 매겨 일정 인원수에서 연수 대상자를 자른다는 것이다. 그럼 어떻게 해야 교장 자격연수 대상자가 될 수 있나? 먼저 교감 자격증을 가져야 한다. 따라서 이 삽질은 교감이 되기 위한 경쟁에서부터 시작된다. 자, 그럼 한 사람의 교사가 교감이 되기 위해 필요한 것이 무엇인지 한번 챙겨보자.

교사가 교감이 되기 위해서는 승진 후보자 명단에서 상위권에 이름을 올려야 하며, 그 상위권에 오른 교사들을 추려서 교감 연수를 실시하고, 교감 자격증을 준다. 그럼 승진 후보자 명단에 이름 올리는 순서는 어떻게 산출하나?

1. 경력평정
2. 근무평정
3. 연구가산점의 합계

경력평정은 교사가 근무한 햇수를 의미한다. 근무평정은 근무할 때 교장으로부터 받은 평가를 의미한다. 연구가산점은 문자 그대로 우수한 연구 실적을 의미한다. 그렇다면 이 기준은 적어도 표면적으로는 이렇다.

"오래 근무하고, 그 근무 실적이 우수하면서 특출한 연구 성과가 있는 교사가 교감이 된다."

과연 그럴까? 안타깝게도 그 반대라는 것이 문제다. 먼저 경력평정부터 살펴보자. 문구상으로는 기본 15년 초과 5년, 모두 20년이 평정 대상이 된다. 그런데 두 가지 고약한 것이 있다. 바로 경력 등급과 경력 가산점이다. 경력 등급은 근무한 개월 수가 같더라도 서로 다른 점수를 받는다는 뜻이다. '가'급 경력이 가장 많은 점수를 받고 나급, 다급의 순서로 이어진다.

문제는 교사만 하다가 교감이 된 사람보다 장학사나 연구사 좀 하다가 교감이 된 사람이 교장 승진에 필요한 가급 경력이 더 많아서 교장이 되기 더 쉽다는 것이다. 교사만 하다 교감이 될 경우 그냥 교감으로 정년퇴임하기 십상이다. 그래서 많은 교사가 장학사나 연구사가 되려고 거의 발악을 한다. 교사에서 교감이 되었다면, 계속 교감으로 있기보다 어떻게든 장학관이나 연구관이 되려고 사방팔방에 전화질을 한다. 사실 나이가 사십이 훌쩍 넘은 교사가 장학사가 되는 것은 승진이라기보다는 거의 강임에 가까운 전직인데도 그걸 마치 승진한 것처럼 여기는 것은 바로 이 때문이다.

그런데 교감이 되기 위한 경력에는 불행 중 다행으로 교사 경력과 장학사 경력이 함께 '가 등급'으로 분류되어 있다. 그러나 문제는 경력 가산점에 있다. 만약 이 가산점이 없다면, 무탈하게 징계 없이 20년을 근무한 교사는 누구나 경력 점수 만점이 되고 말 것이다. 이래서야 줄 세우기가 되지 않는다. 그래서 이런저런 명목을 달아 같은 개월 수 동안 근무하더라도 매달 작지만 몇 점씩의 가산점을 추가할 수 있는 규정이 있다. 명복이야 가지가지다. 벽촌 오지 근무, 시범학교 근무, 부장교사 근무, 교대·사대부속학교 근무, 최근에 추가된 담임교사 근무, 기타 등등이 있다.

이 중 농어촌에서는 벽·오지 근무, 도시 지역에서는 시범학교 근무가 가장 말썽을 일으킨다. 아무런 교육적 소신 없이 점수를 위해 벽촌에 근무하는 교사가 그 지역에 무슨 애정을 가질 것이며, 단지 승진 가산점을 위해 온갖 프로젝트를 벌여놓고 보고서야 발표회야 정신없는 교사가 무슨 교실 수업을 제대로 하겠는가? 그 시범 사업이라는 것도 온갖 해괴한 것들로 교실 수업과 직접적으로 관련 없는 것이 대부분이다. 심지어 음악 교사가 과학 수업 개선 시범팀에 끼어들기도 한다.

그것도 그 학교 교사 전체가 가산점을 받는 것이 아니라 기껏해야 열댓 명의 프로젝트 팀이 가산점을 받을 수 있다. 그러니 그 팀에 끼기 위해서는 교장, 교감의 눈에 들어야 한다. 심지어는 그런 사업 벌이는 학교만 골라가며 전근 다니는 프로젝트 사냥꾼들이 있을 지경이다. 문제는 그런 시범 사업이 하나 벌어지면 그 열댓 명이 아니라 교사 전체, 학생 전체가 이런저런 일 치다꺼리하느라 부산스럽다는 것이다. 결국 열댓 명의 승진 점수를 위해 온 학교가 들썩거리니, 참으로 한심스러운 일이 아닐 수 없다.

그러나 이런 식으로 경력 점수 만점을 채우고 다시 가산점까지 보태야 겨우 교감 승진 경쟁에 명함을 내밀 수 있는 것이다. 이렇게 각종 시범 사업만 쫓아다니다보면 나중에는 자기 교과목이 뭐였는지 잊어버리는 것은 시간 문제며, 시범 사업하는 학교 리스트와 그쪽 연줄 관리하는 데만 도가 트이게 된다. 이런 사람들을 어찌 교사라 하겠는가? 하지만 교감이 어디 교사인가? 그러니 교감이 되기 위해 먼저 배워야 할 것은, 교사이기를 포기하는 것이다. 참으로 오묘하지 않은가?

하지만 이건 시작에 불과하다. 가장 큰 비중을 차지하고 점수 차이도 많이 나는 근무평정이 기다리고 있다. 근무평정은 문자만의 의미로는 근무를 얼마나 잘했나 평가하는 것이다. 통칭 수우미양가로 평정하며, 학교장이 전권을 가지고 있다. 근거도 결과도 공개되지 않으니 근무평정을 잘 받기 위한 정해진 규칙도 없다. 오직 교장의 자의에 의해서 결정된다. 요즘은 다면평가라고 해서 몇몇 교사가 다면평가단에 참여해 평가하기도 하지만 그 비중은 30퍼센트에 불과하고 거기서 난 차이는 교장이 얼마든지 뒤집어놓을 수 있다.

다만 당해 연도 근무평정 최고 점수를 누가 받느냐(속칭 '왕수'라고 한다) 하는 것은 관례상 교무부장이 받는다거나, 아니면 이 왕수 하나만 추가하면 바로 교감으로 나갈 수 있는 사람에게 준다는 불문율 비슷한 게 있다. 하지만 그것도 다만 관행에 불과하다. 교장이 안 주겠다고 하면 안 주는 거다.

이렇게 교장에 의해 마음대로 매겨질 수 있는 근무평정이니 그것을 잘 받기 위해서는 교장의 눈에 들어야 하고, 교장이 생각하기에 잘 근무하는 것이 무엇인지를 파악해야 한다. 교장이 바뀌면 평정 기준도 바뀐다. 물론 서류상으로야 학생지도 등등 세부 항목이 있지만, 미리 수우미 대상자를 정해놓고 세부 항목 점수는 거기에 맞춰 끼워 넣는다는 거야 이미 알 사람 다 아는 이야기다. 이 이야기인즉, 교장이 청소를 중요시하면 수업을 전폐하고라도 수업 시간마다 학생들에게 청소를 빡빡 시켜야 하며, 교장이 행정 사무를 중요시하면 맨날 서류 뭉치 들고 끙끙대는 모습을 보여야 한다는 뜻이다.

이렇게 교장 눈에 들면 부장이 된다. 부장이 되면 적어도 근무평정에서 두 번째 등급은 확보할 수 있다. 그리고 그 부장 중 누가 교무부장이 되어 최고 점수를 받는가가 정해진다. 이로써 학교의 부장교사들은 기묘한 집단을 이룬다. 그들은 다른 교사보다 높은 점수를 확보한 집단이라는 우월감으로 자기들끼리 뭉치는 경우가 많다. 하지만 다시 그 속에서 최고 점수를 받기 위해 교장의 총애를 다투는 치열한 암투를 벌이기도 한다. 교장이 아부를 좋아하면 아부를, 술을 좋아하면 술자리를, 놀이를 좋아하면 노래방 모임을, 돈을 좋아하면 금일봉을 제공해야한다는 뜻이다. 이게 교사에게 기대할 모습이 아님은 당연하다. 하지만 교장이 절대 권력을 가지고 있으며, 교사의 승진이 절대 권력에 얼마나 잘 보이냐에 달린 상황에서는 이래야 한다. 공개되지 않는 기준과 점수, 이것이야말로 절대 권력의 핵심 조건임을 이미 노자와 한비자가 수천 년 전에 말하지 않았던가?

그러니 교감으로 승진하고자 마음먹은 교사는 교육적 소명과 철학보다는 교장의 취향에 자신을 맞추어야 한다. 그리고 대부분의 교장은 이런 과정을 거쳐 교장이 되었기 때문에 교실 수업에는 별 관심이 없다. 그런 일상적인 교육보다는 외부에 생색내기 좋은 것들, 특별한 수업, 특별한 사업이 교장의 관심사다. 따라서 교장 눈에 들려면 이런 특별한 사업들에 헌신해야 한다. 불행히도 교사들의 수업 시수는 이런 특별한 사업에 헌신할 만큼 '널널하지' 않다. 특별한 사업에 헌신하는 대가는 일상적인 정규 수업의 부실화다.

여기서 또다시 고통스러운 역설이 반복된다. 교사는 승진하려면 교사이길 포기해야 한다. 교사일수록 그는 승진과 멀어지며, 교사가 아닐수록 그는 승진과 가까워진다. 보통 근무평정에서 왕수를 받을 정도의 위치가 되려면 두세 학교를 거치면서 10년여에 걸쳐 다양한 교장의 취향에 맞춰가며 간과 쓸개를 내주어야 한다. 그러나 왕수만 받았다고 승진이 되느냐 하면 그건 또 아니다. 여기까지는 승진병 환자라면 누구나 웬만큼은 한다. 그래서 동점자가 속출하기 십상이다. 따라서 변별력을 높이기 위한 또 다른 장치가 있다. 이른바 연구가산점이다.

생각해보라. 보통 한 학교에 시범 사업 한두 개 걸친 승진병 환자들은 적게는 다섯 명 많게는 열 명까지 달한다. 그러나 교감은 한 명이다. 근무평정 '왕수'는 어차피 다른 점수가 꽉 차면 언젠가는 받게 된다. 그러니 여전히 경쟁률은 5:1이다. 뭔가 더 있어야 한다. 그게 바로 연구 점수다.

연구 점수라. 듣기는 좋다. 우선 연수 점수가 들어간다. 연수 점수는 연수 학점으로 매긴다. 연수 15시간을 1학점으로 친다. 그래서 승진병 교사들은 연수를 무척 많이 받는다. 영어 교사가 컴퓨터 연수를 받든 댄스 스포츠 연수를 받든, 좌우지간 직무연수로 인가된 연수이기만 하면 된다. 따라서 이 연수들은 교실 수업에 전혀 보탬이 되지 않는 경우가 대부분이다. 도리어 연수 시험 공부 하느라 교실에 쏟을 정력을 빼앗아 간다.

이렇게 연수 학점을 듬뿍 쌓았다. 그럼 끝나는가? 아니다. 아직 멀었다. 최후의 관건, 가장 돈이 많이 들어가는 연구가산점이 남았다. 모두 3점이 반영된다. 이건 우수한 연구 실적을 올린 교사에게 주는 가산점이다. 이게 또 웃긴다. 학술진흥재단에 등재된 권위 있는 학술지에 논문을 게재하면 연구가산점 몇 점을 받을까? 0점이다. SCI급 저널에 논문이 실려도, 심지어 《사이언스》, 《네이처》지에 논문이 실려도 0점이다. 오직 인정되는 논문은 교총이 주관해서 실시하는 연구대회 수상 논문뿐이다.

이게 말이 되는가? 저 연구대회 논문의 수준은 외부에서 볼까봐 부끄러울 정도다. 어쨌든 승진병 환자들은 부지런히 논문을 쓴다. 한 방에 금상을 받으면 1점을 받지만, 동상이라도 받으면 십시일반으로 계속 동상, 동상, 동상, 또 동상, 이렇게 논문 점수를 모아 나간다. 그래서 1점을 채운다. 물론 교실 수업과는 전혀 무관한 것들로, 논문을 위한 논문, 짜깁기 논문이며, 심지어 이런 논문들을 대신 써주는 '컨설팅업체'들까지 성행하고 있다.

나머지 2점은? 대학원으로 채운다. 교육학 석사는 1점, 박사는 2점을 받는다. 물론 박사과정까지 제대로 공부하는 사람은 거의 없다. 대개는 교육대학원 석사과정을 두 번 다닌다. 어쨌든 형식적으로 석사학위가 두 개니 대단하지 않은가? 하지만 단지 승진 점수가 목적인 이들이 대학원에서 제대로 연구를 하겠는가? 교육대학원 측도 그건 잘 안다. 다만 교사들의 두둑한 주머니를 털어 돈을 벌기 위해 신입생을 모집하는 것이다. 천안에 있는 대학이 교육대학원만 서초구에 둔다. 이게 뭘 의미하는가? 지방으로 이사 간 대학도 교육대학원은 여전히 서울에 있다. 오묘하지 않은가? 이렇게 짜깁기 논문 여러 편, 대학원 두 번을 다녀야 비로소 연구 점수도 완성된다.

이렇게 점수를 꽉 채우고 있어야 교장이 적당한 시점에 '왕수'를 주는 것이다. 이렇게 화룡점정으로 왕수를 받으면, 그토록 갈망하던 교감이 될 수 있는 "교감 연수 대상자" 목록에 이름 석 자가 나온다.

자, 교사가 교감이 되기까지 필요한 것들을 주욱 살펴보았다. 뭐가 느껴지는가? 그 어디에도 학생들을 어떻게 잘 가르쳤나 하는 사실은 반영되지 않는다. 연구 점수, 대학원은 학교 밖의 일이다. 자기 교과와 무관한 논문, 대학원이라도 '교육' 글자만 들어가면 다 점수가 되니, 그 연구들 참 가관이다. 근무평정은 교장 마음이다. 경력평정의 가산점은 역시 수업과 무관한 각종 프로젝트 시범 사업이다. 이런 것들을 20년에 걸쳐 공들여 관리해야 교감이 되는 것이다. 오십에 교감 되고 싶으면 서른부터 미리미리 준비해야 한다. 한마디로 교사가 승진하려면 일찌감치 교사이기를 포기해야 한다는 것이다. 그럼 교실에서는? 그저 무탈하게 사고만 나지 않게 잘 관리하면 된다. 무섭게 해서 조용히 시키고 수업 결손 내지 말고, 교실 청소나 깨끗이 하면 된다. 그리고 나머지 시간에 저 잡다한 짓거리를 공들여서 관리해야 하는 것이다. 아, 때때로 외부에 보여주는 공개수업은 거창한 이벤트처럼 잘 꾸며서 해야 한다.

교사 중 훌륭한 사람이 교감이 되는 것이 아니라 교사 중 교감 되기 위해 교육을 포기한 사람들이 교감이 되는 것이다. 이런 사람들이 과연 올바른 교육적 판단을 내릴 수 있겠는가? 이미 교감으로 양성되는 과정에서 교사로서는 망가진 사람들이 되었을 가능성이 크다.

장학사라는 이름의 지름길

교육청에서 근무하는 공무원들이 있다. 그들은 교사도 아니며, 교육자도 아니다. 그래서 그들을 일반행정직이라고 한다. 그리고 일반행정직이 교육이라는 전문적인 분야에 대한 지식이 부족할 수 있기 때문에 교사 출신 공무원을 일부 채용하게 되는데, 이를 일컬어 교육 전문직 공무원이라 부른다. 여기에는 장학사, 장학관, 교육연구사, 교육연구관이 있는데, 그냥 통칭해 장학사라고 부르겠다.

이들은 교사와 신분상으로 큰 차이가 없다. 단지 학생들을 가르치던 교사가 행정일 하는 공무원으로 전직한 것에 불과하다. 이들을 전문직이라고 부르는 것도 교사가 전문직이 되었다는 뜻이 아니라, 교사였기 때문에 일반행정직과 구별해 교육 전문직이라고 부르는 것이다. 더군다나 교사가 교육 전문직이 되는 것은 승진도 아니다. 경우에 따라서는 오히려 강임에 가깝다. 그것은 장학사와 장학관의 자격 조건을 보면 금방 확인할 수 있다.

먼저 장학사의 자격이다.

1. 대학·사범대학·교육대학 졸업자로서 5년 이상의 교육 경력이나 2년 이상의 교육 경력을 포함한 5년 이상의 교육행정 경력 또는 교육연구 경력이 있는 자
2. 9년 이상의 교육 경력이나 2년 이상의 교육 경력을 포함한 9년 이상의 교육행정 경력 또는 교육연구 경력이 있는 자

이 중 2는 오늘날 고졸 학력으로 교사가 되는 게 불가능하기 때문에 사문화된 조항이다. 결국 정상적으로 교사로 임용되어 5년을 근무하면 장학사 자격이 생기는 것이다. 다만 장학사를 하겠다는 지원자들이 많다 보니 자연히 경쟁이 생겨서 시험을 보지만, 절대 이것은 승진시험이 아니며, 국가고시도 아니다. 자격 기준을 5년으로 한 것은 공무원 임용 시험령에 의거해 7급으로 간주되는 초임교사가 6급으로 간주

될 수 있는 근속연한을 채워야 한다는 뜻에 불과하다. 흔히 장학사를 교감급이라고 생각하는데 절대 아니다. 교사가 장학사가 되는 것은 수평이동, 전직이며, 그것도 경력이 5년보다 훨씬 많은 교사라면 강등에 가까운 전직이다.

다음은 장학관의 자격이다.

1. 대학·사범대학·교육대학 졸업자로서 7년 이상의 교육 경력이나 2년 이상의 교육 경력을 포함한 7년 이상의 교육행정 경력 또는 교육연구 경력이 있는 자

2. 2년제 교육대학 또는 전문대학 졸업자로서 9년 이상의 교육 경력이나 2년 이상의 교육 경력을 포함한 9년 이상의 교육행정 경력 또는 교육연구 경력이 있는 자

3. 행정고등고시 합격자로서 4년 이상의 교육 경력이나 교육행정 경력 또는 교육연구 경력이 있는 자

4. 2년 이상의 장학사·교육연구사의 경력이 있는 자

5. 11년 이상의 교육 경력이나 2년 이상의 교육 경력을 포함한 11년 이상의 교육연구 경력이 있는 자

6. 박사학위를 소지한 자

앞서 장학사의 경우와 같은 이유로 5는 사문화된 조항이다. 그리고 나머지에서 알 수 있는 것은 7년 이상의 교직 경력을 가지고 있거나, 아니면 교육 경력과 무관하게 박사학위가 있다면 누구나 장학관이 될

수 있는 자격을 가지고 있다는 점이다. 그러나 실제로 장학관은 공개 채용을 하지 않으며, 오직 장학사가 승진하는 경우만 있다. 단지 경력이 7년 이상인 교사, 혹은 박사학위를 가진 교사라면 누구나 응시할 수 있어야 하는 장학관이 먼저 장학사를 거쳐 힘들게 올라가야 하는 자리가 되어버렸다. 그리고 어느새 장학관이 학교로 수평이동하면 교감이되는 것이 당연한 것처럼 되어버렸다.

여기서 사단이 났다. 앞에서 보듯이 이론적으로는 장학사로 2년을 근무하면 장학관이 될 자격을 얻는다. 물론 그렇게 빨리 장학관이 되는 경우는 매우 드물지만 어쨌든 아주 없는 것은 아니다. 그리고 장학관이 되면 교감이 될 수 있다. 그렇다면 견적을 뽑아보자. 30세 교사가 장학사가 되기로 마음먹었다. 그래서 대략 서른일곱에 장학사가 되었다. 그리고 다시 이런저런 방법(뇌물? 실적?)을 동원해 장학사 4년 만에 장학관이 되었다. 그럼 41세에 이미 교감이 되어버린 셈이다. 그리고 장학관으로 한 4~5년 근무하면 교장 연수까지 받을 수 있으니, 오십도 되기 전에 교장 자격까지 얻을 수 있다. 게다가 장학사, 장학관으로 근무한 기간은 차후 교장 승진을 위한 경력평정에서 '가급' 경력으로 분류되기 때문에 교사 출신 교감보다 훨씬 빨리 교장이 될 수 있다. 교사로서 경력을 계속 쌓은 교감은 빨라야 56~58세나 되어야 교장이 될 수 있지만, 장학사, 장학관을 거쳐온 사람들은 대체로 오십 대 초반이면 교장이 된다. 지름길도 보통 지름길이 아닌 것이다.

자, 이게 대체 무엇을 의미할까? 교육 경력보다 행정 경력이 더욱 우월하다는 국가적인 선언이다. 그 결과 일찌감치 승진을 생각하는 교사들은 어떻게 해서든지 장학사가 되려고 거의 발악한다. 즉, 하루라도 빨리 가르치는 자리에서 벗어나려고, 교사 아닌 교사가 되려고 발악을 한다. 하루라도 빨리 각종 서류 작업, 행정 업무 맡는 자리로 가야 승진할 수 있다. 그렇다보니 교사로 있을 때부터 이미 가르치는 일보다 서류 작업, 행정 업무에 자기 정체성을 두어야 한다. 그렇게 성장한 사람들이 교장, 교감이 되기 때문에 결국 서류 작업, 행정 업무 열심히 하는 교사가 유능한 교사로 인정받는다. 기실 가르치는 일은 자격을 가진 교사만 해야 하는 전문적인 일이고, 각종 행정 업무는 아르바이트생을 조금만 훈련시키면 무리 없는 일임에도 말이다. 이것이야말로 가치전도다.

이런 가치전도가 해소되지 않는 한 공교육 정상화는 불가능하다. 이를 해소하려면 먼저 장학사를 법적으로 규정된 자기 지위로 복귀시키고, 이들이 교사에게 상전 행세하는 것을 차단해야 한다. 장학사보다 상관인 장학관이 규정대로 교사직에 순환 보직돼야 하며, 교감으로 전직하는 일도 중단돼야 한다. 아울러 아무런 이유 없이 장학사, 장학관 경력에 교장 승진 가급 경력을 부여하는 폐단도 시정해야 한다.

여담 − 수준 이하의 교장들

서울 지역에는 교육적으로나 학문적으로나 아무런 업적, 하다못해 형식적인 업적조차 없이 교감 승진한 농어촌 출신 교사들이 있다. 이들은 각종 꼼수를 총동원한 사람들이다. 그들이 동원하는 꼼수란 주로 농어촌 벽지 근무 가산점을 챙겨서 승진 점수를 따는 것이다. 그래서 그 점수가 충분히 쌓이면 서울로 전보 내신을 내서 어떻게든 서울로 올라온다. 서울로 전보하는 것이 어려워진 요즘은 경기도로 집중 이주해 온다고도 한다. 어쨌든 그러면 얼마 지나지 않아 수도권에서 교감이 될 수 있다. 서울·경기 지역 교사들이야 농어촌 벽지 점수 따위가 있을 턱이 없으니 이렇게 이주해 온 교사들에게 승진 점수에서 도리어 뒤로 밀리는 것이다.

혹자는 이렇게 말할지도 모른다. 남들이 근무 기피하는 농어촌 지역에서 봉사했으니 그 정도 대가는 받아야 하는 게 아니냐고. 남들이 기피? 기피는 무슨? 지방 학교에서는 농어촌 벽지 근무를 기피하기는 커녕 서로 못해서 난리다. 그래서 농어촌 벽지 근무를 위해 시도 장학사에게 연줄이라도 대보려고 술판을 벌이기 일쑤다.

그렇다면 또 이렇게 말하는 사람이 있다. 이렇게라도 해야 농어촌 벽지에 근무할 교사를 모으는 유인책이라도 된다고. 천만에. 그런 그들이 농어촌 벽지 학교에서 제대로 근무할 턱이 없다. 여전히 집은 도시에 두고 승용차로 출퇴근만 한다. 친절하게도 도교육청에서는 기름값까지 보조해준다. 그렇게 벽지 학교, 농어촌 진흥 학교 따위만 이리저리 골라 다니면, 그런 학교에서 수업이야 어떻게 하든 간에 근무하는 개월 수만큼 승진 가산점이 착착 붙는다.

그러니 지방에서 교사가 승진하려면 연줄과 선후배 간의 위계는 필수다. 조금이라도 연고가 있으면 달라붙어서 형님, 아우님 하면서 술판을 벌여야 한다. 이렇게 엉성한 사생활을 하니 낮에 제정신일 턱이 없다. 수업은 귀찮다. 수업이 귀찮을 때 제일 좋은 방법은 학생들을 마구 두드려 패서 조용히 시켜놓는 것이다. 이렇게 이들은 교사 시절부터 학생들에 대한 폭력, 폭언과 윗사람에 대한 아부를 몸에 익힌다.

그러다가 교감이 된다. 달라진 건 오직 하나다. 바로 아래에 학생이 아니라 교사가 있다는 것. 그래서 이들은 교사에게도 서슴없이 폭언을 행사한다. 만에 하나 이들이 서울에서 교감이 되면 상당한 저항과 냉소에 부딪힐 수 있겠지만, 지방이라면 이 역시 그러려니 하고 넘어가기 일쑤다. 교장은 교사들의 불만과 모욕감을 알면서도 교감이 스스로 악역을 담당하며 군기를 잡아주니 모르는 척 넘어간다.

이런 인간들이 이제 교장이 된다면? 눈치 볼 상대도 하나 없는 교장이 된다면? 학생이나 교사는 전혀 자신에게 의미가 없고, 오직 교육청의 어르신들에게만 잘 보이면 되는 그런 교장이 된다면? 이건 근본적으로 잘못된 제도다.

또 다른 사례가 있다. 이건 서울의 어느 중학교다. 학교에 '돌아이'라는 꼬리표를 단 교장이 부임했다. 하도 사고를 많이 쳐서 교장 될 가망이 없었는데, 명예퇴직 바람 덕분에 교장들이 많이 퇴임해 자리가 난 것이다.

이 교장은 부임하자마자 별별 '또라이' 짓으로 사람들을 아연케 했다. 교무실에서 아침마다 국기에 대한 경례를 시킨다거나, "여자들은 군대에 안 갔다 와서 애국심이 없다."라고 대놓고 말한다거나, 하도 많은 뇌물을 요구해서 도리어 업체에서 계약을 거부해 수련회가 무산되게 만든다거나. 심지어 학교 돈을 교묘히 떼어먹을 때 공범자가 되기 마련인 행정실장조차 "해도 해도 너무하시는 거 아니냐." 하면서 분노하기까지 했다.

이렇게 또라이 짓을 하니 당연히 교사들의 저항도 엄청났다. 사사건건 마이크 잡고 일어서는 교사들이 속출했고, 전교조에 가입하는 교사들도 문전성시를 이루었다. 오죽하면 그 학교는 전교조 분회장을 경선으로 뽑아야 할 정도로 전교조 가입자가 많았다.

이런 또라이 교장에게 비비는 딸랑이 교사들도 물론 있었다. 개중에는 그 '나름 지적'인 사람도 있었고, 그 교장과 비슷한 수준인 또라이도 있었다. 그 나름 지적인 사람은 연구부장이 되었는데, 그가 교장에게 딸랑이가 된 이유는 결국 점수가 필요해서였다. 그에게는 교장이 '또라이'든 훌륭한 인격자든 질적 차이가 없었다. 단지 교장이면 되었다. 그런데 그 나름 지적인 사람조차도 결국 딸랑이 노릇을 포기했다. 양심의 가책을 받아서가 아니다. 워낙 교장이 또라이로 찍혀 있다보니 승진 가산점을 보탤 수 있는 프로젝트를 교육청으로부터 따내지 못했기 때문이다. 아무리 '왕수'를 받더라도 가산점이 없으면 소용이 없는 법. 결국 그는 장학사가 되는 쪽으로 승진 코스를 변경했다. 교장은 장학사가 되기 위해 필요한 '추천서'를 써주지 않음으로써 복수했지만, 서울사대 출신 연구부장은 유유히 교육청에 있는 선배 장학관에게 추천서를 받아서 제출했다. 그는 위르겐 하버마스의 용어를 빌리자면 인지적 합리성만 편벽되게 발달한 왜곡된 복합체였다.

이렇게 딸랑이에게 배신당한 교장은 거의 폭주 모드로 변경됐다. 주차장을 확보하기 위해 페인트로 '교장 전용'이라는 글씨를 칠하라고 요구해서 기능직 직원들의 빈축을 샀고, 학생들이 듣는 줄도 모르고 "내가 덕이 없어서 이딴 학교에 부임했다."라고 말했다가 그게 학교 홈페이지에 올라가 곤욕을 치르기도 했다. 마침내 그는 직원조회에서 화를 버럭 내며 "교장만 되면 발 뻗고 잘 수 있겠거니 했더니 이게 무슨 꼴이냐!"라고 외쳤다.

교장만 되면 발 뻗고 잔다고? 아, 그는 학교를 좌지우지하는 교장이 몹시도 부러웠던 모양이다. 그래서 평생의 꿈이 교장이었고, 교육자의 소명은 가르치는 게 아니라 교장이 되는 것이라고 생각했던 모양이다. 그래서 교장이 되면 모든 목표를 달성한 것이기 때문에 아무 일 안 하고 마음껏 학교를 농단하고 돈을 떼먹으면 되는 줄 알았나보다. 마음껏 권력을 휘두르며 쾌감만 즐기면 되는 줄 알았나보다. 비정상이라고 느껴지나? 그런데 어찌하랴? 한국 사회에서 교장이란 실제 그런 존재인 걸……. 그 또라이 교장의 잘못이라면 그런 생각을 교묘히 감추지 않고 솔직하게 드러냈다는 것일 뿐. (2009~2011)

3
부

모두가
불확실한
시대의
교육

1989년 가을의
양돈장과『자본론』

테오도어 아도르노Theodor Adorno는 아우슈비츠 이후 문학이 어떻게 가능한가라며 절규했다. 요즘 나는 부쩍 생산력의 고갈을 느낀다. 여러 후배의 절규가 들린다. 1980년대였다면 그 절규의 방향은 한 방향이었고, 그것들을 모아서 싸우면 되었다. 그런데 지금은 그 절규의 방향이 양방향이다. 이 상황에서 분열을 극복하고 일단 하나가 되어야 할까, 아니면 이참에 그동안 꺼내지 못했던 난제들을 털어낼 계기로 삼아야 할까? 고민만 깊어간다.

나는 한낱 글쟁이며 연구자에 불과하다. 곽노현 교육감의 표현을 빌리면 워낙 수줍음이 많아서 사람들 앞에 잘 나서지도 않고, 사람들이 모인 곳에 가는 것도 잘하지 못한다. 하지만 그 나름의 한계를 가지고도 최선을 다해 무엇이든 기여하려고 애써왔다. 물론 아직도 나더러 "입으로 운동한다."라고 비아냥거리는 분들이 있지만, 다행히 내 입이 그분들의 몸보다 훨씬 큰 힘이 될 수도 있음을 이해하는 분들이 더 많은 편이다.

문득 1989년 가을, 이맘때가 생각난다. 늙은 '좌빨'의 무용담 같은 거로 받아들이지 않으셨으면 한다. 그때 이 수줍음 많고 사람 많은 것 싫어하는 내 한계에도 불구하고 사범대 학생회장 후보로 나서야 했다. 힘겹게 원고를 썼고, 며칠 밤을 새워가며 대중 연설을 연습했다. 그 당시 정세는 아주 나빴다. 노태우는 '물태우'에서 갑자기 각을 잡으면서 '범죄와의 전쟁'을 선언하고는 공안정국을 조성했고, 노동운동의 상승기라고 생각하고 출범한 전교조는 갑자기 조성된 공안정국의 집중 타격 대상이 되었다. 그런 상황에서 사범대 학생회장이 되겠다고 나서는 것은 바로 공안당국의 표적이 된다는 것을 의미했다.

안 그래도 나는 당시 한창 재개발로 시끄럽던 사당동, 신림7동에서 빈민들과 연대해서 철거 용역과 치고받고 싸우느라 잔뜩 찍혀 있었고, 구로공단 노조들과 이른바 노학연대를 조직하는 일에도 가담해 또 찍혀 있었다. 하지만 출마했고, 불행히도 낙선했다. 낙선하자마자 기다렸다는 듯이 안기부(국정원)가 조만간 잡아가려 한다는 첩보가 들어왔고, 관악경찰서에서는 소환장을 보냈다. 수배자 신세가 된 것이다.

도망을 쳤다. 경상북도 경산까지 가서 도피 생활을 했다. 당시 경북 경산에는 양돈장이 많이 있었는데, 그 양돈장 중 하나에 취직했다. 꼭 두새벽에 일어나서 돼지 밥 주고, 돼지 똥 치우는 게 일이었다. 날마다 손수레로 몇 번씩 돼지 똥을 삽으로 퍼다 날랐다. 그러고 나서 씻고 점심을 먹으면 오후는 대체로 한가한 편이었는데, 양돈장 주인아저씨(형님?)와 이야기를 나누거나, 그 댁 아이들을 데리고 산책하러 다녔다.

그런데 양돈장 주인이 알고봤더니 농민운동가였다. 말을 더듬었는데, 유신 시절 고문 후유증이라고 했다. 그래서 나 역시 지역 농민회 활동을 시작했다. 타자 칠 줄 아는 젊은이가 왔다고 다들 좋아했다. 당시 태동하던 진보 진영 정당 설립 준비 지역 모임에도 나갔다.

그렇게 한 달 반쯤 지났는데, 그분이 그 더듬거리는 말로 "너, 학생운동 하다 도망 다니는 거지?" 이렇게 묻는 거였다. 물론 아무 대답도 하지 않았다.

그러자 그분이 이렇게 말했다.

"남은 평생 여기서 돼지 치면서 농촌 생활 하면서 여기에 투신할 거냐, 아니면 네 나름의 학문과 전문 지식을 활용해서 뭔가 해볼 생각이냐?"

나는 "교사가 되어 학생들이 진리를 사랑하고 올바름을 가치 있게 여기는 그런 사람으로 자라게 할 겁니다."라고 포부를 밝혔다.

그러자 그분이 뜻밖에 이렇게 말하는 것이다.

"서울에 가서 자수해라. 그럼 초범이고 자수니까 정상참작도 되고 해서 큰 탈 나지는 않을 거다. 그런데 누구한테 쫓기는 거냐?"

"안기부하고 관악서입니다."

"그럼 관악서에 자수해라. 일단 경찰 유치장에 들어가면 더 이상 안기부 소관이 아니다. 관악서에서는 기껏 집시법 위반이지만, 안기부에서는 무슨 괴물 같은 조직 사건이 될지 모른다. 잘 판단해라."

나는 믿는 도끼에 발등 찍힌 기분이었다. 그리고 불만스러운 얼굴로 그분을 보며 아무 대답도 하지 않았다.

그러자 그분이 이렇게 말했다.

"어리석게 굴지 마라. 네가 정말 교사가 되어서 올바른 교육을 하고 싶다면, 교사가 될 수 있는 길을 걸어라. 어차피 농촌에서 농민운동가가 되지 않을 거라면 여기서 하루라도 더 있는 건 낭비다. 도망 다니지 말고 털 수 있는 건 빨리 털어라. 교사가 되는 것이 농민운동가가 되는 것보다 덜 민중적이라고는 생각하지 마라. 그러니 빨리 교사가 될 수 있도록 노력해라. 비록 그러기 위해서 조금은 비굴해지고 조금은 나약해질지 몰라도 그건 치러야 할 비용이다. 네가 적에게 굽히기 싫어서 끝내 출두하지 않고 여기서 버틴다면 결국 네가 들어갈 교단의 한 자리가 아깝게 되는 거다. 세상은 의로운 교사 한 명을 잃어버리는 거다. 내 생각에 그건 이 시골의 농민 활동가 한 사람을 얻는 것으로는 보상할 수 없을 정도로 아까운 일이다. 잘 판단하기를 바란다. 때로는 타협에 더 큰 용기가 필요한 법이다."

순간 나는 충격을 받았다. 사실 나는 농촌에 완전히 뿌리박고 농민활동가가 될 생각이 전혀 없었다. 교사가 되어 교육운동을 할 결심을 이미 하고 있었다. 그런데 정작 나는 교사가 되는 길로부터 점점 멀어지는 코스를 밟고 있었던 것이다. 하지만 교사가 되는 길로 다시 들어서려면 자수를 해야 했고, 저들에게 고개를 숙이고 굴욕을 감내해야 했다. 이 현실을 민중 속에서 오랫동안 활동해 온 운동가는 꿰뚫어 보고 있었다. 학생운동 한답시고 결기를 세웠던 나는 사실 천지분간 못하던 병정놀이꾼에 불과했던 것이다.

그날로 짐을 쌌다. 정들었던 양돈장을 떠나던 날, 그분이 아주 무거운 짐을 불쑥 건네주었다. 그리고 민망한지 지금 말고 고속버스 안에서 열어 보라고 했다. 그러고는 경상도 남자 특유의 무뚝뚝한 모습으로 "돌아보지 마라." 하고는 휑하니 가버렸다. 고속버스가 출발하고 나서야 난 그 무거운 짐의 포장을 열어 보았다. 그것은 모두 여섯 권으로 구성된 김수행 교수의 『자본론』 번역서였다. 당시 서울에서 대구까지 고속버스가 4,800원이었는데, 한 권당 6,500원씩 하는 이 책을 여섯 권 산다는 것은 학생에게는 엄청난 지출이라 그동안 침만 삼키고 있었던 바로 그 책들이었다.

이 책들은 지금도 내 책장에서 넓은 공간을 차지하고 있다. 비록 활자판이라 가독성이 떨어지고 심지어 한문이 한글보다 더 많아서 쉽게 눈에 들어오지도 않지만, 마음이 무겁고 답답해질 때마다 이 책들을 꺼내서 읽어본다. 이미 외우다시피 한 『자본론』이지만 『자본론』이 아니라 이 책들에 얽힌 이야기를 다시 회상하기 위해서다. (2014. 6.)

그들이 역사교육 강화를
주장하는 이유

*

2013년 당시 박근혜 정부는 역사교육이 좌편향되어 있다면서 역사 교과서를 국정화해야 한다고 주장했다. 이에 따라 역사 교과서를 두고 좌우 진영의 갈등과 대립이 심화되었다. 보수 진영은 역사 교과서가 좌편향이라고, 진보 진영은 보수 진영이 만들려는 역사 교과서가 친일·반민주라고 서로 비난했다. 하지만 당시 나는 역사 교과서의 좌우 편향 모두 문제라고 보고, 오히려 역사 교과서의 경향과 내용을 국가나 사회가 지정하려는 시도 자체가 반민주적이라고 주장했다. 즉, 진보, 보수 두 진영 모두 역사 교과서를 반민주적으로 다루고 있었다.

지금 역사 교과서를 반공 독재를 미화하는 도구로 쓰려는 세력은 거의 소멸했다. 오히려 역사 교과서, 나아가 공교육 자체를 반일이라는 주제로 왜곡하려는 세력이 문제가 될 지경이다. 그 어느 경우라도 다

나쁘다. 교육은 그렇게 정치적, 이념적으로 홈을 파고 몰고 가는 것이 아니라야 하기 때문이다.

한때 한국사 교육을 강화하자는 주장은 이른바 진보 진영의 전유물이었다. 국영수를 줄이고 역사를 더 가르쳐서 민족의식을 갖추게 하자, 서구 학문과 문화의 범람 속에서 민족 정체성을 지키게 하자 등등의 주장이 그것이다. 특히 이들은 그동안 우리나라의 역사교육이 친일파의 식민사관에 기초해 있었기 때문에 이것을 싹 걷어내고 민족사관 교육을 해야 한다고 주장했다.

그런데 최근 박근혜 대통령이 나서서 한국사 교육을 강화해야 한다고 주장해 진보 진영을 어리둥절하게 하고 있다. 고등학교에서 한국사를 필수 과목으로 지정해야 한다고 진보 진영에서 요구하면 박근혜 정부는 받아들일 것이다. 심지어 대입 전형을 뜯어고쳐서 대입 필수 과목으로 지정할 가능성도 크다. 적어도 표면적으로는 한국사 교육 강화 방안에 대해 좌우의 견해가 일치한다. 그런데 그의 아버지 박정희를 생각해보면 전혀 놀랄 일이 아니다. 박정희가 독립군 잡던 일본군 다카키 마사오라서 민족주의 교육을 하지 않았을 것이라고 생각하면 오산이다. 1970년대 어린이와 청소년은 외세에 맞선 민족 영웅들의 이야기를 귀에 못이 박히도록 들으며 자랐다. 외세의 침략에 맞서 싸운 을지문덕, 계백, 강감찬, 이순신, 권율 같은 인물에 대한 신격화가 집중적으로 이루어진 시대가 유신시대다.

박정희가 일제강점기를 미화했을 것이라고 생각하면 그것도 오산이다. 유신시대 국사 교육은 일제강점기의 수탈과 억압을 오히려 더 과장했다. 나라를 잃고 일본인의 무자비한 수탈과 학대에 고통받던 조선인의 이미지는 거의 전적으로 유신시대에 정부가 직접 편찬한 국사 교과서에서 심어진 것이다. 여기에 맞선 항일투사들의 이야기도 무수히 변주되어 학생들의 머릿속에 심어졌다. 남산에 안중근 의사 동상이 헌납되고, 충남 예산의 윤봉길 의사 생가가 성역화되고, 유관순 열사 생가와 유 열사가 다닌 교회 일대가 성역화된 것이 모두 1972~1977년의 일이다.

문제는 박정희가 이렇게 민족주의 교육을 강조한 것이 다 이유가 있었다는 점이다. 민족주의가 강조되는 상황은 결코 민주주의에 우호적이지 않다. 역사적으로 민족사를 강조한 정권은 한결같이 민족주의를 통해 민주주의를 외래 사상으로 몰아서 부정하고, 적대적인 나라를 상정해 국민에게 전시 상황의 공포를 심어주며, 강력한 국가와 민족에 대한 헌신을 동원함으로써 자유에 대한 열망을 봉쇄했다. 20세기 초 독일과 일본이 민주주의로의 경로에서 이탈해 전체주의의 길을 걷기 시작한 첫걸음도 민족사, 민족혼에 대한 유별난 강조였다.

유신시대도 예외는 아니었다. 유신시대 내내 학생들은 민족자주성, 민족주체성을 강조하는 교육을 받았다. 이 민족주체성의 강조는 자유민주주의를 서구식 민주주의라고 부르게 만들면서 유신헌법을 한국식 민주주의라고 부르는 것을 정당화했다. 자유민주주의는 서유럽의 산물이니 우리 민족에게 맞지 않으며, 토착적 민주주의를 만들어야 한다고 강변했던 것이다.

휴전선 이북의 북한 동포가 아직 광복을 맞이하지 못하고 소련과 그 앞잡이인 김일성 부자의 압제에 시달리고 있으니, 그들을 해방시킬 때까지 우리는 긴장을 놓아서는 안 된다는 식의 논리도 쉽게 받아들였다. 일본의 자리에 소련이 들어가고, 친일파 앞잡이의 자리에 북한 공산당이 들어간 것이다. 북한 정권은 단지 공산당이기 때문이 아니라 줏대 없이 소련식 공산주의를 따라 하는 앞잡이기 때문에 민족의 이름으로 처단되어야 하는 것이었다.

일본인의 만행에 관한 서술은 소련과 그 앞잡이들의 만행으로도 자연스럽게 이어졌다. 이를 통해, 나라를 잃으면 모든 것을 잃는 셈이니 다시는 그런 일이 없도록 해야 한다는 국민동원, 총력전의 이데올로기가 성립되었다. 국민동원, 총력전의 이데올로기 앞에서 자유니, 인권이니 하는 것은 참으로 한가한 소리로 들릴 수밖에 없다. '나라 잃은 설움', 이 한마디에 모든 것이 묵살되었다. 행주대첩이 조선군의 다양한 화약 무기로 일본군을 연달아 격파한 것임에도 군인뿐 아니라 아녀자까지 가담해 투석전으로 일본군을 물리친 일부 싸움만 지나치게 부각된 이유도 바로 여기에 있었다.

그러니 문제는 한국사 교육의 위상이 아니라 그 목표와 내용이다. 사실 한국사 교육은 언제나 강조되어 왔으며 양적으로나 또 그 위상으로나 부족한 적이 없었다. 오히려 과잉이라고 해야 할 상황이 더 많았다. 강화되어야 한다는 주장이 나오고 있는 지금도 결코 부족하지 않다. 사실 우리에게 부족했던 교육은 한국사 교육이 아니었다. 가람 배치 양식이 어쩌구, 신라 양식이 어쩌구, 고려 양식이 어쩌구, 무슨 단체, 무슨 당파가 어쩌구 하는 내용이 지금보다 더 많아지고 시험에도 더 많이 반영되는 것을 반길 학생은 거의 없다. 생각만으로도 끔찍하다.

우리가 살아가고 있는 혹은 살아가야 할 터전인 민주주의와 연결되는 지점을 찾지 못하는 한 한국사 교육은 현실과 무관한 내용을 억지로 외우는 과목, 아니면 전체주의의 도구에 불과하다. 대한민국의 모든 교육과정의 목표는 민주시민성의 함양이지, 민족의식, 국가의식의 고취가 아니다. 한국사라고 특권을 가질 수는 없다. 한국사는 먼저 군국주의, 유신시대의 흔적부터 완전히 털어내고 민주시민성 교육이라는 새로운 목표 아래 완전히 재진술될 필요가 있다. 무엇보다도 '한국 근현대사'의 내용이 '한국 민주주의사'를 중심으로 재진술되는 것은 그 첫 단추가 될 것이다. 그리고 바로 이런 조건하에서 한국사 교육의 강화나 필수 교과화가 논의되어야 한다.

그동안 한국사 교육은 어떤 타자와 맞서 싸운 내용을 중심으로 기술된 유신시대의 흔적을 완전히 지우지 못했다. 이민족의 침략에 항쟁한 임진왜란 이전까지의 역사, 일본에 나라를 빼앗겨 피눈물 흘렸던 일제강점기의 역사, 해방 후 호시탐탐 한반도를 노리는 소련과 그 앞잡이의 적화 야욕에 맞서 싸운 반공 항전의 역사, 혹은 백년 동안의 전쟁에서 보여주듯 아직도 또아리를 틀고 있는 일제 앞잡이와의 싸움의 역사 등 진영을 불문하고 역사를 보는 관점은 대동소이했다. 이제는 이런 한국사 교육의 틀을 벗어나야 한다. 이러한 틀을 벗어나지 못하는 한 한국사 교육 강화는 오히려 수구 보수 진영의 구호가 될 것이며, 그 결과 전체주의적 이데올로기와 정서가 만연하게 될 것이다. (2011. 4.)

역사 교과서
전쟁

2013년 교육계 혹은 출판계 뉴스의 주인공은 단연 교학사 역사 교과서다. 미디어 노출이 꿈인 출판계에서 교학사는 주요 일간지 1면 기사는 물론 주요 지상파 뉴스 중요 기사로도 여러 차례 등장했을 정도다. 친일 논란, 극우 논란, 사실관계 오류 논란, 교육부의 노골적인 편들어주기, 교장과 사학재단의 채택 압력에도 불구하고 1퍼센트에도 미치지 못한 채택률 등 무수한 화제를 뿌려온 교학사 역사 교과서 파동(이하 교학사 파동)은 어디서 비롯된 것일까? 그리고 그동안 어떤 화제를 뿌려왔는가? 이제 그 10년의 역사를 간략하게 살펴보도록 하자.

교학사 파동은 다만 교학사라는 출판사의 문제가 아니다. 이는 이른바 역사 교과서 전쟁이라는 긴 갈등의 한 부분일 뿐이다. 이 전쟁의 본격적인 선전포고는 2004년 한나라당(새누리당) 권철현 당시 의원이 했다. 그는 "금성 출판사의 한국 근현대사 교과서가 친북, 반미, 반재벌의 관점에서 서술돼 있다."라고 비난하면서 '좌편향 교과서 논란'을 일으켰다. 여기에 발맞추어 2005년에 뉴라이트 계열 단체들이 좌편향 교과서의 문제점을 연구하고 이를 바로잡겠다며 '교과서 포럼'을 결성했고, 2008년에 『한국근현대사 - 대안교과서』를 발간했다.

그러나 이 책은 교육계에 별 영향을 주지는 못했다. 무엇보다도 명색이 역사 교과서임에도 필진 중에 역사 전공자가 없고 주로 경제학자, 정치학자 등이 집필한 데다가 필진 중 일부 인사가 친일적 발언으로 논란을 일으켰기 때문이다. 그럼에도 이 교과서는 이후 역사 교과서 전쟁에서 보수 우익의 논리적 기반을 정립했다는 중요한 의미를 가진다. 그 논리는 1) 항일운동, 분단, 민주화운동을 중심으로 한국 근현대사를 서술하는 것은 결과적으로 북한을 인정하고 자유민주주의를 폄하하는 좌파적 관점이며, 2) 근대화, 대한민국 건국과 자유민주주의, 산업화를 중심으로 근현대사를 다시 기술해야 하며, 3) 이 논리의 연장선상에서 일제강점기는 근대화, 분단은 대한민국의 건국, 이승만 정권과 박정희 정권의 독재는 자유민주주의 수호와 산업화의 완성이라는 관점에서 새롭게 재조명되어야 한다는 것이다.

실제로 이들은 이 논리 구조와 상극이라고 할 수 있는 금성사 근현대사 교과서를 표적으로 삼아 맹공격을 가했으며, 여기에 굴복한 교육과학기술부가 금성사 교과서 수정 명령을 내리고, 저자들이 이를 거부하면서 법정 공방까지 벌이게 되었다. 역사 교과서 전쟁이 드디어 각개 전투로 들어선 것이다. 이 전투는 대법원이 저자의 손을 들어주어 형식상으로는 금성사 필진의 승리로 끝났으나, 이 와중에 정권의 눈치를 본 일부 학교가 금성사 교과서를 더 이상 사용하지 않기로 하는 등 이미 교과서는 만신창이가 된 다음의 일이다.

교과서 전쟁이 이렇게 본격적으로 진행되자 우익 성향의 역사학자들이 '한국현대사학회'를 결성해 역사 전공자가 없다는 핸디캡을 보완했다. 이들은 교과서 포럼보다 더욱 공격적인 논지를 전개해 금성사 교과서뿐 아니라 자기들이 앞으로 발간할 교과서를 제외한 '기존 교과서'가 모두 좌편향이라고 주장했다. 이들은 역사학자와 역사 교사가 대부분 좌경화되어 있기 때문에 우파적 관점에서 역사를 이야기하기가 어렵다고 주장하면서 자신들을 용기 있게 커밍아웃한 소수파로 선전했다. 이는 역사 교과서 전쟁에 보수 우파 전체의 힘을 동원해내는 데 성공한 요인이 되었다. 이렇게 보수 우파의 전폭적인 지지와 지원 아래 이들은 기존의 대안 교과서를 넘어 자신들의 관점에 입각한 정식 역사 교과서 제작과 검정 신청을 준비했다. 그 결과물이 바로 2013년의 화제작인 교학사 역사 교과서다.

집필 과정에서부터 친일 논란, 독재 미화 논란을 일으키던 이 교과서는 2013년 8월에 검정을 통과했다. 그런데 이 교과서는 좌익, 우익을 떠나 역사학계의 간단한 검토만으로도 280개가 넘는 오류는 물론 각종 표절 사례까지 발견되는 등 교과서가 갖추어야 할 기본도 지키지 못한 책이라는 혹평을 들었고, 그 불똥은 어떻게 이런 교과서가 검정을 통과했느냐는 비난과 함께 교육 당국에까지 튀었다. 그러자 당시 여권 실세 중 한 사람인 김무성 의원이 이 교과서 저자의 초청 강연회를 개최하고, 여당 국회의원 수십 명이 여기 참석하는 등 노골적인 밀어주기에 나섰다.

그 영향 때문인지는 확인할 수 없으나, 어쨌든 이후 교육부의 행보는 수상쩍은 면이 많다. 우선 교육부는 문제가 되는 교학사뿐 아니라 나머지 7종 교과서까지 포함한 8종 교과서 전체에 대해 수정, 보완을 지시했다. 이는 교학사 교과서가 문제인데 마치 교과서 전체가 문제인 것처럼 여론을 호도하고, 또 교학사 교과서가 발견된 오류를 수정할 시간을 벌어주기 위한 꼼수라는 비난을 샀다.

문제는 280여 개의 오류가 빙산의 일각이었다는 것이다. 교학사 교과서의 오류와 관련된 뉴스가 하루건너 하나씩 나올 지경이었고, 이 책으로 공부하면 수능 망친다는 말이 공공연하게 나돌았다. 그런데도 2014년 1월 5일 교육부는 교학사 교과서를 최종 승인했다. 그런데 교육부가 최종 승인한 교학사 교과서와 1월 15일에 인쇄되어 배포된 교학사 교과서 내용이 서로 다르다는 사실이 또 알려지게 되면서 교학사 교과서는 그야말로 스캔들 덩어리가 되었다. 표절이 발견된 경우, 또 심사본과 실제 배포본이 다른 경우 모두 장관 직권으로 검정 취소를 할 수 있는 사안임에도 교육부장관은 장관이 아니라 마치 교학사 대변인처럼 변명으로 일관했다.

진짜 흥미로운 이야기는 이때부터 시작되었다. 검정을 통과했다고 해서 교과서가 바로 교실에 입장할 수 있는 것은 아니다. 교과서는 담당 교사의 3배수 추천을 받아 학교운영위원회가 결정하도록 되어 있다. 그런데 일선 고등학교 중 교학사 교과서를 선택한 학교가 거의 없어서 채택률이 1퍼센트에도 이르지 못한 것이다. 교학사 교과서를 채택한 학교들도 재단 측이나 학교장이 역사 교사들의 의견이나 선정 절차를 무시하고 편법을 사용하거나 압력을 가한 경우가 대부분이었고, 그나마 학부모의 거센 항의에 밀려 채택을 번복했다. 그 결과 2월 5일 현재 전국에서 교학사 교과서를 채택한 학교는 부산 부성고등학교 단 한 곳만 남게 되었다. 검정을 통과한 교과서가 이렇게 학교 현장에서 철저하게 외면당한 사례는 교과서 검인정 체제 도입 이후 처음 있는 일이다.

이런 결과에 대해 보수 인사의 매카시적 발언이 잇따라서 상황을 더 악화시켰다. 부성고 교장은 이러한 결과의 원인이 교육부 공무원이 모두 좌파이기 때문이며, 교학사 교과서 외의 7종 교과서는 모두 종북 좌파 교과서라는 상식 이하의 발언을 했고, 교학사 사장은 방송에까지 출연해 자사 교과서가 채택되지 않는 이유가 "교원노조 놈들 때문"이라며 막말을 했다. 그러나 전국의 역사 교사 중 교원노조 가입자는 18퍼센트에 지나지 않고, 교육부 공무원들이 좌파라는 증거도 없다. 교학사 교과서를 받아들이지 않으면 모두 종북좌파라는 식의 이러한 시대착오적인 발언은 이들의 입지를 더욱 축소시켜 보수교육단체인 한국교총마저 "뉴라이트와 새누리당 때문에 역사 교과서 참패에 이르렀다."라는 비난을 하기에 이르렀다.

교학사 교과서가 참패하자 보수 우익 단체들은 역사 교사들이 학교에서 사용할 역사 교과서를 선정하는 절차 자체를 문제 삼고, 아예 국가가 발행하는 단일한 교과서만 발간하는 국정 교과서, 혹은 집필 과정에 국가가 개입할 수 있는 편수권 강화 등을 요구하고 있다. 결국 역사 교과서 전쟁은 "금성사 교과서가 좌파다."라고 공격하던 1라운드, "교학사 교과서 외에는 모두 좌파다."라고 주장하던 2라운드를 지나, "정부가 발간하는 교과서 외에는 모두 없애버려야 한다."라고 주장하는 3라운드에 들어선 셈이다.

그런데 흥미로운 사실은 지금까지의 과정이 전혀 새롭지 않다는 것이다. 이미 일본에서 다 거쳐간 과정이다. 일본에서는 1997년에 우익 단체 '새 역사 교과서를 만드는 모임'(교과서 포럼과 흡사한)이 결성되었고, 2001년에는 이 단체에서 후소샤판 역사 교과서(교학사 교과서에 해당한다.)를 발간했다. 이 교과서는 한일합병을 합법적으로 묘사하고 난징학살이나 강제연행 등 역사적 사실을 왜곡하는 등 일본 침략을 미화하는 내용을 담고 있어 큰 반발을 일으켰음에도 일본 정치의 우경화 바람을 타고 검정을 통과했다. 그러나 이 교과서는 지금까지도 채택률이 0.1퍼센트도 되지 않는다. 기획에서 제작, 그리고 채택 과정에 이르기까지 교학사 교과서의 경우와 거의 같다. 최근 일본 문부과학성과 도쿄도교육위원회 등이 교과서 채택 기준으로 애국심을 강조하는 등 직접적인 개입과 통제에 나서고 있는데, 이 역시 국정 교과서라는 군불이 지펴지고 있는 우리나라 현실과 비슷하다. 우리가 언제나 일제 잔재에서 벗어날 수 있을지, 마치 일본의 데자뷔 같은 역사 교과서 전쟁을 겪고 있는 상황이 안타깝기만 하다. (2014. 2.)

단체 기합
받는 사회

지금 50대 이상의 사람에게 학창 시절은 그리 상큼한 기억으로만 남아 있지 않다. 물론 그 시절 선생님이나 학교가 특별히 더 나빴던 것은 아니다. 한국 사회가 그만큼 낙후되어 있었던 것이고, 선생님이나 학교도 딱 그만큼 낙후되어 있었을 뿐이다.

단체 기합은 학교에서 체험할 수 있는 그런 낙후된 한국 사회의 상징이라고 할 수 있다. 학교뿐 아니라 군대는 물론 심지어 일부 직장에까지 만연했던 것이 단체 기합이다. 이것은 한 집단 전체가 받는 벌이다. 집단 전체가 책임져야 할 어떤 과업을 달성하지 못해서 받는 경우도 있지만, 다만 그 집단에 속한 어느 개인의 잘못 때문에 전체가 벌을 받는 경우도 많았다. 아니, 대부분 그런 경우였다.

1980년대의 학교는 그야말로 단체 기합 사회였다. 가령 운동장 조회 때 어떤 놈이 감히 교장이 말하는데 떠들었다고 하자. 그럼 그놈 혼자 벌을 받는 게 아니라 그 반 전체, 그 학년 전체, 심지어 전교생이 벌을 받는 경우도 비일비재했다. 가장 흔한 단체 기합은 운동장 조회가 끝났는데도 교실에 들여보내지 않고 전교생이 땡볕 아래 부동자세로 서 있는 것이었다. 그 밖에도 토끼뜀, 오리걸음, 쪼그려 뛰기 등이 주요 메뉴였다.

아마 50대 이상이라면 학교에서 이런 경험 한두 번씩은 다 있을 것이다. 그럴 때마다 "아니, 잘못은 저 새끼가 했는데 왜 우리까지?" 하며 부글부글 끓어올랐을 것이다. 그런데 다시 생각해보면 단체 기합은 내 잘못이 아닌데 벌을 받아 열받았을 뿐, 벌 자체의 강도는 대체로 약했다. 즉, 단체 기합의 특징을 다음 두 가지로 정리할 수 있다.

1. 집단 구성원이 다 같이 받는다.
2. 대체로 저강도의 벌을 받는다.

단체 기합에 대해 보통 1을 주목한다. 하지만 단체 기합의 진짜 특징은 바로 2에 있다. 어쩌면 이것이 단체 기합의 존재 근거이기도 하다. 잘못을 저지른 당사자에게 엄한 처벌을 하는 대신 그 처벌을 여러 사람에게 저강도로 분산하여 실시하는 것이 바로 단체 기합이다. 그러면 잘못을 저지른 당사자는 집단으로부터 암묵적인 사회적 형벌을 받게 된다.

과거 군대에는 고문관이란 존재가 있었다. 어리바리하게 행동해서 자꾸 실수를 저지르는 사병을 말한다. 하지만 지휘관 중에는 이 고문관을 엄하게 질책하거나 벌을 주는 대신, 저강도 처벌인 단체 기합을 소대원 혹은 분대원 전체에게 부과하는 사람이 적지 않았다.

특정한 개인에게 엄한 벌을 주는 것보다 집단 전체에게 저강도의 벌을 주는 것이 부담이 덜하기 때문일까? 어쨌든 지휘관은 강한 처벌을 하는 부담을 덜고, 그 대신 고문관에 대한 처벌은 단체 기합을 받아 '빡친' 동료와 고참 병사의 손으로 사사로이 이루어졌다. 이게 사병 간의 각종 집단 괴롭힘과 폭행 등으로 나타났다.

오늘날 군대에서도 학교에서도 단체 기합은 거의 사라졌다. 하지만 단체 기합을 만연하게 만들었던 사회적 배경은 사라지지 않았다. 그것은 바로 온정주의와 권위주의가 결합한 괴물 같은 사회 분위기다. 그 뿌리에는 유교 정치가 있다. 유교 정치에서 통치자는 엄한 처벌을 꺼린다. 덕으로 다스려야지, 법으로 다스려서는 안 되기 때문이다. 하지만 그렇다고 위계 서열 없이 다 같이 덕스럽게 대하는 것은 절대 안 될 일이다. 권위는 내려놓기 싫고, 자애로운 이미지는 유지하고 싶고.

이런 분위기는 자연스럽게 잘못을 저지른 당사자에 대한 엄격한 처벌 대신, 그의 잘못은 우리 모두의 잘못이라는 집단주의적 처벌로 이어지게 된다. 가령 어떤 금융회사 직원이 내부 정보를 이용해 부당이득을 취했다고 하자. 그럼 이익을 본 당사자에게 그런 종류의 행위를 엄두도 내지 못할 만큼 강력한 처벌이 주어져야 한다. 하지만 온정 가득한 유교적 덕치 사회에서는 개인에게 차마 징역 30년, 이런 식의 처벌은 못할 짓이다. 결국 잘못한 당사자는 징역 10년도 안 되는 가벼운 처벌을 받고(그마저 감형되거나 가석방되고), 그 대신 모든 금융회사 직원에게 잠재적 범죄자 취급이라는 가벼운 규제가 골고루 주어진다.

　이런 일이 사회 곳곳에서 이루어지고 있다. 성폭력 범죄자는 "초범이며 깊이 반성하고 있고, 피해자가 처벌을 원치 않는다."라는 선고를 받고 집행유예를 받아 나온다. 그 대신 사회 곳곳에서 남성 전체가 잠재적 성폭력 범죄자 취급을 받으며 벌을 받는다. 성적 조작 등 물의를 일으킨 자립형 사립고등학교는 아직도 학교 문 안 닫고 버젓이 시치미 떼고 잘 굴러가는데, 전국의 모든 중고등학교는 예전보다 훨씬 복잡하고 귀찮고 번거로운 고사 관리 규정으로 벌을 받는다.

　완전한 자유, 하지만 잘못을 저지르면 엄한 처벌이 아니라 일단 선처, 그 대신 다들 조심 조심 의심 의심. 이게 한국 사회를 지배하는 이데올로기다. 잘못한 학생은 가볍게 벌 받고, 그 대신 잘못한 학생의 벌을 집단 구성원이 다 같이 나누어 받는 단체 기합의 이데올로기. 이 단체 기합의 사회에서는 권력자와 지배집단은 자애로운 미소와 함께 책임을 회피하고, 단체 기합을 받은 구성원끼리 서로 의심하고 원망하고 질책한다. 이런 사회를 지배하는 정서가 분노인 것은 당연한 일이다. 지금 나도 많이 '빡쳐' 있다. 이 글이 난삽하다면 그 때문일 것이다.

(2023. 6.)

학급 인원수는 늘리면서
교실혁명?

　요즘 혁명이라는 말이 고생이 많다. 그중에서도 가장 고생스러운 것은 아마 교육부가 선전하는 교실혁명일 것이다. 혁명은커녕 교사들의 자발적인 혁신 시도마다 규정을 들이대며 기를 꺾는 위치에 서곤 했던 교육부가 무슨 교실혁명이라고 떠드는지 모르겠지만, 문제는 기본이 안 되었다는 것이다.

　1980년대에 학교에 다녔던 사람들은 알 것이다. 당시 교사들은 학생을 잘 몰랐다. 학생은 이름이 아니라 번호로 불렸다. 공부를 아주 잘하거나, 아니면 말썽을 아주 많이 부리는 소수만 이름을 기억해 불렀다. 그 소수를 제외한 대다수 학생은 다만 하나의 덩어리에 불과했다. 당시는 베이비붐 시대였기 때문에 그랬을 수도 있다. 넘쳐나는 사람들은 다만 덩어리로 취급받았고, 그 가운데 일부 인재를 경쟁을 통해 가려내는 것이 더 중요했을 것이다. 그래서 단체 기합 등의 체벌이 당연시되기도 한 시절이었다.

하지만 이제는 한 사람 한 사람이 소중한 저출산시대다. 그러니 교사 역시 학생들을 덩어리로 취급하는 일제식 수업에서 벗어나 한 사람 한 사람의 특성을 살펴가며 상세하게 준비하고 상세하게 평가하는 교육을 해야 한다. 그런 점에서 지금의 교실 수업 풍경이 바뀌어야 하는 것은 맞다.

문제는 그게 과연 교사의 기술, 지식, 혹은 성의와 태도만의 문제인가 하는 것이다. 1980년대 교사들은 과연 그런 생각이 부족해서 그렇게 수업을 했고, 학생들을 번호로 불렀을까? 바로 이런 문제 말이다. 여기에 참고할 만한 것이 영국의 인류학자 로빈 던바Robin Dunbar가 주장한, 이른바 '던바의 수'다. 던바는 소규모 부족 공동체를 연구하면서 마을의 규모가 150명을 넘어가는 경우가 거의 없다는 사실에 착안했다. 그리고 이를 인간 전두엽의 물리적 한계와 연결 지어 의미 있는 공동체의 최대 규모는 150명이라는 던바의 법칙을 발표하였다. 던바에 따르면 인간이 지속적으로 관계를 유지할 수 있는 동료의 규모는 아주 친밀한 친구(5명), 상당히 친한 친구(15명), 친한 친구(35명), 친구(150명) 정도라고 한다. 물론 이 숫자는 절대적인 것은 아니며, 5명도 버거운 사람이 있는가 하면 친구가 150명이 넘는 사람도 있다. 하지만 지속적인 관계를 유지하는 친구가 250명을 넘는 경우는 별로 없고, 그 범위를 넘어가는 숫자는 다만 아는 사람(지인) 수준이 된다. 실제로 대부분의 사람은 가장 친한 5명 이내의 사람과 만나는 데 사회적 활동 시간의 60퍼센트 이상을 사용한다고 한다. 인간 두뇌 용량의 한계 때문이다. 사람과의 관계는 단순 지식보다 훨씬 복잡하고 많은 정보를 처리해야 한다.

그렇다면 여기서 우리 교육이 교실혁명이라고 불릴 정도의 질적 변화를 일으키기 위해서는 교사 한 사람이 마주할 학생의 수라는 변수가 가장 중요하다는 것을 알 수 있다. 20세기 대량 지식 전달 교육의 시대에 교사와 학생의 관계는 지인 수준이면 충분했다. 당시 중고등학교 기준으로 한 학급이 60~70여 명이고, 주 3단짜리 교과 교사가 21시간 수업한다고 하면 대략 420~490명 정도의 학생을 가르치게 된다. 그런데 교사도 생활인이니 본인 가족, 본인 친구, 또 졸업 이후에도 관계를 유지하는 제자도 있을 것이니 실제로는 300~400명 정도가 한계다. 그 정도가 그나마 "이런 학생이 내 수업 시간에 있구나." 정도로 기억할 수 있는 범위다. 지속적이고 의미 있는 관계의 범위인 150명(교사가 친구 하나 없이 학생만을 위해 헌신한다고 할 경우) 밖의 학생이 안의 학생보다 훨씬 더 많다.

바로 이게 1970~1980년대 학교에서 경험했던 불친절하고 딱딱한 교육의 원인일 수 있다. 애초에 교사와 학생 간의 관계가 친밀한 관계가 아니라 지인에 불과했던 것이다. 만약 주 2단 이하 교과라면 거의 600명 이상의 학생을 가르쳐야 하는데 여기서 무슨 관계를 기대할 수 있을까?

학급 담임이라면 문제가 더 심각하다. 적어도 자기 반 아이들을 우선해야 하니 150명 중 60~70명을 담임 학급에 할당하면 남은 자리는 고작 70여 석. 이걸 나머지 6학급이 나눠야 하니, 담임 반 아닌 반에서는 이름 아는 학생이 10명 이내일 수밖에 없다. 실제로 내가 중학교 다니던 시절 우리 반에 들어오던 교과 선생님들은 우리 반 70명 중 이름을 아는 학생이 10명 넘는 경우가 거의 없었다. 선생님이 이름을 안다는 것 자체가 거의 특권처럼 느껴지던 시절이었다.

그런데 21세기에 그런 교육을 계속할 수는 없다. 경쟁을 붙이면 알아서 치고받으며 성장하는 그런 시대가 아니다. 한 사람, 한 사람 세심하게 챙겨야 한다(챙겨준다는 게 어르고 달랜다는 건 아니다). 그래서 교실혁명이니 뭐니 하는 주장 속에 깔린 교사의 역할, 특히 초등교사의 역할은 단지 친구 수준도 넘어서고 있다. 학생과 절친한 친구 수준의 밀접하고 지속적인 상호작용을 교사에게 요구하는 것이다. 그래야 수업과 평가와 기록이 하나가 되고, 학생 각각에게 개별화된 맞춤형인지 뭔지 하는 교육이 가능하다. 이는 초등학교 학급 규모가 15명에서 크게 넘어가면 안 된다는 뜻이기도 하다.

중학교도 교사 한 사람이 가르치는 학생의 수가 친한 친구 범위인 35~70명을 넘어가지 않는 것이 가장 이상적이다. 학급당 인원이 15명 정도인 상태에서 교사 한 사람이 3~4개 학급을 담당하는 것이 이상적이란 뜻이다. 국영수는 1주일에 4시간씩 수업이 들어 있으니 15명씩 4개 학급 정도로 딱 맞아떨어진다. 중등학교에서 가장 일반적인 주 3단위 교과를 기준으로 하면 15명씩 6학급 수업을 담당하게 되니 90명이다. 절반 정도는 친한 친구 수준에서, 나머지는 친구 수준에서 지속적인 상호작용을 할 수 있다.

그런데 이 수치도 너무 높게 잡은 것이다. 교사가 학생 외에 어떤 친구 관계도 없다는 것은 넌센스니까 말이다. 그래서 나는 어른 친구 관계를 극도로 제한하면서 이 범위를 최대화하려 애써왔다. 대체로 잘 가르치는 교사가 이른바 어른의 세계에서는 사회성이 많이 떨어지는데, 이게 다 던바의 수로 설명된다. 학생들에게 친구 자리를 최대한 많이 배당하다보니 다른 친구를 만들 여유가 없다.

어쨌든 이렇게 쥐어짜서 가족과 절친 등 15명 범위를 제외한 135석을 몽땅 학생에게 배당한다 치면 6학급을 담당하는 중등 교과 교사는 학급당 인원수가 23명이 넘어가는 순간, 친구 범위 밖으로 내보내는 학생이 발생할 수밖에 없다. 현실적으로는 학급당 인원 20명이 넘어가면 이미 그렇게 된다고 봐야 한다. 더구나 중학교에서는 7~8학급을 담당하는 경우도 흔하니까 20명도 버거운 숫자다. 15명까지 혁명적으로 줄이지 않는 한 20세기식 수업과 평가를 면하기 어렵다는 뜻이다.

실제로 나는 전임 학교에서는 인원수가 15~16명인 학급 다섯 반을 담당했었다. 그때 학생들과 얼마나 활발한 상호작용을 했는지 지금도 생생하다. 연말에 다섯 반 모두 15분 분량의 연극을 무대, 소품, 음향, 조명까지 갖춰서 다른 학년 학생, 교사, 학부모를 초청하여 공연하기도 했다. 애석한 것은 그때 그토록 친했던 아이들을 이제는 깡그리 잊어버렸다는 점이다. 한정된 자리에 새로 담당할 아이들이 들어와야 하니 말이다.

그런데 2021년 문재인 정부에서 혁명적인 변화가 일어났다. 학급당 인원수가 도리어 늘어난 것이다. 6학급이던 2학년이 3학년으로 진급하면서 5학급으로 줄어들고, 21명 학급 규모가 25~26명 인원이 되었다. 아이들에게 미안하지만 내가 들어가는 학급마다 5~6명씩 얼굴과 이름이 매치되지 않는 학생들이 생겼다.

그러더니 문재인의 검찰총장이 대통령이 된 지금 정부에서 그 혁명을 이어받아 또 학급당 인원수가 늘어났다. 5학급이던 1학년이 2학년이 되면서 4학급이 되고, 학급당 인원수가 무려 26~27명이 되었다. 내가 가르치는 학생 수도 2020년 134명에서 2024년에는 166명으로 늘어났다. 그러면서 학생 한 명당 작성해야 하는 각종 기록물을 점점 더 많이 요구한다. 학생 한 사람 한 사람을 챙기며 성장과 발달 과정을 기록하고 평가하라고 한다. 정말 혁명적인 발상이다. 그러고보니 학급당 인원수를 꾸준히 줄여가며 15명 수준까지 낮췄던 정부는 박근혜 정부였다. 자유학기제니, 꿈과 끼의 교육이니 하는 구호가 그리 공허하게 들리지 않았던 이유가 있었다. (2024. 7.)

최근의 문해력 논쟁,
문제의 핵심은 다른 데 있다

얼마 전 체험 활동 안내문자에서 '우천시'라는 문구를 도시 이름으로 착각한 학부모 이야기가 화제가 된 적이 있다. 이 이야기는 곧 "문해력이 너무 떨어지는 요즘 세대" "한자교육의 필요성" 등등으로 확대되었다.

이미 '사흘'은 4일로, '심심한 사과'는 뭔가 허전한 사과로 오해하는 '요즘 것들' 타령까지 다시 소환되었다. 반대편에서는 오히려 "어려운 한자어 조합을 굳이 사용하니까 빚어진 일." "시대에 맞게 쉬운 우리말로 안내 문구를 바꾸어야 한다." 등등 한자어 배격, 쉬운 우리말 사용 등의 주장이 나왔다.

그런데 이런 주장들은 모두 하나의 오해를 공유하고 있다. 바로 어휘력과 문해력의 혼동이다. 문해력은 단지 문장의 뜻을 아는 것만을 의미하는 것이 아니다. 이미 많은 어휘와 내용을 알고 있어서 그 범위 안의 문장을 이해한다면 그것을 문해력이라 부르기는 어렵다. 오히려 알지 못하는 자료를 보고도 앞뒤의 전반적인 맥락을 통해 의미를 파악해낼 수 있는 능력을 진정한 문해력이라 해야 한다. 이 차이를 이해하지 못하기에 순수한 '문해력'을 평가하고자 했던 초창기 수능이 "학교에서 안 가르쳐준 것을 출제하니 사교육이 득세한다."라는 논란에 밀려 결국 교과서 내 출제로 후퇴하고 그 의미를 상실했던 것이다.

문해력은 모르는 어휘가 섞인 문장을 마주치더라도 해석의 과정을 멈추지 않고 맥락을 통해 그 문장의 의미를 파악함으로써 거꾸로 모르던 어휘의 뜻까지 알아나가는 과정에서 발달한다. 따라서 문해력은 이미 해석된 내용을 많이 배워 아는 것과 차원이 다르다. 도리어 많이 아는 학생은 자칫 문해력이 높은 것으로 오해받기 쉽다. 꽤 어려운 자료를 술술 이해하는 것처럼 보이지만 사실은 나이 수준보다 높은 선행학습을 통해 미리 배워놓은 것일 수 있기 때문이다. 이런 학생은 배운 적 없는 낯선 자료나 문장 앞에서 당황하여 멈추거나 자기가 아는 방식으로 멋대로 오독하는 경우가 많다.

문해의 과정은 문제 상황―판단 중지 및 객관화―추론 및 탐구―결론 도출로 이어지는 반성적 사고의 과정이다. 혹은 비판적 사고라고 말할 수도 있다. 이 과정에서 필수적인 것은 일단 자신이 알고 있는 것, 믿고 있는 것의 범위 밖으로 나서는 일, 자기 테두리 밖으로 나가는 일이다. 자기 테두리 안에 머무르면 결국 낯선 것을 해석하지 못하고 자기 편의대로 이해해버리고 만다.

따라서 문해력은 따로 가르쳐줘서 생기는 것이 아니다. 다만 다양한 해석의 경험을 통해 스스로 터득해야 한다. 문해력 교육은 이런 다양한 해석 거리를 골고루 제공하는 방식이 되어야지, 그것을 해석해주고 가르쳐주는 것이 아니다. 하지만 이걸 기다리지 못하는 성질 급한 한국인은 다양한 해석 자체를 직접 가르쳐달라고 요구하고, 결국 사교육이 그 자리를 채워왔으며, 해석된 내용을 많이 배워 마치 문해력이 높은 것처럼 보이는 헛똑똑이들만 양산해 온 것이다.

지금 초등학교 학부모 연령대가 바로 초등학교 때부터 학원에 다니기 시작한 사교육 키드 1세대에 해당한다는 것이 우려스럽다. 자기중심적 사고 탈피, 한발 물러나 생각하고 헤아리기 등등 문해력을 발휘하는 데 필수적인 경험이 매우 부족할 가능성이 크기 때문이다. 그러면서 자기 자신은 그 나름 똑똑하고 심지어 정의롭다고 생각할 수도 있다.

'우천시'라는 말을 모를 수도 있고, '심심한'이라는 말도 모를 수 있다. 그건 전혀 문제가 안 된다. 하지만 앞뒤 문맥상 '우천시'가 날씨를 말하는 단어이지, 장소를 말하는 것이 아니라는 것은 얼마든지 유추해낼 수 있다. 또 사과하는데 "심심하다. 놀자." 이럴 때 쓰는 '심심한'이라는 수식어를 붙인다는 게 상식적으로 있을 수 없다는 사실 역시 얼마든지 유추해낼 수 있다.

그렇다면 내가 이미 알고 있는 의미의 망에서 한발 물러나서 그게 무슨 뜻일지 비판적으로 검토해보아야 한다. "어, 말이 좀 이상하잖아?"라고 느낀다면 "아니, 어떻게 이따위 말을 할 수 있어?" 화내기 전에 비판적 탐구를 하는 것, 이게 바로 문해의 과정이다.

한자를 알고 모르고와는 전혀 관계없다. 지금 50대 이상 세대가 자주 사용하는 이른바 어려운 한자어 역시 마찬가지 과정으로 얻어진 것들이다. 그들은 이 어휘를 한자 없이 한글만으로 획득했다. 한자를 알아서 그 어휘를 획득한 사람은 소수에 불과할 것이다.

그러고보니 영어 학원을 그렇게 많이 다니는 학생이 '인디 레이블'이라는 말을 이해하지 못해서 내게 물어보던 기억이 떠오른다. '인디펜던트' 단어도 알고 '레이블' 단어도 알고 있는데도 인디 레이블이라는 단어가 튀어나오자 자신이 더 유추할 생각을 안 하고 바로 교사에게 가르쳐달라는 식이다. 문제의 핵심은 바로 이런 것이다. 엉뚱한 한자 타령은 그만하자. (2024. 5.)

동네야구, 프로야구,
그리고 학교

프로야구가 다시 인기를 회복하는 모양이다. 리그가 출범한 지 어느덧 40년을 넘어선 우리나라 프로야구 수준은 엄청나게 향상되었다. 리그 초창기만 하더라도 일본 리그의 퇴물 선수가 휩쓸어버릴 정도의 수준이었지만, 지금은 메이저리그 출신 선수라도 성공을 장담할 수 없는 수준의 리그가 되었다.

나는 이렇게 우리나라 프로야구 수준이 몇 단계 올라서게 된 결정적인 공로자 중 한 사람으로 이광환 전 LG 감독을 꼽는다. 그가 도입한 '분업야구'가 우리나라 야구를 주먹구구 동네야구에서 진정한 프로야구로 변모시켰기 때문이다. 물론 분업야구를 이광한 감독 혼자 생각한 것은 아니지만, 그 보편화에 가장 크게 기여한 인물이라는 점은 분명하다.

당시 그가 도입한 분업야구라는 것은 요즘 관점에서 보면 별 대단한 것이 아니다. 선발투수의 5일 간격 로테이션과 선발투수, 중간계투(승리조나 추격조로 중간 이닝에 던지는 투수), 마무리 투수의 역할 분담 방식이니 말이다. 하지만 요즘에야 상식이지만 당시로선 파격이었다. 다음 경기 선발투수가 마무리로 등판하고, 6회나 7회부터 마무리 투수가 나와서 3~4회씩 던지고, 에이스 투수는 선발, 계투, 마무리를 가리지 않고 전천후로 등판하는 일이 당연시되던 시절이었다. 가령 삼성 라이온즈의 선발투수가 4회에 흔들리자 1선발인 김시진이 나와서 나머지 5회를 틀어막고 승리투수가 되는 경기도 본 적 있고, 반대로 마무리인 권영호가 선발로 나와서 여섯 이닝을 틀어막아 승리투수가 되는 모습도 본 적 있다. 이렇게 주먹구구로 팀을 운영하다보니 선수들의 생명도 짧았다. 요즘에는 서른은 넘어야 베테랑 선수 대접을 받지만, 김시진, 최동원, 이상윤, 이상군 등 1980년대 명투수는 하나같이 서른이 되면서 급격한 에이징 커브를 그렸다.

그러나 분업야구가 도입되면서 적어도 프로야구에서는 에이스급 투수는 1선발 혹은 마무리 중 하나만 담당하고, 나머지 상황에서는 성에 안 차더라도 다른 투수들이 제 나름의 특기를 살려가며 적절히 등판하는 것이 기본이 되었다. 에이스급 선수가 팀의 거의 모든 투구를 책임지는 야구는 이제 고교야구에서조차도 찾아보기 어렵다.

이렇게 한 세대가 지나면서 야구도 발전하는데, 그때나 지금이나 여전히 달라진 게 없는 곳이 바로 학교다. 학교라는 경기장에는 교과 수업과 학급지도를 담당하는 교사, 행정 사무를 담당하는 직원, 그리고 학교 전체의 업무를 관리하고 관장하는 교장, 교감이라는 선수들이 있다.

그런데 아직도 학교에서 교사들은 수업과 학급지도에만 전념할 수 없다. 행정 사무를 맡아서 담당하기도 하고, 학급이나 교과의 범위를 넘어서는 학교 관리 업무를 담당하여 수행하기도 한다. 야구에 비유하자면 투수가 선발, 마무리 가리지 않고 던지는 것은 물론, 유니폼 빨래, 장비 관리 및 구입, 경기장 확보, 경기 일정 관리, 때로는 감독과 코치진의 업무까지 일부 맡아 하는 셈이다.

과거 주먹구구로 운영되던 야구팀에서는 이런 잡무를 주로 신참 선수나 경력이 짧은 선수가 도맡아서 했다. 현재 우리나라 학교 역시 이런 교육 외적인 업무를 신규 교사나 저경력 교사에게 전가하고 있다. 가장 프로페셔널해야 할 공교육 기관이 마치 동네야구처럼 운영되고 있는 것이다.

흔히 우리나라 교육을 20세기 교실에서 19세기 교사가 21세기 아이들을 가르치고 있다는 식으로 비하한다. 그러나 실제 우리나라 학교 시설은 미국이나 유럽을 능가하는 최첨단 수준이다. 교사 역시 미국이나 유럽이 따라오기 어려울 정도로 인재가 모여 있다.(아직은 그렇다. 하지만 10년 이내 다 털릴 것이다.) 문제는 학교나 교사가 아니라 학교 운영 방식이다. 21세기 교실에 21세기 교사들을 모아놓고 19세기 방식으로 운영한다면 당연히 제대로 된 성과를 거두기 어렵다.

최고의 선수들이 최고의 경기장에서 경기하더라도, 팀 운영이 동네야구 방식이면 경기력은 물론, 선수 생명도 짧아지는 것과 마찬가지다. 최고의 학생들과 최고의 교사들을 모아놓고 역할 분담마저 제대로 안 된 주먹구구로 학교를 운영하고 있으니 학생은 불행하고, 교사는 교직을 선택한 것을 후회할 수밖에 없다.

교육혁신. 별거 없다. 학교 구성원이 먼저 자기 본연의 업무에만 집중할 수 있도록 하자. 교사가 교육에만 집중할 경우 교장, 교감, 직원의 행정 부담이 늘어난다면 직원을 더 채용하거나 업무를 줄여야 한다. 선수들의 역할 분담이 정착된 다음에야 이런저런 전략과 전술이 빛을 발하듯이, 학교 구성원의 역할 분담이 정착된 다음에야 이런저런 교육개혁도 빛을 발할 수 있을 것이다. (2023. 11.)

아이들의 거짓말에
대처하는 어른의 교육

카를로 콜로디Carlo Collodi의 고전 『피노키오』를 모르는 사람은 거의 없다. 책 안 읽는 한국인, 더군다나 더욱 책 안 읽는 요즘 아이들도 거짓말하면 코가 길어지는 피노키오는 알 정도다. 그런데 피노키오가 거짓말하면 코가 길어진다는 설정이 나오는 까닭은 무엇일까? 그만큼 아이들이 거짓말을 잘하기 때문이며, 거짓말하지 않게 하는 것이 가장 중요한 교육 내용 중 하나이기 때문이다. 거짓말은 아이들의 본능에 가까운 행위이며, 거짓말을 하지 않게 하려면 후천적인 보상(참말 하면 긍정적 보상, 거짓말하면 부정적 보상)을 통해 반복 훈련해야 한다. 실제로 피노키오는 코가 길어지는 벌을 받아도 거짓말을 멈추지 않아 코를 키우고 또 키운다. 이는 이게 한두 번의 훈련으로 될 일이 아님을 보여준다.

그렇다면 아이들은 왜 거짓말을 할까? 나이에 따라 다르다. 아주 나이 어린 아이들의 경우는 현실과 상상이 구별되지 않는 세상을 산다.

그래서 어른이 듣기에는 말도 안 되는 거짓말이지만, 아이들 입장에서는 진심인 경우가 많다. 정말 그렇게 보였고, 정말 그렇게 생각하는 것이다. 가령 "루돌프 사슴이 와서 먹었어요." 이런 종류의 거짓말이다. 하지만 초등학교에 들어갈 나이 정도가 되면 이런 종류의 말은 없다. 따라서 학부모가 학생에게 듣는 거짓말은 대부분 의도적인 거짓말이다. 아이들이 의도적인 거짓말을 하는 동기는 둘이다.

1. 긍정적 보상을 얻기 위해
2. 질책 등 부정적 보상을 피하기 위해

사실 이 둘은 동전의 양면이다. 긍정적 보상을 획득하는 것이나 부정적 보상을 회피하는 것이나 마찬가지이기 때문이다. 가령 급식 시간에 디저트를 한 번 더 먹기 위해 방금 도착한 척 줄을 다시 서는 학생은 (중학교에서 흔한 일이다.) 긍정적 보상을 얻으려 거짓말한 것이다. 그런데 급식지도 교사에게 적발당하고 "죄송합니다."라고 하는 대신, "진짜 지금 왔다고요."라고 우긴다면 부정적 보상을 피하기 위해 거짓말을 하는 것이다.(이것도 중학교에서는 흔한 일이다.)

아동과 청소년은 거짓말을 잘한다. 특히 2에 해당하는 경우가 대부분인데, 질책 등 부정적 보상이 예상될 때는 거짓말할 확률이 아주 높아진다. 학교에서 있었던 일을 전달할 경우에 아무리 착한 학생이라도 학부모에게 솔직하게 전달하는 경우는 거의 없다. 어떤 방식이든 자신에게 유리하게끔 이야기를 고쳐서 전달하며, 특히 꾸지람을 받을 상황이라면 대단한 창조성을 발휘하여 변명한다. 학교에서 뭔가 잘못을 저지른 아이들은 집에 돌아가서 뭐라고 말할지 반드시 갖가지 이야기를 생각하고 말하기에 들어간다.

"내가 이러저러해서 잘못을 저질렀습니다. 죄송합니다." 이렇게 말하는 아이가 과연 있을까? 의젓해 보이는가? 솔직히 내 눈에는 조금 징그러워 보인다. 완전 애어른이 아닌가? 심지어 한국인은 어른조차 솔직함을 미덕으로 여기지 않는 풍토에서 살아가고 있다. 아이에게 그것을 기대할 수 없다. 학부모도 거짓말을 한다. 자녀에게 불리할 것 같으면 학교에 거짓말하고, 승진에 불리할 것 같으면 회사에서 거짓말하고, 손해 볼 것 같으면 고객에게 거짓말을 한다. 본인이 이렇게 거짓말이 일상인 사회를 살고 있으면서 자기 자녀가 참말을 하고 있다고 믿는다면 그 믿음은 어쩌면 신뢰가 아니라 어리석음이다. 믿고 싶은 마음에 스스로를 속이는 것일 수도 있다. "우리 애가 아니라잖아요?" "우리 애가 그랬다고요." 학교에 쏟아지는 학부모의 악성 민원 중 2/3 이상이 바로 이 두 마디를 포함한다. 학생의 말을 전해 듣고 흥분한 것이다. 그래서 다짜고짜 학교에 민원을 넣고, 다른 아이 집에 찾아가 행패를 부리며 2차, 3차 사건을 만든다. 하지만 자기 자녀가 한 말이 거짓말이라는 것을 전제로 생각하고 행동하는 경우는 거의 없다. 사실 대부분의 사안은 자녀가 하는 말이 (어쩌면) 거짓말일 것이라는 전제만 추가하면 쉽게 해결된다.

물론 아이들이 하는 말이 다 거짓말은 아니다. 또 아이들을 거짓말쟁이로 몰아가는 것도 옳지 않다. 하지만 아이들이 하는 말을 무작정

신뢰하는 것과 회의주의적인 중립을 유지하는 것은 별개의 문제다. 아이들이 거짓말하는 것은 심성이 잘못되어서가 아니라, 질책이나 부정적 보상이 두렵기 때문이라는 핵심을 고려하면 된다. 지극히 당연한 자기 보호 본능이다. 그 본능을 억누르고 사회적인 약속이나 규칙을 지키게 하는 것, 그것이 바로 교육이다. 이런 교육이 바로 가정에서 이루어져야 하는 교육이다. 이는 자녀에 대한 신뢰를 통해 이루어지지 않는다. 무한 신뢰는 어른을 호구로 보는 아이를 만들 뿐이다.

거짓말하지 않는 아이는 공정한 어른이 만든다. 거짓말을 해서 얻을 이익보다 참말을 해서 얻을 이익이 더 크고, 거짓말에 대한 부정적 보상이 진실을 말했을 때의 부정적 보상보다 훨씬 크다는 것을 학습시키는 그런 어른 말이다. 더구나 우리나라 어른은 자기 자녀를 신뢰하지도 않는다. 오히려 그들의 능력을 불신하고 그들의 의지를 불신하고 그들의 미래를 불신한다. 그렇게 불신하면서 학교에서 있었던 일에 대해서는 왜 그렇게 아이들 말만 철석같이 믿고 흥분하는지 모를 일이다.

(2023. 12.)

의무교육에 대한 오해

교권침해의 출발점

무상급식 논란이 한창이던 2011년, 이른바 진보 진영을 중심으로 "무상급식이 아니라 의무급식입니다."라는 주장이 흘러나왔다. 그리고 얼마 지나지 않아 진보 진영에서는 "의무급식"이라는 말이 사실상 공식 용어로 확정되다시피 했다.

그들의 주장에 따르면, 무상급식이라는 말이 공짜로 얻어먹는다는 프레임에 걸리기 쉬워서 보수가 반격하는 빌미가 된다는 것이다. 그래서 "의무교육에는 의무급식"이라는 구호가 나왔다. 무상으로 받는 공교육이 혜택이 아니라 당연히 누려야 하는 권리이듯, 학교 급식 역시 무상으로 먹는 것이 당연한 권리라는 뜻이리라.

그런데 이 말에는 의무교육에 대한 지독한 오해가 담겨 있다. 그리고 이 오해가 바로 오늘날 공교육을 엉망으로 만든 학부모 이기주의의 근원이 되었다. 의무교육에서 '의무'는 국민의 의무인데, 이걸 마치 국가의 의무인 것처럼 착각한 것이다. 이걸 국가의 의무로 착각하면서 다음과 같은 논리가 이어진다.

1. 국가는 당연히 공교육을 제공해야 한다.(국가가 의무적으로 제공해야 한다.)
2. 국민은 무상으로 제공하는 공교육을 고마워할 필요 없이 날름 받아먹을 권리가 있다.(국가에겐 먹일 의무가 있다.)
3. 나아가 공교육은 국가가 국민에게 제공하는 서비스이니만큼 '손님은 왕' 정신에 따라 학부모를 왕으로 모셔야 한다.

아니라고 반박할 기억상실증 환자도 꽤 많겠지만, 이 논리는 애석하게도 김대중 정권 때 도입되었다. 그 유명한 "수요자 중심 교육"이라는 용어와 함께 말이다. 물론 김영삼 정권 때 5·31 교육개혁안이 저런 마인드로 만들어지긴 했지만, 그때는 그냥 '안'에 불과했고, 이것을 실제로 꽃피운 건 김대중 정권 때다. 그 돌격대장이 바로 이해찬이다. 바로 여기서부터 모든 교권침해의 비극이 출발했다.

때마침 터진 IMF 사태로 직장인이 우수수 해고되고, 상대적으로 고용이 안정적인 교사에 대한 사회적 질투가 폭발하면서 저 공교육 서비스론이 널리 확산되었다. 내가 낸 세금으로 월급받는 서비스 노동자인 주제에 왜 내 말 안 들어, 이런 식의 마인드 말이다. 사회 전반적으로 이런 풍토가 확산되었다. 국가의 구성원이기에 누릴 수 있었던 많은 혜택에 대해 "이것은 나의 당연한 권리다. 시혜가 아니다. 고마울 이유

없다." 이런 식의 논리가 퍼져갔다. 사회 곳곳이 당연한 권리로 가득 차버렸고, "고맙습니다, 감사합니다."라는 말은 점점 설 자리를 잃어갔다. 박정희 정권, 전두환 정권 때만 해도 "박봉에 수고하는 선생님, 고맙습니다." 코드가 있었는데, 이 코드는 빠르게 "내가 낸 세금값을 하란 말이야." 코드로 바뀐 것이다.

하지만 이는 지독한 오해다. 저 의무교육에서 의무의 주체는 국가가 아니라 국민이다. 헌법에서 말하는 의무교육이란 모든 부모가 자녀에게 법이 정하는 바의 교육을 시킬 의무를 말한다. 그리고 그 법이 정한 바의 교육이 바로 초등학교와 중학교 과정이다. 따라서 초등학교, 중학교는 선택해서 구입하는 서비스가 아니라, 원하든 원하지 않든 무조건 시켜야 하는 교육이다. 무상급식의 배경 역시 원하지 않아도 보내야만 하는 학교이기 때문에 제공하는 것이다.

청년은 병역의 의무가 있기 때문에 군대에 간다. 그런데 만약 군대에서 밥값과 숙박비를 받는다면? 원하지 않는 군대, 억지로 끌고 와서 밥값을 받는다? 말도 안 된다. 학교도 마찬가지다. 국가가 밥을 줄 의무가 있는 것이 아니라, 의무적으로 다녀야 하는 학교이기 때문에 밥을 주는 것이다.

영어로도 의무교육은 'compulsory education'으로, 엄밀히 따지면 의무교육보다는 강제교육에 가까운 용어라 하겠다. 원래 공교육은 그 태생이 강제적인 교육이었다. "이 나라 시민권을 누리고 싶다고? 그럼 이런저런 교육을 받아야만 한다." 이게 바로 의무교육이다. 따라서 의무교육기관인 초등학교와 중학교는 부모가 자녀가 배웠으면 하고 바라는 것을 제공해주는 국가 서비스 기관이 아니다. 오히려 부모가 원하든 원하지 않든 시민이라면 배워야만 하는 것을 억지로라도 가르치는 공공기관이다.

자유와 민주는 넘쳐나고 공화(共和, 주권이 시민에게 있으며 공공의 것이라는 의미)가 사라진 풍토. 바로 이 풍토가 교권침해로 나타나며, 나아가 공권력 붕괴로까지 갈 것이다. 그 종말은 바로 현재의 샌프란시스코 같은 워킹 데드 현상이다. 무너지는 공화를 바로잡을 힘은 바로 공교육, 의무교육에 있다. 원하는 것을 가르치는 것이 아니라 배워야만 하는 것을 가르치는 그런 교육 말이다. (2023. 12.)

출입문 세 번 닫는
지하철이 상징하는 것
우리 사회의 원칙은 어디로 가고 있나

서울 지하철은 출입문을 세 번 닫는다. 닫았다 열었다 세 번 반복한다는 뜻이 아니다. 명목상 세 번 닫는다는 뜻이다. 그리고 여기에 한국 사회의 많은 문제점이 농축되어 있다.

지하철의 출입문 여닫는 시간은 매우 중요하다. 통상 지하철 역간 거리가 1킬로미터고, 평균 주행 속도는 시속 60킬로미터 이상이다. 하지만 역간 운행 시간은 1킬로미터인 역은 2분, 2킬로미터인 역은 3분씩 할당되어 있다. 따라서 역에 도착하고, 출입문 열고, 승객 하차와 승차가 완료되고 출입문 닫고, 다시 출발할 때까지의 시간이 1분이다. 여기서 조금이라도 지체되면 이게 누적되고 누적되어 배차 간격이 엉망이 된다.

안 그래도 배차 간격이 타이완이나 일본과 비교해 훨씬 긴 서울 지하철인데 그마저도 시간표는 참고자료 수준으로 들쭉날쭉하다면 지옥

철이 안 되려야 안 될 수가 없다. 그리고 그 원인 대부분은 열린 출입문을 닫고 다시 출발할 때까지 시간을 많이 소모하는 데 있다.

타이베이에서는 출입문이 열린 승하차 시간 동안 플랫폼에서 녹색불이 점등하고 규칙적인 파동음이 들린다. 그러다가 적색 불이 점등하고 날카로운 경고음으로 소리가 바뀌면 바로 문이 닫히고 즉시 출발한다. 하지만 서울에서는 이게 안 된다. 먼저 날카로운 경고음이 울린다. 문이 닫힌다는 신호다. 하지만 이 소리가 나면서 바로 문이 닫히는 경우는 거의 없다. 그러니 플랫폼의 승객들은 이 경고음이 울리면 물러서기는커녕 오히려 탑승할 마지막 기회로 여기고 서둘러 몸을 던진다. 다음은 "안전문이 닫힙니다."라는 녹음된 안내 방송이 나온다. 하지만 이 소리가 나온 다음에도 안전문은 잠시 멈춰 있다가 닫히며, 그 잠깐의 짬을 이용해 또 몸을 던지는 승객이 발생하면서 문을 닫지 못한다.

마침내 승무원이 육성으로 마이크를 잡는다. "안전문 닫습니다. 안전문 닫습니다."라고 짜증스러운 목소리로 말한다. 마침내 안전문이 닫힌다. 하지만 어거지로 닫아서 그런지 안전문을 닫은 뒤에도 한동안 출발하지 못하는 경우가 많다.

자못 상징적이다. 공식적으로 "A"라고 했다면 A라야 하는데, 아닌 경우가 너무 많다. 닫는다고 했으면 닫아야 한다. 간다고 했으면 가야한다. 서라고 했으면 서야만 한다. 하지만 닫는다고 하면서도 닫지 않으니, 닫는다는 말을 '닫기 전에 빨리 타라.'라는 말로 해석할 수밖에 없다. 만약 닫는다는 신호가 나오고 1초도 생각할 여유를 주지 않고 즉시 야멸차게 닫아버린다면 처음 한두 번만 당황할 뿐, 결국 사람들은 그에 맞춰서 살 것이다. 그리고 사회 시스템의 신뢰성이 높아질 것이다.

하지만 한국은 그렇지 않다. 비단 지하철 출입문뿐 아니라 곳곳에 그런 코드가 깔려 있다. 불법주차에 대해 엄격한 법규를 가지고 있다면, 5분 이상 정차한 차는 무조건 견인해야 한다. 하지만 지방은커녕 서울에서도 강북에만 가면 이면도로 맨 바깥 차로는 으레 주차장이다. 큰 길에서도 가게에 짐 내리거나 싣는 트럭 단 한 대 때문에 그 뒤로 수백 미터 정체가 이어지는 경우도 비일비재하다.

각종 전동휠은 15세 미만은 이용할 수 없고, 안전모를 착용해야 하고 인도로 주행할 수 없다. 하지만 규정만 정해놓았을 뿐이다. 중딩, 초딩이 인도 위를 전동휠로 질주한다. 전동휠뿐이랴? 배달 '오토바이'까지 질주한다.

법은 엄하고 규칙은 복잡한데 막상 집행은 온정적으로 하니, 결국 법을 지키는 사람만 손해를 보고 바보가 된다. 이것을 상징하는 것이 바로 안전문 닫는다는 신호를 세 번이나 하는 지하철이다. 첫 신호에서 탑승을 포기하는 착한 승객만 바보가 되는 것이다. 착한 사람이 바보 되고, 착한 사람이 패배자가 되는 세상. 이게 거악에서 비롯하는 것이 아니다. 사회 구석구석에 누적된 이런 작은 부당함에서 비롯하는 것이다.

이런 관점을 학교로 옮겨와 들여다보자. 그러면 너무 많은 문제가 결국 하나의 원인에서 비롯하고 있음을 확인할 수 있을 것이다. 단언컨대 지금 우리나라 공교육은 체벌이 난무하던 시절보다도 제 기능을 못하고 있다. 오해하지 말자. 체벌을 부활하자는 것이 아니다. 하지만 공교육이 비인격적인 체벌이 난무하던 시절만큼도 제 기능을 못하고 있다면 분명 어떤 외적이고 체계적인 문제가 있다는 뜻이다. 나만 그렇게 느끼는 건가? (2024. 7.)

왜 첨단 에듀테크에
교사들은 시큰둥할까?

1990년대 초반에는 학교마다 시청각실이라 불리는 특별한 교실이 있었다. 칠판과 분필만 있는 보통 교실과 달리, 환등기나 OHP처럼 시각 자료를 보여줄 수 있는 기자재가 있었고, 스테레오로 음악을 들려줄 수 있는 오디오 시스템, 비디오테이프로 영상을 보여줄 수 있는 대형 TV와 플레이어가 있었다. 한 학교에 겨우 한두 개 있는 교실이었기 때문에 그 교실을 사용하려면 미리 일정을 확인해 예약해야 했고, 당연히 사용 일정은 언제나 빡빡했다. 그래서 공개수업이나 수업연구 등 특별한 수업 때나 사용할 수 있는 교실이었다.

당시 교사들은 답답함을 느꼈다. 그저 교과서와 육성, 그리고 칠판과 분필만 가지고 이 찬란하고 다양한 세상을 학생들에게 알려주어야 했기 때문이다. 하다못해 사진이라도 보여주고 싶었지만, 그마저도 불가능했다. 겨우 커다란 괘도를 미리 칠판에 걸어서 보여주는 게 고작인데, 그마저도 종이 특성상 점점 색이 바래고 구겨지는 게 금방이었다.

화보나 도표가 좋은 책이 있어서 학생들과 함께 보고 싶으면 원하는 지면을 카메라로 접사한 뒤 슬라이드 필름으로 현상해서 환등기를 빌려와서 교실 불 다 끄고 보여주는 엄청난 수고를 해야 했다. 여기서 조금 발전한 것이 A4 크기 투명 필름에 출력해 오버헤드 프로젝터 OHP로 화이트보드에 띄워 보여주는 방식이었다. 그리고 이후 등장한 완전한 신세계는 바로 실물화상기였다.

1998년부터 시작된 이른바 교실 선진화 기자재 도입은 바로 이러한 교사들의 답답한 부분을 포착했기 때문에 큰 환영을 받으며 정착되었다. 당시 교실 현대화 사업은 교실에 PC와 거기에 연결된 42인치 플라스마 TV, 그리고 비디오 플레이어를 설치하는 일이었다. 환등기, OHP, 실물화상기를 부러워하던 교사들에게 이 셋을 단숨에 건너뛰고 바로 PC를 이용해 시청각 자료를 TV로 보여주며 수업할 수 있게 지원한 것이다.

1998년이면 우리나라가 이른바 IT혁명을 막 시작할 무렵이며, 단언컨대 당시 교사들은 우리나라에서 최첨단 정보기술에 가장 먼저 적응한 집단이 되었다. 특히 당시 20~40대 초반 교사들은 인터넷으로 얻어낸 시청각 자료를 PPT를 통해 보여줌으로써, 교실을 어둡게 하지 않고도 환등기를 사용하는 것과 다름없는 수업을 할 수 있어 열광했다. 빠른 시간 안에 PPT 활용 수업이 대세로 자리 잡았다. 시청각 자료를 생생하게 보여줄 수 있고, 똑같은 글자를 수업 시간마다 썼다 지웠다 하지 않아도 되니 당연한 선택이었다.

2024년 우리나라 학교 교실은 기자재가 넘쳐난다. 교실마다 85인치 초대형 TV나 전자칠판이 들어와 있고, 교사마다 랩톱 컴퓨터와 태블릿 PC를 보급받았으며, 심지어 학생들도 태블릿 PC나 크롬북을 받았다. 교사가 보여주고 싶은 것, 들려주고 싶은 것을 시공간의 한계 때문에 해낼 수 없던 시대는 지나가버렸다.

그런데도 새로운 기술이 또 들어온다며 곳곳에서 에듀테크 연수를 받으라고 난리다. 그런데 정작 교사들의 반응은 냉담하다. 에듀테크 강사가 되겠다며 교육부에 신청한 이른바 선도 교사들만 열정을 불태울뿐, 그 연수가 학교에 새바람을 불러일으키는 분위기는 아직 감지되지 않는다.

왜 이런 일이 일어날까? OHP와 실물화상기에 목말라했던 시절을 벌써 잊어버리고 배가 불러버린 것일까? 아니다. 이른바 첨단 에듀테크가 지금 교사들이 답답해하는 부분과 영 동떨어진 것이기 때문이다.

2024년 현재 대한민국 교사들은 테크 기기와 테크 프로그램이 부족해서 답답해하지 않는다. 필요하면 자신의 기기를 가져와서라도 어렵지 않게 수업에 활용할 수 있다. 교육청이 태블릿을 나누어주기 전에 이미 40대 이하 교사 상당수는 본인 소유의 아이패드를 수업용으로 쓰고 있었다. 오히려 당시 그들을 답답하게 만들었던 것은 와이파이 없는 교실 환경이었는데, 이제는 전 교실에 와이파이가 개통되었으니 딱히 더 바랄 것이 없다.

지금 교사들을 답답하게 만드는 것은 따로 있다. 아이들이 글을 읽지 않는다는 것, 집중력이 떨어져 1분 만에 산만해진다는 것, 문장이 아니라 단어나 어구만 구사한다는 것, 서로 눈을 마주치며 진지하게 소통하지 못한다는 것, 책임감이 희박해지고 거짓말을 쉽게 한다는 것, 학교에서 학원 숙제를 하거나 아예 엎어져 잔다는 것, 그런 아이들을 지도하면 '아동학대'라고 부모가 나댄다는 것, 그리고 사회 전체적으로 교사의 권위를 존중하지 않아 의욕이 나지 않는다는 것, 그런데 온갖 행정적인 문서질은 점점 늘어나 업무 시스템에 입력해야 하는 업무의 양은 기하급수적으로 늘어나는데, 시스템은 '지능형'이라고 이름은 붙여놓고 실제로는 '저능형'이라는 것 등등이다.

이런 것들은 테크가 부족해서 발생하는 문제가 아니다. 오히려 테크 과잉 시대의 반영이다. 그리고 정작 테크가 필요한 시스템은, 학생 하나의 수행평가를 한 번 입력하려면 클릭을 대여섯 번씩 해야 하는, 너무도 테크가 부족한 교무 행정 시스템이다.

아울러 왜 학생들에게 아이패드를 나눠주어 유튜브를 보게 만드냐며 항의하는 학부모 전화까지 받는다. 그걸 보급한 곳은 학교가 아니라 교육청이라고 떠넘길 수밖에 없다. 전자칠판이 도입되면서 온종일 초대형 모니터를 보며 수업을 받아야 해서 아이가 눈이 아프다고 한다는 민원 전화도 온다. 교육청이 그렇게 만들었다고 변명한다.

그렇다. 테크가 너무 많다. 읽어야 할 매뉴얼도 많다. 작년에 들어온 기기 사용법도 못 익혔는데 뭐가 또 들어온다고 한다. 그러면서 그걸 활용한 수업을 개발하라고 성화다. 성질도 급하다. 하지만 "이런 테크가 있으면 얼마나 수업이 재미있고 좋을까?" 교사들이 답답해하던 차에 이런 테크가 도입된 것이 아니다. 그냥 테크가 먼저 도입되더니 수업을 거기 맞추라고 윽박지르는 쪽에 가깝다. 여기에 무슨 흥미와 도전과 열정이 있을까?

에듀테크. 뭔가 순서가 잘못된 것이 아닐까? 정작 중요한 것을 잊고 있는 것이 아닐까? 마구 기기들을 들여오기 전에 교실에서 교사가 답답해하는 것이 무엇인지 알아보고, 그것을 테크로 해결할 방법을 연구하는 게 먼저 이루어졌어야 할 일 아닐까? 지금 유행하는 기술을 마구 학교에 쏟아붓기 전에. (2024. 8.)

인공지능시대의
교사와 에듀테크

현재 우리나라의 가장 뜨거운 쟁점 혹은 문제는 저출산 고령화, 그리고 인공지능을 포함해 신기술과 관련된 N차 산업혁명이다. 저출산 고령화는 경제의 지속 가능성을 묻고, 산업혁명은 미래 먹거리를 찾는다. 이게 공교육에도 그대로 쏟아져 내려왔다. 학생 수가 급감하는 시대, 학생 한 사람 한 사람을 아껴야 하는 시대(그런데 교사 한 사람 한 사람은 아끼지 않는다.), 1학생 1기기 식으로 쏟아져 내려오는 각종 에듀테크의 시대다.

그런데 이 두 가지 쟁점이 전혀 다른 맥락에서 등장한 화두처럼 보이지만 실제로는 결국 하나로 집결되는 이슈임을 대부분 간파하지 못한다. 그 증거 중 하나가 무려 국가교육위원에 거론되는 어느 보수 유튜버가 한 망언, "교사들은 월급 벌레다. 에듀테크가 훨씬 낫다."라는 말에 반영되어 있다. 이게 꼭 보수만의 문제는 아닐 것이다. 진보라는 분들 역시 교사보다는 인터넷 강의(인강)를 믿는다. "공부를 누가 학교에서 하냐." 따위의 망언을 서슴지 않았던 사람들이다. 눈부시게 발달한 컴퓨터 인공지능이 교사를 대신해 학생을 가르칠 수 있다고 믿는 사람들도 의외로 많다. 심지어 교육 당국에서도 인공지능을 이용해 학습 부진 학생을 구원해주겠노라 공언했다.

하지만 에듀테크는 그런 배경에서 도입되는 것이 아니다. 학생 한 사람 한 사람을 소중히 여겨야 하는 교육에서 정서적인 교감과 유대를 기대하기 어려운 에듀테크에 교육을 맡겨버린다는 것은 무모한 발상이다. 심지어 코로나19 시기에 유초등학교를 다닌 아이들이 선생님 얼굴을 1/3 정도만 보며 3년을 보낸 결과, 학습과 정서 장애 가능성이 커졌다는 연구 결과도 있다. 교사 얼굴을 마스크로 가려도 이러한 판에, 교사 대신 모니터가 교육을 대신할 수 있다고? 공상에 불과하다.

그럼 제대로 된 에듀테크의 역할은 무엇일까? 기술이 교육을 하는 것이 아니라 교사가 교육에 전념하도록 하는 것이다. 교육이라는 행위는 단일한 행위가 아니다. 교육은 여러 행위가 복합되어 이루어지는 과정이다. 이 행위에는 살아 있는 인간 교사가 담당해야만 하는 부분이 있고, 인공지능이나 다른 기계가 대신할 수 있는 부분이 있다. 인공지능이 대신할 수 있는 부분은 '지능'이라는 용어와는 달리 지능이 덜 필요한 영역이다.

교육은 기록을 남긴다. 이 기록을 분류하고 정리하는 일은 특별한 창의성이 요구되지 않지만, 많은 교사가 이 업무에 엄청난 시간을 빼앗기고 있다. 이런 영역은 사람보다 인공지능이 훨씬 잘할 수 있는 부분

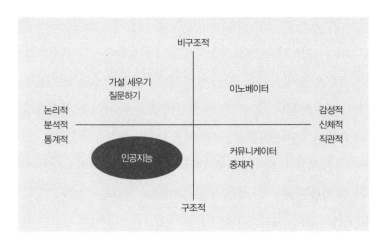

비구조적

가설 세우기
질문하기

이노베이터

논리적
분석적
통계적

감성적
신체적
직관적

인공지능

커뮤니케이터
중재자

구조적

• 사람이 하는 일의 네 유형

이다. 이 영역에서 인공지능의 도움을 받을 수 있다면 교사는 그 결과물의 기록, 분류, 보고 등에 신경 쓰지 않고 수업에 전념할 수 있다. 또 수많은 각종 행정 사무 역시 인공지능이 훨씬 잘할 수 있다.

그렇다면 어떤 부분이 인간 교사가 담당해야 하는 부분일까? 이를 확인하기 위해서는 사람이 지금까지 해오던 노동을 두 개의 축으로 분석하는 방법이 도움을 준다. 물론 분석을 위한 일종의 이념형이지, 모든 교육이 그렇다는 것은 아니다.

사람이 하는 일은 위와 같이 수직, 수평 네 차원으로 분류할 수 있다. 수직선은 미리 업무의 절차와 규칙이 정해져 있는지, 아니면 비정형적인지 표시한다. 수평선은 업무가 논리적, 분석적인지, 감성적, 직관적인지 표시한다. 이 두 선을 교차시켜 네 가지 유형으로 일을 분류할 수 있다. 주의할 점은 이 네 유형은 직업을 분류하는 것이 아니라는 점이다. 한 직업 안에 이 네 유형의 업무가 다 포함되어 있다. 교사를 예로 들면 교사가 하는 일을 이렇게 네 유형으로 분류할 수 있다는 뜻이다.

이 중 업무의 성격이 논리적, 분석적이고 절차와 규정이 명확한 것은 인공지능이 사람을 능가할 수 있다. 실제로 사람이 가장 지겨워하고 힘들어하는 영역이다. 사람은 기본적으로 반복되는 일에 맞춰져 있지 않고, 반복적이고 규칙적인 일은 산업혁명 이후 기계의 리듬에 사람을 끼워 맞추면서 나왔다. 그 이전에 사람은 불규칙적인 리듬으로 기분에 맞춰 일했다. 하지만 점점 구하기도 어려워지는 소중한 일꾼이 지겨운 작업을 하다가 신물을 내면 큰일이다. 이런 유형의 일을 인공지능에 맡김으로써 소중한 인력을 더 가치 있는 영역에 투입해야 한다.

안타깝게도 현재 대한민국 교사들은 인공지능에 맡기면 훨씬 빠르고 정확하게 끝날 온갖 종류의 따분한 공문서 처리와 숫자 끼워 맞추기, 각종 보고, 통계 작성에 공강 시간을 몽땅 털어 넣고 수업 시간마저 방해받고 있다. 하지만 이런 업무를 인공지능이 수행하게 되면 교장, 교감 두 사람이 모든 행정 사무를 클릭 몇 번으로 관리할 수 있게 되고(달리 말하면 인공지능 도구를 다루지 못하는 교장, 교감은 퇴출되어야 한다.) 교사는 수업에 전념할 수 있게 될 것이다. 그럼 조만간 우리나라도 곧 현실로 다가올 젊은이의 교직 기피 현상(불가능해 보이는가? 머지않았다.)도 막을 수 있다.

사람의 일은 어떤 유형의 것일까? 논리적, 분석적이지만 틀에 얽매이지 않는 일, 바로 가설을 세우고 문제제기를 하는 유형의 일이다. 가설과 문제제기는 창의적이고 자유로운 일이지만 이를 위해서는 상당한 수준의 논리적, 분석적, 수학적 능력이 필요하다. 한편 규정과 절차에 매이지만 감성적, 직관적인 일은 상담(커뮤니케이션), 중재 같은 유형의 일이다. 인공지능은 감정이 없기 때문에 이런 일을 제대로 할 수 없다.

현재 사람이 수행하는 업무를 분석해서 인공지능에 적합한 부분을 추출해 이를 넘기는 과정이 필요하다. 가령 교사는 앞에서 말한 각종 출결 관리, 문서 작업, 보고 업무, 성적 처리를 인공지능에 쿨하게 넘기고, 프로젝트 수업, 문제 기반 학습 등의 출발점이 되는 질문과 문제를 발견하는 일, 학생들 간의 관계를 조정하고 상담하는 일, 보다 흥미롭고 혁신적인 수업을 구상하는 일에 시간을 쏟아야 한다. 그런데 교육당국은 인공지능이 해도 될 일을 점점 더 복잡하고 힘들게 만들어 교사에게 강요하면서 혁신하라, 공감하라, 상담하라, 문제 기반 학습을 하라, 떠들어대고 있다. 무식하거나 아니면 가학성애자이거나 혹은 둘 다임에 틀림이 없다. 그러고보면 교육부 관료가 하는 일이 딱 인공지능에 맡기면 잘할 일들이다.

애플이 시도하는 교육

다른 빅테크와 달리 애플은 21세기 교육 연구 프로젝트를 지원하는 것에 그치지 않고, 직접 연구를 수행하기도 했다. 애플의 프로젝트 ACT21 Apple Classroom Tomorrow 21은 아이패드와 맥북을 제공받은 학교 교사와 교육학자, 그리고 애플 교육 팀이 하나의 연구 공동체를 이루는 방식으로 진행되었다. 이 성과를 모아 애플은 '도전기반학습'이라는

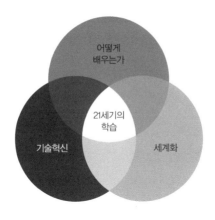

• 애플 교육학 모델

교육 모델까지 개발했다. 이를 '애플 교육학'이라 불러도 무리는 없을 것이다.

애플 교육학은 기본적으로 듀이 교육학을 기반으로 한다. 따라서 교육은 학생이 환경에 적응할 수 있도록 하며, 환경의 변화는 교육의 변화를 요구한다. 21세기는 엄청난 변화가 일어나는 시기다. 그 변화는 크게 기술혁신, 학습 방법의 변화, 그리고 세계화다. 이 세 가지 큰 변화의 교점에서 21세기 교육의 성격이 결정된다.

이 셋은 서로 연관되어 있다. 기술혁신은 IT혁명, 네트워크 사회, 인공지능 같은 신기술의 보편화를 의미한다. 이러한 신기술은 두 가지 큰 변화를 가져온다. 하나는 누구나 지식과 정보에 접근할 수 있게 되었다는 것, 즉 과거 도서관 수준의 지식과 정보를 개인의 정보 기기에 저장하고 접속할 수 있다는 것이다. 다른 하나는 사람, 기관, 기계 사이에 시간과 공간의 제약이 사라지고 수많은 일이 실시간으로 일어나고 공유

될 수 있다는 것이다.

이것은 자연스럽게 학습 방법의 변화로 이어진다. 선생이 지식의 원천으로서 학생에게 자신의 머릿속에 있는 것을 전수transfer하는 방법의 중요성이 떨어지게 되었다. 하지만 이것을 과장해서는 안 된다. 선생이 학생에게 무엇인가 전수하는 일은 앞으로도 교육에서 가장 중요한 방법으로 남아 있을 것이다. 다만 무엇을 전수하느냐가 달라진다. 과거에는 지식과 정보를 직접 전수했다면 이제는 그것에 접근하고 활용하는 방법과 노하우를 전수하는 것이다. 즉, 메타 학습 수준에서의 교육이 중요해진다. 지식과 정보는 이미 무궁무진하게 제공되고 언제든지 접근할 수 있다. 하지만 너무 많은 지식과 정보의 바다는 이를 적절히 활용할 줄 모르는 사람에게는 오히려 아무것도 없는 것이나 마찬가지다. 원하는 정보를 얻고자 할 때 어떤 검색어를 입력하느냐에 따라 결과를 찾아내는 시간이 엄청나게 달라진다.

기술과 혁신은 학생과 세상의 관계를 바꾼다. 과거에 학생은 세상에 나가기 위해 준비하는 사람이었다. 실천교육을 강조한 듀이조차 그 실천의 범위를 학교, 가정, 그리고 지역사회 이상으로 잡을 수 없었다. 하지만 21세기의 학생은 학습 과정에서 온 세계와 연결되어 있다. 무선 인터넷이 가능한 교실에서 스마트폰이나 태블릿 컴퓨터를 잡고 있는 순간, 이미 세계와 연결된 것이다. 21세기 학생은 교실에서 생각해낸 아이디어를 실제 지방자치단체나 정부에 그 자리에서 제안할 수 있다. 다른 나라 학생과 하나의 주제와 문제를 두고 학습공동체를 만들어, 이를 전 지구적 실천으로 이어나가는 것도 가능하다.

이것이 다시 기술과 혁신에 대한 이해와 숙달, 나아가 새로운 기술과 혁신 그 자체를 요구한다. 정보의 바다를 자유자재로 활용하고, 전 세계를 무대로 학습하고 실천하기 위해서는 IT기기를 능숙하게 다루고, 필요하면 새로 개발할 수 있는 능력이 필요하다. 더 나은 기술, 더 효과적인 도구를 요구하기 때문이다. 이것이 바로 애플이 주장하는 21세기 학생의 학습 환경이다. 구글, 마이크로소프트 등 다른 빅테크 보고서도 크게 다르지 않다. 또한 이는 OECD가 말한 패러다임 변환과도 맥을 같이한다.

그렇다면 이렇게 변화된 환경에 따라 학생들에게는 어떤 교육이 제공되어야 할까? 이를 애플은 여섯 가지 조건으로 제시했다. 그 교육은 1) 24시간 도구와 자원에 접근 가능하고, 2) 창조적이고 혁신적인 문화 안에 있어야 하고, 3) 사회적·정서적 관계가 제공되어야 하고, 4) 평가가 정보를 제공할 수 있어야 하고, 5) 적절한 응용 교육과정이라야 하고, 6) 그래서 21세기가 요구하는 기능을 산출해야 한다. 어느 모로 보나 우리에게 익숙한 학교 체제로는 감당하기 어려운 일이다. 하지만 그렇다고 학교가 전혀 감당하지 못할 일도 아니다. 오늘날 학교는 사회적·정서적 연결을 제공할 수 있고, 교사들은 적절한 교육과정과 정보를 제공하는 평가를 수행할 수 있다. 그렇다면 여기에 21세기의 과학기술이 만들어낸 도구들이 적절히 결합한다면 이 여섯 가지 조건을 모두 갖춘 교육 환경을 학생에게 제공할 수 있다.

바로 이 부분이 애플이 교육에 진출할 때의 강점이다. 대체로 빅테크 집단이 교육에 진출할 때는 자신들의 신기술, 자신들이 세상을 바꾸

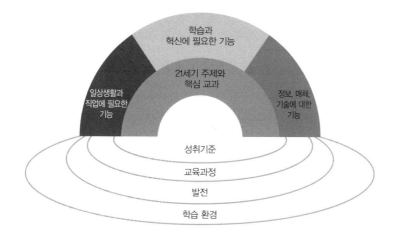

• 애플의 21세기 교육 지원 시스템

고 있다는 자신감에 기존의 교육, 기존의 학교와 교사를 쉽게 폄훼한다. 즉, 기존의 학교는 낡았고 근본적으로 바뀌어야 한다는 식의 발언을 쉽게 한다. 그런 시도와 실험은 대부분 실패로 끝났다. 구글은 야심차게 시작한 스쿨의 문을 닫았다. 하지만 애플은 그런 식으로 접근하지 않는다. 오히려 기존 학교와 협업할 경우, 21세기가 요구하는 교육을 훌륭히 완수할 수 있다고 제안한다. 즉, 애플은 기존의 교육과 학교를 대체할 무엇을 만들겠다는 것이 아니라, 기존의 학교에 새로운 도구와 솔루션을 결합해 함께 연구하자고 제안한다. 이런 식으로 애플은 협력하는 학교, 교사, 교육학자 수를 늘려나가고 있고, 연구공동체가 점점커졌으며 다양한 교육 경험과 연구를 축적하고 있다.

이런 관점에서 애플은 21세기 학생의 성취와 지원 체계를 이렇게 제시했다. 맨 안쪽에는 21세기 주제와 핵심 교과가 자리 잡으며, 이를 바탕으로 하는 성취기준이 자리 잡는다. 언어, 수학, 과학, 사회 같은 기존의 핵심 교과에 21세기가 요구하는 주제를 보태어 교육과정을 편성하자는 것이다. 단, 이 교과와 주제는 일상생활과 직업에 필요한 기능, 학습과 혁신에 필요한 기능, 정보, 매체, 기술에 대한 기능이라는 세 영역의 메타와 관련되어야 한다. 각 성취기준을 이 메타와 연관지어 진술할 경우, 이것이 교육목표가 될 것이며, 이에 따라 교과와 학습 내용을 배열하면 교육과정이 된다. 이러한 교육이 가능하기 위해서는 교사를 비롯한 교육 참여자의 새로운 전문성 개발, 그리고 이를 가능하게 하는 학습 환경이 필요하다. 바로 이 영역에서 애플이 21세기 교육을 지원할 수 있다.

이런 식으로 전 세계에서 애플의 지원을 받은 학교와 교육구가 늘어나고 있다. 이들은 애플과의 협력 속에서 변화된 환경과 새로운 조건을 충족시키는 학습모형을 개발했다. 바로 도전기반학습Change Based Learning이다. 단지 수업 방법이 아니라, 학교 교육과정 편성과 운영의 기본 원리다. 이 학습 방법을 적용하려면 학교의 체제 자체가 지금과 상당히 달라져야 하기 때문이다.

사실 이는 하늘 아래 새로운 것이 아니라 듀이의 문제기반학습PBL을 21세기의 교육목표에 맞춰 발전시킨 것이다. 실제로 애플 협력 교육자들은 스스로 자신들의 모델이 듀이에서 비롯되었음을 강조한다. 하지만 중요한 차이가 몇 가지 있다.

우선 학습의 동기로서 문제와 도전의 차이다. 문제는 해결해야 할 어떤 상황, 기존의 습관화된 방법과 절차로 해결되지 않는 상황을 말한다. 하지만 도전은 이보다 적극적인 의미를 가진다. 설사 현재 문제가 전혀 없더라도 "이보다 더 좋은 방법은 없는 걸까?"라는 물음도 충분히 동기가 되며, 이는 학생에게 새로운 도전이 된다. 문제기반학습은 환경의 지속적인 변화를 전제하고, 여기에 개인과 공동체가 적응하기 위해서는 끊임없는 문제해결 과정이 필요하다는 전제에서 출발한다. 하지만 도전기반학습은 문제가 없더라도 환경을 더 좋게 바꿀 수도 있다는, 혹은 더 아름답게 만들 수도 있다는 적극적이고 능동적인 전제에서 출발한다.

다음은 학습과정과 결과 적용의 대상 범위다. 도전기반학습은 발전된 도구와 기술을 반영해 전 지구 차원의 문제까지 동기화의 기반으로 삼는다. 또한 국가, 국제사회 차원의 실천까지 목표로 한다.

도전기반학습은 크게 적극관여engage, 조사investigate, 실행act 이렇게 세 요소로 이루어져 있다. 적극관여는 질문하고 상상하고 도전하는 과정으로 동기화 단계에 해당한다. 주목할 부분은 그냥 아이디어가 아니라 빅 아이디어를 출발점으로 삼는다는 것이다. 문제의 발견이 아니다. 빅 아이디어는 아직 구체적이거나 정교할 필요가 없는 개략적인 발상이다. 따라서 어떤 문제에서 비롯된 아이디어일 수도 있지만, 몽상에 가까운 아이디어일 수도 있다. 사실 인류 역사를 바꾸어놓은 위대한 발명과 업적은 대개 몽상에 가까운 빅 아이디어에서 출발했다. 교사는 학생의 빅 아이디어를 일단 긍정하되, 점점 구체적인 핵심 질문을 끌어냄으로써 실행 가능한 도전으로 바꾸어나갈 수 있도록 격려하고 지원해야 한다. 실행 가능한 도전이 되면 이를 위한 조사에 들어간다. 학생들

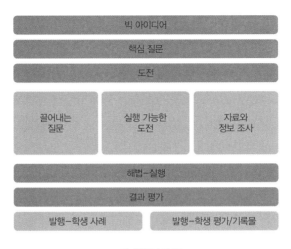

빅 아이디어
핵심 질문
도전
끌어내는 질문 / 실행 가능한 도전 / 자료와 정보 조사
해법–실행
결과 평가
발행–학생 사례 / 발행–학생 평가/기록물

• 도전기반학습의 구조

은 도전을 완수하고 해법을 세우는 데 필요한 기반을 만드는 작업에 몰두한다. 필요한 지식과 정보를 찾고, 자료를 조사하고 계획을 세운 뒤 실행 가능한 해법을 도출한다. 해법은 실제 청중 앞에서 구현되어야 하며 그 결과를 평가해야 한다. 여기서 실제 청중이란 오프라인에서 실제 사람들 앞에서 발표한다는 의미가 아니라, 그 도전이 실제로 적용되는 영역에서 진실성을 가진 사람들을 의미한다.

이 과정을 더 조직적인 다이어그램으로 그리면 위와 같다. 도전기반학습은 빅 아이디어에서 출발해 이를 해볼 만한 도전으로 구체화하고, 여기에 따라 실제 자료와 정보를 수집하고 해법을 도출한 뒤 이를 실행에 옮기고 결과를 평가하는 과정이다. 그리고 그 결과는 기록물로 발행되고 공유되어 이후 실행의 자료가 된다.

그동안 교육혁신을 주장하는 각종 연수와 강연은 한결같이 수업을 바꾸어야 한다, 교사가 달라져야 한다고 강변했다. 하지만 이러한 도전 기반학습이 실행되려면 교사 개개인의 변화보다 학교 자체가 바뀌어야 한다. 현재의 학교 체제와 조건에서는 거의 불가능하기 때문이다. 앞으로 학교는 어떻게 바뀌어야 할까?

인공지능 디지털 교과서, 찬성과 반대 그 사이

이제 나는 교육 이야기는 회고록 종류가 아니면 자제하는 편이다. 특히 교육 현안에 대해서는 가능한 한 언급하지 않는다. 이제 한 학기만 지나면 현직에서 떠날 입장이며, 떠난 다음에는 교육이 아닌 완전히 다른 분야에서 일할 것이기 때문이다. 하지만 요즘 교육계만 뒤흔들고 있는(국민도 정치권도 관심이 없다.) 인공지능 디지털 교과서AIDT에 대해서는 말을 안 할 수가 없다. 너무 엉망이고 사기성이 농후하기 때문이다.

먼저 확실히 하자. 나는 디지털이니 인공지능이니, 하여간 새로운 기술에 부정적이지 않다. 또 '얼리 어댑터'라 불릴 정도로 새로운 기술을 빨리 익히는 편이다. 그러니 50대 중반이라는 나이만 가지고 러다이트니 뭐니 예단하지 않기 바란다. 아마 AIDT 어쩌고 하며 공문 보내고 정책 추진하는 교육부 관료들의 디지털 소양은 나의 1/10에도 미치지 못할 것이며, 이 글을 읽는 독자의 2/3 이상도 디지털 소양이 나를 넘어서기 어려울 것이라고 감히 말한다.

그런데도 나는 인공지능 디지털 교과서에 대해 부정적이다. 그리고 이 AIDT에 대해 교육부가 선전하는 미사여구 대부분이 사기성 발언이라고 생각한다. 알고 치는 거짓말이 아니니, 엄밀히 말하면 사기조차 안 되는 발언이다. 한마디로 '아무 말'이다.

물론 AIDT가 발휘할 수 있는 장점은 분명히 있다. 하지만 그게 꼭 교과서일 이유는 없고, 더군다나 학습 과정에 직접 개입할 이유도 없다. 사실 인공지능 디지털 교과서라고 하는 순간, 이는 인공지능 디지털의 장점을 오히려 상쇄하는 것이다. 교육에서 인공지능 디지털이 도입되어야 한다면, 그 까닭은 서책형 교과서의 물리적 한계를 넘어 넓은 세계에 접속하고 자료를 수집하여 처리할 수 있기 때문이다. 그런데 학습 내용을 미리 저장해 놓고, 정해진 코스웨어를 통해 학습을 수행하고, 정해진 틀에 따라 체크하고 피드백하고 기록하고 저장한다면 이는 단지 '종이를 사용하지 않는 교과서'에 불과하다. 학생들은 인공지능 디지털 기기로 교육을 받았는데도 인공지능과 함께 일하는 방법을 익히지 못할 것이다.

더구나 디지털 교과서를 인공지능처럼 소개하는 것부터 틀려먹었다. 굳이 따지면 2세대 인공지능까지는 어떻게 우겨볼 수 있다. 하지만 통상 인공지능이라고 말할 때 의미하는 3세대 인공지능, 그리고 거대언어모델LLM 수준은 절대 가능하지 않다. 그게 가능하려면 디지털 교과서 단말기를 온디바이스on-device (기기에 탑재된 AI) 인공지능처럼 만들어서 제공하거나, 아니면 클라우드로 작동하게 해 스마트폰이나 태블릿, 크롬북 등에서 접속하여 활용하도록 해야 한다.

일단 온디바이스 인공지능은 턱도 없는 소리니 제끼자. 천하의 애플도 이제야 겨우, 그것도 아이폰 15 프로 이상에서만 구현한다. 그런 수준의 단말기를 학생들에게 나누어주겠다? 그럴 리가 없다. 그런 기술도 없다. 현재 수준에서 가능한 온디바이스 인공지능은 약한 수준의 것, 가령 수준별로 4배수 정도의 문항을 탑재해 학생 수준에 따라 다음 문항부터 등급이 올라가거나 내려가는 식의 기능 정도일 것이다. 그런데 이 정도 수준이라면 이 난리를 치지 않아도 이미 얼마든지 나와 있는 것들이며, 기존 모바일 기기에 앱만 깔아도 활용할 수 있다.

교육부의 장밋빛 청사진처럼 인공지능이 학생 개개인과 상호작용하면서 학생의 학습에 대해 학습해 학생 수준에 맞는 최적화된 학습 솔루션을 찾아주는 레벨이 되려면 개별 단말기로는 불가능하다. 곧 발매될 최신형 아이폰의 최상급 레벨로도 안 된다. 그래서 애플이 아이클라우드를 거쳤다 오는 방식을 쓰겠다는 것이며, 그 과정에서 발생할 개인정보 유출에 대해 안심하라고 계속 강조하는 것이다. 챗GPT를 운영하는 오픈AI도 버는 돈 대부분을 마이크로소프트에 빌려 쓰는 클라우드 비용으로 다 바치고 있는 실정이다.

교육부나 교육청에 이런 방대한 클라우드 컴퓨팅 인프라가 있기나 하나? 그럴 예산이나 있나? 웹하드 조금 손본 것을 클라우드라고 우기면서 그것도 지능형이라고 이름만 붙이는 교육청에서? 학기 말만 되면 서버에 과부하가 걸려 생활기록부 입력도 힘든 시스템을 자랑하는 교육청에서? 무엇보다 이렇게 클라우드로 드나드는 학생 개인의 신상정보와 학습과 관련한 민감한 정보를 지킬 자신은 있나? 정보 유출은 엄금한다는 공문 뿌리는 것 외에, 책임을 학교에 떠넘기는 것 외에 무슨 대책이라도 있나? 또 데이터센터는 어떻게 하고? 학생 한 사람의 학습

데이터만으로도 엄청난 용량이 필요한데, 전국 모든 학생의 학습 데이터가 누적되고 분석되는 어마어마한 데이터센터와 그 전기요금은 준비되어 있나?

무엇보다 학생 각각의 학습 상황, 성향, 수준 등등을 학습하여 거기 맞는 개별화 학습 과정을 제공하는 그런 인공지능 프로그램을 개발할 기술이 우리나라에 있을까? 만약 있다면 박수 치고 기뻐할 것이다. 조국의 미래가 밝으니 말이다. 하지만 네이버 웨일북을 보면 바로 답 나온다. 그런 기술이 있으면 웨일북이 크롬북을 발라버리지 않았을까? 그나마 네이버는 현재로서는 우리나라 인공지능 개발 분야에서는 원톱인 회사다. 그 밖에는 삼성SDI, SK텔레콤 정도랄까?

그런데 교육부가 그리는 인공지능 디지털 교과서의 장밋빛 청사진을 보면 이미 구글, 마이크로소프트, 애플의 수준을 아득하게 넘어서 있다. 무슨 판타지라도 찍나? 심지어 막상 입찰에 들어가면 저 세 회사는 물론 네이버, 삼성SDI, SK텔레콤도 중소기업 우선 원칙에 따라 탈락될 것이 뻔하지 않은가? 혹은 저 회사들 중 하나가 선정되면 무슨 특혜 논란으로 난리가 날 텐데? 지능형이라고 이름 지어놓고 저능형이라고 비웃음받는 차세대 NEIS 꼴이나 안 나면 다행이다.

학교에 인공지능을 도입하는 사업에서는 유감스럽게도 중국이 우리보다 훨씬 정확하게 개념을 잡고 바른 방향으로 가고 있다. 중국이 학교에 도입한 인공지능 시스템은 학생을 가르치지 않는다. 가르치는 것은 당연히 교사가 할 일이다. 그 대신 학습 전후의 여러 허드렛일을 인공지능이 담당한다. 가령 1차 채점, 성적 산출, 각종 과제물 점검, 성적표 작성 같은 일들 말이다. 간단히 말하면 교사의 업무 중에서 이른바 잡무를 인공지능으로 돌리고 교사는 교육에 전념하게 만든 것이다.

제대로 잡은 방향이며, 인공지능의 특징과 한계를 정확하게 파악한 정책이다. 인공지능이 할 수 있는 일, 가장 잘할 수 있는 일이 바로 그런 수준의 일이기 때문이다. 중국만도 못한 인공지능 소양을 가진 우리나라 교육부, 교육청이 한심하고 안쓰럽다.

인공지능 디지털 교육. 문득 이름도 마음에 안 든다. 디지털이 왜 뒤에 붙어야 하는지도 모르겠다. 인공지능이 디지털 아닌 것도 있나? 하여간 말 만들어내는 것 좋아하는 장학사 냄새가 풀풀 난다. 어쨌든 이것을 시행하는 데 난 반대하지 않는다.

하지만 그럴 만한 준비가 되어 있는지 점검하고, 준비를 갖춘 후에 하라고 말하고 싶다. 할 수 있는 것과 없는 것을 명확히 하고 로드맵을 짜서 하라고 말이다. 3세대 인공지능과 LLM 기능과 한계를 명확히 인지하고 거기 맞는 방향으로 해야 할 것이다. (2024. 9.)

사람 구하기 쉬운 시대에서
사람 구하기 힘든 시대의 교육으로

아무나 교육 패러다임, 교육대전환을 들먹이는 시대다. 그런데 이상하다. 정작 교육 패러다임이 완전히 바뀌어야 하는 이유에 대해서는 잘 말하지 않는다. 무엇보다도 가장 근본적인 물음에 대해 답하지 않는다. 그 물음은 바로 이것이다.

교육은 꼭 바뀌어야 하나?

지금은 대다수가 교육은 당연히 바뀌어야 하며 그것도 혁명적으로 바뀌어야 한다고 전제하고 말하는 것 같다. 심지어 공교육 수장까지 나서서 혁명을 들먹인다. 하지만 교육은 혁명과 상극이다. 오히려 교육은 혁명을 예방하는 수단이며, 혁명이라는 비극이 일어나기 전에 문제를 해결하는 유일한 방법이기도 하다. 교육은 기본적으로 점진적인 변화 과정이다. 더구나 교육의 제1 목적은 보존과 전수다.

물론 교육이 세상을 바꾸기도 하지만 이는 어디까지나 보존과 전수를 하는 바탕 위에서의 일이지, 처음부터 교육이 작정하고 세상을 바꾸자고 나서는 것이 아니다. 그런 성급한 마음으로 나서면 교육이 아니라 세뇌가 되기 쉽다.

그러니 대뜸 교육이 문제다, 교육이 바뀌어야 한다고 떠드는 무리를 경계해야 한다. 교육은 오직 다음 세 가지 경우에만 변화의 요구를 강하게 받는다.

학습자 조건의 변화

교육은 누가 배우는가에 따라 달라진다. 신분제 사회에서는 학습자의 조건에서 말이나 배우고 기초적인 앞가림이나 할 수 있으면 되는 신분과, 고도의 인문학적 소양을 갖춰야 하는 신분이 구별되었다. 물론 신분별로 다른 교육이 이루어졌다. 그런데 신분제가 폐지되고 모두가 시민이 되는 사회가 되면서 당연히 교육도 바뀌었다. 개발도상국의 학생과 선진국의 학생 역시 조건이 다르다. 만약 개발도상국이 선진국이 되었다면 그 과정에서 유효했던 교육이 더는 유효하지 않은 교육이 될 수 있다.

교육자 조건의 변화

이는 교육자(주로 교사)의 철학과 기술과 관련된 조건이다. 어느 사회나 주류 철학이 있기 마련이며 교육도 마찬가지다. 만약 한 시대를 풍미했던 교육철학이 쇠퇴하고 새로운 교육철학, 교육관이 등장한다면 교육자는 당연히 이를 적용하려는 욕구를 가진다. 만약 새로운 교육철학, 교육관이 교육자 사회에서 폭넓은 동의를 얻어 하나의 주된 흐름이 된다면 이는 기존의 교육을 바꾸자는 시도로 이어질 수밖에 없다. 새로운 교수법, 교구, 교재 등장 역시 교육자 조건의 중요한 변화 요인이다. 교실에 와이파이가 있고 없고에 따라, 학생들이 모바일 기기를 사용할 수 있고 없고에 따라, 연극의 교육적 활용 방법이 있고 없고에 따라 교육은 매우 다른 모습을 보여줄 것이다.

환경의 변화

교육의 가장 근본적인 목적은 한 세대가 환경에 적응해 살아남는 과정에서 획득한 지식과 기능을 전수하는 것이다. 하지만 환경에 큰 변화가 일어나 그 지식과 기능이 새로운 환경에 적응해 살아남는 데 별 도움이 되지 않는다면 그 교육의 가치는 크게 떨어질 수밖에 없다. 따라서 학습자가 장차 살아가야 할 환경이 큰 폭으로 바뀐다면 교육에 큰 폭의 변화를 요구할 수밖에 없다. 환경의 변화는 자연적 조건의 변화일 수도, 사회적 조건, 경제적 조건, 문화적 조건의 변화일 수도 있다. 농경 사회와 산업사회의 교육은 달라야 한다. 사회 구성원이 동의하고 공유하는 인간관, 인생관, 행복관의 변화 역시 교육의 변화를 요구한다. 돈을 많이 버는 것이 인생의 성공이며 행복의 근본 조건이라는 합의가 이루어진 사회라면, 교육 역시 실용적이고 산업에 직접 기여하는 방식으로 이루어져야 할 것이다. 하지만 친밀 관계, 가족 관계 속에서 얻는 행복이 중요하다고 합의한 사회라면 교육 역시 지식과 기능의 습득보다는 다양한 공동체 경험을 중심으로 이루어질 것이다.

따라서 한국 교육이 변해야 한다, 대전환이다, 교실혁명이다, 이렇게 말하려면 먼저 이 세 조건에 대해 충분히 정당성 있는 주장을 펼쳐야 한다. 한국 학생은 과거와 어떻게 달라졌는가? 한국 교사는 과거와 어떻게 달라졌는가? 과거와 다른 어떤 교육철학, 교육학, 교육법이 등장했는가? 그리고 2024년에는 교육을 근본적으로 바꾸어야 할 어떤 중대한 환경 변화가 일어나고 있는가? 이런 질문을 해야 한다. 그다음 비로소 이런 조건의 변화에 응답하기 위해 한국 교육은 어떻게 달라져야 하는가, 논의되어야 한다.

이제 다시 물어보자. 패러다임 전환, 대전환, 혁명이란 말까지 나올 정도라면 뭔가 근본적인 변화를 요구한다는 뜻인데, 그럼 저 세 조건에서 어마어마한 변화가 일어났다는 뜻이다. 교육대전환, 교육혁명을 주장하는 분들이 답할 문제다. 뭐가 그렇게 엄청나게 달라졌는데?

세 조건 중 우선 학습자 조건의 변화를 세부적으로 살펴보자. 학습자의 조건이 달라졌는데도 교육이 바뀌지 않는다면 겉보기로는 교육이 이루어지는 것처럼 보이더라도 실제로는 교육이 이루어지지 않는 현상이 나타난다. 이미 교육 일상에서 많이 보고 있다.

학년제와 학생의 불일치

20년 전 초등학교 4학년과 지금의 초등학교 4학년은 몸도 마음도 완전히 다른 아이들이다. 20년 전에 중2병, 집단 괴롭힘, 교실붕괴 등 온갖 무시무시한 말을 양산하게 한 '중학교 2학년'은 오늘날에는 믿기 어려울 정도로 안정적이고 어른스럽다. 물론 상대적으로 그렇다는 말이다. 오히려 과거 중학교 2학년을 상징하던 수많은 어려움은 순식간에 초등학교 6학년으로, 아니 3, 4학년으로 내려가버렸다. 이쯤 되면 100년 이상 이어져 온 학년제와 학교급제가 더 이상 요즘 아이들의 성장 속도, 발달 특성과 맞지 않는다고 봐야 한다. 유아기, 아동기, 청소년기 등의 기준도 재검토해야 한다. 미국처럼 학교급을 4 - 4 - 4제로 뜯어고치는 것도 고려해야 한다.

예를 들면(어디까지나 예일 뿐이니 태클은 사절한다.) 유치원을 말뿐만이 아니라 진정한 유아학교로 개편해 과거 초등학교 저학년 수준의 교육을 담당하게 하고, 초등학교를 4년으로 단축해 초등 고학년으로 취급해주고, 중학교를 4년으로 연장해 과거 중고등학교의 공통과정을 모두 담당하게 하고, 고등학교를 4년으로 연장해 2년은 심화 선택과 특성화 과정, 2년은 대학 혹은 실무 준비 과정으로 하는 등 상당한 발상 전환이 필요하다.

도시에 사는 아이들

학습자 조건에서 가장 크게 나타난 변화는 바로 도시화, 한발 더 나가 대도시화다. 이미 수도권 아이들, 지방 아이들의 구별이 큰 의미가 없다. 임의의 학생 두 명을 붙잡아 출신을 물어본다면 셋 중에서 둘은 수도권 출신이기 때문이다. 통계청 자료를 보면 바로 답이 나온다. 전국 시도별 초등학생 분포를 보면 부산, 대구, 대전, 광주, 울산의 학생을 모두 합쳐야 서울 학생과 비슷한 숫자가 나온다. 서울, 인천, 경기의 초등학생이 전국 초등학생의 44퍼센트가 넘는다. 여기에 수도권이나 다름없는 천안·아산권, 광역시 학생들을 다 합치면 80퍼센트 이상이 도시 아이들이다. 지방 학생들 역시 준거집단은 자신의 고향이나 지역사회가 아니라 수도권이다. 잘잘못을 따지자는 것이 아니다. 조건이 그렇다는 것이다.

선진국의 아이들

지금 교육 정책에 영향력을 행사하고 있는 60대는 개발도상국 시절에 학창 시절을 보냈다. 그때 가장 많이 들었던 말이 '중진국 도약'이라는 말이었다. 586세대는 이른바 중진국 시절에 학창 시절을 보냈다. 1988년 올림픽 당시 미국, 독일(당시 서독), 일본, 프랑스의 1인당 GDP는 우리나라의 3~4배 수준이었다. 하지만 오늘날 학생들이 태어난 대한민국의 1인당 GDP는 미국은 몰라도 독일, 일본, 프랑스 등과 별 차이가 나지 않는다. 586세대의 일본과 유럽 배낭여행은 비싼 물가와 싸우며 선진문물의 충격과 경이를 구경하는 것이었지만, 요즘 세대의 일본과 유럽 여행은 도리어 지나간 시절의 흔적을 즐기는 레트로 여행이 되었다.

더 이상 경쟁하지 않는 아이들

한국 교육의 고질병이라며 경쟁교육을 철폐하자는 주장은 진보 진영의 단골 같은 주장이다. 그 반대편에서는 경쟁교육을 너무 안 하니 아이들이 나약하고 기초학력이 부족해졌다고 아우성이다. 하지만 둘 다 틀렸다. 이 아이들은 경쟁하지 않을 것이다. 지금도 그렇고 앞으로 점점 더 그럴 것이다. 그리고 이 아이들을 경쟁시키려 해도 경쟁의 조건 자체가 점점 소멸한다. 앞으로 경쟁은 교육의 유인 동기(그것도 동기는 동기니까)로서의 힘이 점점 약해질 것이다.

물론 인간인 이상 경쟁심이 사라지지는 않겠지만, 경쟁 압력이 학생들의 자발적인 노력을 끌어내어 교육 효과를 극대화하던 그런 시기는 다시 돌아오지 않을 것이다. 더구나 이 아이들은 경쟁할 마음도 없고 그럴 필요가 없다는 것도 인지하고 있다. 그렇다고 협동심이 높아지느냐 하면 그것도 아니다. 경쟁이 사라진 자리를 차지하는 것은 협동이 아니라 휴식, 나쁘게 말하면 게으름이다. 경쟁교육에 적대적인 진보 진영이 자주 빠지는 함정이기도 하다. 경쟁이 사라진 자리에 어떤 동기를 집어넣어 이들을 학습의 장으로 끌어낼 것인가 하는 문제는 계속 고민해야 한다. 이것은 인간에 대한 폭넓고 깊은 이해를 요구한다.

교육 환경의 변화

20세기 후반까지 우리가 익숙한 인구구조는 피라미드형이었다. 피라미드형은 나이가 어릴수록 인구가 많고 나이가 많을수록 인구가 줄어드는 형태로, 사망자보다 출생자 수가 압도적으로 많기 때문에 경제활동인구(15~65세)의 폭발적인 증가가 예상되는 인구구조다. 그러던 우리나라가 2015년에는 저출산 현상이 계속되면서 역피라미드형으로 바뀌었다.

이 변화에 빨리 대처하는 것이 우리 교육에 시급한 문제다. 피라미드형 인구구조의 교육 패러다임은 한마디로 말하면 "안 되면 버리고 간다." 그리고 "버려지지 않으려면 노력해라." 이 두 마디로 압축될 수 있다.

이는 사실 효율적인 패러다임이다. 부존자원 없이 빠르게 산업사회로 진입한 우리나라는 인적 자원의 대량 투입을 통해 경제를 성장시켰다. 이 인적 자원은 그저 머릿수만 채우는 것이 아니라 충분한 교육 수준을 가진 사람들이다.

인구증가 속도가 빠르고 경제활동인구가 두터웠던 시절에는 큰 규모의 인적 자원 수요마저 인구 공급에 비해 적었다. 따라서 쏟아지는 거대한 인구는 인적 자원이라는 딱지를 받기 위해 경쟁해야 했다. 자본주의 사회에서 '인적 자원' 인증을 받지 못한다는 것은 결국 생존의 위기를 뜻하기 때문이다.

더구나 인적 자원에는 등급이 매겨졌다. 1970~1980년대의 학력 차별은 2020년대와는 비교가 되지 않을 만큼 컸다. 월급도 월급이지만 사람 취급도 달랐다. 가령 같은 어른인데도 블루칼라 노동자들은 복장 단속과 두발 단속을 받기까지 했다. 그러니 인적 자원 인증을 받기 위해, 또 더 높은 등급의 인증을 받기 위해 사활을 건 경쟁이 이루어졌다.

교육은 이 사활을 건 경쟁을 동력으로 삼아 이루어졌다. 인증을 받는 데 필요한 과제를 던져주면 학생들이 알아서 죽어라 공부해서 수준을 높이는 것이 바로 1970~1980년대의 교육 패러다임이다. 이런 패러다임에 교사 수준이 높을 필요도 없고, 학교가 많은 것을 배려할 필요도 없다. 인증받을 수준에 도달하지 못하는 학생이 나오면 그냥 버리고 가면 된다. 어차피 사람은 남는다.

이렇게 선발 효과가 교육 효과를 견인하는 패러다임이 계속 이어져 오게 되었다. 치열한 경쟁 끝에 소수의 인재를 걸러내고 나머지는 기초교육만 마친 상태에서 단순노동자로 몰아넣는 식이다. 오랫동안 우리나라를 지배했던 '공부는 혼자 하는 것' 신화가 바로 이 패러다임에 기인했다.

하지만 이제 우리가 마주하게 될 세상은 이렇게 사람이 남아도는 세상이 아니다. 이미 저소득 혹은 고강도 노동 영역부터 사람 구하기 힘들다는 말이 나오고 있다. 조만간 고소득 노동 영역도 사람 구하기 힘들어질 것이다. 그리고 이런 현상은 갈수록 심해질 가능성이 크다. 즉, 인구가 늘어나서 사람이 자리를 두고 경쟁할 세상은 다시 돌아오지 않는다. 이제는 자리가 사람을 놓고 경쟁해야 하는 세상이다.

국가 차원에서는 무척 심각한 문제다. 아무리 인구가 줄어들어도 국가가 일정 수준 이상의 생산력을 확보하고 공공복리를 보장하려면 꼭 필요한 사람이 있고, 그런 사람이 갖추어야 할 최소한의 능력, 지식, 태도가 있다. 사람이 부족하지만 아무나 집어넣을 수 없는 자리가 있기 마련이다.

문제는 경쟁할 필요가 없는 학생들에게 어떻게 동기화를 가능하게 할 것인가다. 어렵고 힘들고 수고스러운 자리에 배치 가능한 인력은 어떻게든 확보해야 하는데, 그 자리에 가기 위해 경쟁하지 않는 상황에서 엄청난 경제적 보상이 주어지는 것도 아닌데 굳이 그런 일자리를 선택하도록 할 유인 말이다.

교육 패러다임 변화와 교사 문제

이쯤 되면 교육이 바뀌어야 할 이유가 어느 정도 분명해진다. 그 변화가 지엽적인 것이 아니라 패러다임 수준이라는 것도 이해할 수 있다. 한마디로 사람 구하기 쉬운 시대의 교육에서 사람 구하기 힘든 시대의 교육으로의 전환이다. 이는 교사 1명 대 대규모 학생 집단 교육에서 교사 1명 대 학생 1명 효과에 수렴하는 교육으로 바뀌어야 한다는 뜻이다. 간단하게 집단 교육에서 공동체 교육으로의 변화라고 규정하겠다.

이는 앞으로 오히려 우수한 교사를 더 많이 필요로 한다는 뜻이다. 학생 수가 줄어드니 교사 수도 줄여야 한다는 무식한 발상을 하는 교육부가 혁명을 운운할 자격이 없다는 뜻이기도 하다. 교육부는 꾸준히 학생 수 감소에 한발 앞서 교사 정원을 축소해 왔고, 그나마 줄어든 정원을 영양 교사 등 수업과 거리가 있는 직종이 잠식했다. 그렇기 때문에 농어촌 학교를 제외하면 학생 수는 줄어드는데 학급당 인원수는 그대로이거나 오히려 늘어나는 실정이다. 여전히 집단주의 패러다임을 벗어나지 못하고 있는 것이다.

더 큰 문제가 있다. 집단 학습을 담당하는 교사와 공동체 학습을 담당하는 교사는 질적으로 다르다. 집단 학습 패러다임은 이미 주어진 교재를 효율적으로 쑤셔 넣기만 하면 된다. 만약 이 표준화된 학습에 맞지 않는 학생이 있다면 열등생의 낙인을 찍어서 버리면 된다. 그 최종 결과는 전국 단위 표준화 검사인 학력고사, 수능 등 일제시험으로 판정하면 된다. 그러나 공동체 학습은 훨씬 섬세한 과정으로 이루어져야 한다. 주어진 교재에서 벗어나는 학생이 있다면 그것이 열등하기 때문인지 아니면 또 다른 창발적 사고를 하기 때문인지도 판단해 가며 학습 전략을 수정하고 개발해야 한다. 교사는 가르치는 내용과 분야에서 최고 수준의 전문가라야 하며, 동시에 아이들의 미숙함에 초조해하거나 화내는 대신 인내심을 가지고 관찰하는 마음까지 가져야 한다. 당연히 이런 수준의 교사가 저절로 학교에 오지는 않는다.

놀랍게도 이미 김영삼 정권 시기에 이런 패러다임의 전환을 인식하고 있었다. 그래서 우수교원 확보가 우리나라의 미래를 좌우한다고 보고, 우수교원확보법이라는 입법까지 준비하고 있었다. 물론 이 과정에서 어떻게든 노력하지 않고 저절로 이득이나 취하려는 정부 관료들의 행태(돈 안 쓰고 우수교원을 확보한다고?)나 공무원 보수 규정을 움켜쥔 일반직 공무원의 해태 행위, 무엇보다도 우수교원을 확보하기 위해 제시된 유인(인센티브)이 기존의 나태한 구세대 교원에게 더 많이 돌아가게 되는 호봉승급 체계 등등의 문제가 얽혀 제대로 진행되지 못했다. 게다가 IMF 사태로 대졸자들이 선택할 수 있는 거의 최고의 직장으로 교직이

각광받자, 교육 당국은 그야말로 손 안 대고 코를 풀게 되었다. 그렇게 10여 년간 상위 5퍼센트 인재가 교사로 충원되고 있다면서 다른 나라에 자랑했다.

그런데 막상 이 인재들을 제대로 써먹을 방법도 마련하지 못했고, 이들을 계속 성장하도록 유인할 체제도 마련하지 못했다. 오히려 그나마 교직으로 인재를 끌어당기던 유인들은 점점 약해지거나 사라졌다. 다른 분야의 질투와 질시를 사회적 위화감이라 부르는 한국 특유의 현상 때문이다. 35년 기다려서 받기에는 연금은 하잘것없는 것이 되었고, 비교적 시간 사용이 자유롭고 '워라밸'(일과 삶의 균형)이 가능하다는 장점은 노무현 정부 이후 점점 무너졌다. 학교폭력법, 아동학대법의 난장판으로 학생과 인간적이고 따듯한 관계 맺기를 좋아하는 교사들이 오히려 된서리를 맞았다. 은퇴를 앞둔 교사들은 젊은이들에게 도대체 왜 교직을 선택해야 하는지 설명하기가 점점 어려워지고 있다. 교직 사회의 스테디셀러가 된 이 책의 초판에 나온 내용 또한 이미 낡은 이야기가 되어버린 것이다. 이 책에서 말하는 교직의 단점은 점점 확대되는 반면, 장점은 점점 축소되고 있으니 말이다.

사람 구하기 힘든 시대에는 당연히 사람을 더 공들여 키워야 한다. 그러니 교사도 더 공들여 모아야 한다. 그런데 사람 구하기 힘든 시대는 당연히 교사 구하기도 힘든 시대다. 과연 우리나라는 여기에 어떤 복안을 가지고 있는가?

더 적은 규모로 더 많은 교육을

사람 구하기 힘든 시대의 교육은 다수 학생의 경쟁을 통해 옥석을 가려내는 방식으로 이루어질 수 없다. 교육은 소수의 학생을 아까워해야 하며 학생 한 사람 한 사람에게 과거보다 훨씬 많은 교육적 노력을 투입해야 한다. 그런데 학생 한 사람 한 사람에게 이런 세심한 배려와 관심이 주어진다는 것은 학습이 이루어지는 단위가 가족과 유사한 친밀집단을 형성해야 한다는 뜻이다. 이는 교사와 학생 사이에 친밀한 관계, 즉 라포rapport가 형성되는 수준을 훨씬 넘어서는 것이다. 단지 우호적인 유대감뿐 아니라 실제로 서로를 세심하게 살피고 이해할 수 있는 조건이 갖춰져야 한다.

따라서 학습이 이루어지는 최소 단위인 학급의 규모, 그리고 이 학급에서 학습을 이끄는 교사와 학생 간의 안정적인 상호작용의 양과 질이 매우 중요하다. 문제는 교사는 초인이 아니라 사람이라는 것이다. 따라서 교사가 그렇게 세심하게 다룰 수 있는 학생의 수는 두뇌라는 하드웨어의 제한을 받는다. 앞서 말했듯이 영국의 인지과학자 던바는 인간의 두뇌는 최대 150명 규모의 집단까지 감당할 수 있다고 했다. 이른바 '던바의 수'다. 물론 이후 던바의 수를 반박하는 연구 결과도 많이 나왔지만, 인간이 감당할 수 있는 집단의 규모에 일정한 제한이 있다는 사실은 변함없고 다만 그 숫자만 달라졌을 뿐이다. 최근의 연구 결과를 보면 150명보다 오히려 적은 경우가 많았다.

이 숫자는 특히 중등교육에서 큰 문제가 된다. 왜 중등교사는 초등

교사처럼 학생 한 사람 한 사람을 세밀하고 개별적으로 살펴주지 못하는지 따지는 사람이 많다. 이유는 간단하다. 능력을 벗어나는 일이기 때문이다. 누구든 지인이라고 여기는 사람을 몇 사람까지 떠올릴 수 있는지 실험해보자. 실제로 저 150명이 통곡의 벽이다. 어디서 명단을 가져와서 베끼지 않는 다음에야 초대장이나 청첩장을 보낼 사람 목록을 직접 작성하려 하면 150명 채우기가 쉽지 않다. 그런데 중등교사라면?

대부분의 중등교사는 인간관계가 좁다. 초등교사에 비해 교사 네트워크마저 잘 이루어지지 않는다. 그 까닭은 간단하다. 150이라는 숫자에 여유분이 없다보니 학생이 들어갈 자리를 많이 확보하게 되면 다른 관계를 유지하기 어려울 수밖에 없다. 학급당 인원수는 15명을 상한선으로 잡아야 한다. 그래야 많게는 10학급에 들어가는 교사라도 인지 한계선에서 어떻게든 비벼볼 수 있다. 하지만 그 인원을 데리고 안정적이고 장기적인 상호작용을 계속할 기회도 마련되어야 한다. 적어도 2년간은 같은 학생들과 함께 수업할 수 있도록 고려하는 것이다. 예를 들면 현재처럼 A 교사는 1반부터 4반, B 교사는 5반부터 8반, 이런 식으로 수업을 배당하는 것이 아니라 담당 학생들을 정해서 수업을 배당하고, 이 학생들을 다음 학년에도 계속 데리고 올라가는 것이다. 물론 궁합이 맞지 않을 때는 서로 교체할 수 있도록 길을 열어두고서.

이런 식의 수업이 가능해지려면 현재처럼 늘 같은 시간표에 따라 일률적으로 움직이는 단위로서의 학급으로 이루어진 학교의 개념이 바뀌어야 할 것이다. 오히려 학교는 여러 학습공동체의 느슨한 집합이 된다. 당연히 학생들은 여러 학습공동체에 속해 있고, 여러 교사와 친밀 관계를 맺게 된다. 시간표는 학습공동체 간의 협의에 따라 정해지고 조정되며, 때로는 학습공동체 간의 공동 학습, 공동 활동, 경연 같은 것도 가능해야 한다.

심지어 이 학습공동체들은 표준화된 교육과정을 이수하는 과정에서도 가능하다. 전통적인 의미의 학급도 공존할 수 있다. 자동봉진(자율·동아리·봉사·진로) 활동 공동체로서 의미가 있기 때문이다. 또 어쨌든 행정 처리를 해야 하는 단위는 필요하다. 물론 이 학급은 그대로 뭉쳐서 학년을 올라가고 담임교사도 계속 함께인 편이 훨씬 효과적일 것이다. 혹은 다른 수업은 담당하지 않고 자동봉진만 담당하는 학급 전담교사를 몇 명 두는 것도 좋은 방법이다. 아예 교장과 교감이 담임 역할을 맡는 것도 좋다. 교장, 교감이 이 일을 다 담당하기 벅차면 교감 수를 늘리면 된다. 도장 찍는 교감이 아니라 일을 담당하는 교감이라면 복수 교감에 얼마든지 찬성한다.

학습공동체 활동을 하는 교사가 도중에 학생 대상으로 행정 처리를 하는 단절이 자꾸 발생해서는 안 된다. 학생들을 행정 처리의 대상으로 보는 순간 친밀감은 손상되고 스트레스는 증가하기 때문이다. 물론 학교를 이런 식으로 운영하자면 학생 수는 줄어드는데 교원 수는 오히려 조금 늘어날 수도 있다. 그런데 그 돈이 아깝다고 댕댕거린다면 어디 가서 저출산 고령화가 심각한 문제다, 우리나라 미래의 위협이라는 말도 하지 말아야 한다. 위기라고 떠들기만 하고 돈은 안 쓰겠다는 심보로는 아무것도 해결할 수 없기 때문이다. 저출산 고령화 시대에 대처하는 방법은 딱 둘이다.

1. 아이를 더 낳게 한다.

2. 하지만 늘어난 출산의 효과가 발휘될 때까지 최소 20년간 줄어드는 생산인구를 활용할 방법을 찾아야 한다.

그런데 지금 다들 1만 이야기한다. 그리고 2에서 핵심이 되는 교육에 추가로 들어가는 돈을 아까워한다. 하긴 출산장려금도 아깝다고 펄펄 뛰는 꼰대들이 사회 지도층이다. 뭘 바라는가? 그래도 다 같이 죽자, 이럴 수는 없어서 이런 글이라도 자꾸 써서 남긴다. (2024. 6.)

교사의 지위 변화,
결국 돈 문제인가

　다음은 2003년부터 2010년까지 우리나라 1인당 국민총소득 변화 추이다. 실질소득도 보고 명목소득도 보자. 아무래도 통장에 찍히는 돈을 가지고 계산해야 하니 명목소득을 눈여겨봐 두는 것이 좋겠다. 이제 비교를 위해 2010년 수치를 확인해보자. 1인당 국민총소득이 2,673만 원이 찍혀 있는 것을 확인할 수 있다.

	2003	2004	2005	2006	2007	2008	2009	2010
1인당 실질 국민총소득(만 원)	2,244	2,331	2,383	2,465	2,592	2,582	2,633	2,808
전년 대비 증가율(%)	2.1	3.9	2.2	3.4	5.2	-0.4	2.0	6.7
1인당 명목 국민총소득(만 원)	1,742	1,886	1,973	2,070	2,233	2,354	2,441	2,673
전년 대비 증가율(%)	6.2	8.3	4.6	4.9	7.9	5.4	3.7	9.5

• 1인당 국민총소득 변화 추이(2003~2010)

다음 표는 2010년 교사의 연간급여를 정리한 표다. 이 중 초임교사의 연간급여를 확인해보자. 2010년 당시 초임교사 연봉은 2,427만 원이다. 1인당 국민총소득의 90퍼센트가 넘는다. 갓 경력을 시작한 초임자의 연봉이 국민 평균소득에 육박하고 있으니 상당히 우대받고 있다는 것을 한눈에 확인할 수 있다. 그런데 그 옆의 표를 보면 교사의 보수는 2008년이나 2010년이나 동일하다. 이명박이 동결해버렸기 때문이다. 하지만 국민총소득은 2008년 2,354만 원에서 10퍼센트 이상 올라

구분	초등교육			중등교육		
	초임 (9호봉)	15년 경력 (25호봉)	최고 호봉 (근가 7)	초임 (9호봉)	15년 경력 (25호봉)	최고 호봉 (근가 7)
봉급	14,108,400	25,791,600	43,647,600	14,108,300	25,791,600	43,647,600
정근수당	기본급에 산입	2,149,300	3,637,300	기본급에 산입	2,149,300	3,637,300
정근수당가산금	–	960,000	1,560,000	–	960,000	1,560,000
가계지원비	2,355,103.	4,307,197	7,289,149	2,356,103	4,307,197	7,289,149
명절휴가비	1,410,840	2,579,160	4,364,760	1,410,840	2,579,160	4,364,750
급식교통비	3,120,000	3,120,000	3,120,000	3,120,000	3,120,000	3,120,000
교직수당	3,000,000	3,000,000	3,000,000	3,000,000	3,000,000	3,000,000
교직수당가산금	–	–	600,000	–	–	600,000
교원보전수당	276,000	96,000	96,000	180,000	–	–
연봉액(2010)	24,271,343	42,003,257	66,954,809	24,175,343	41,907,257	66,858,809

주: 봉급은 매월 지급. 정근수당은 연간 기본급의 100%를 기본급에 산입. 가계지원비는 본봉의 200%, 명절휴가비는 본봉의 120%, 정근수당가산금, 급식교통비, 교직수당, 교직수당가산금, 교원보전수당은 매월 지급함.

출처: 공무원 보수규정

• 교사 연간급여(2010년)

갔다. 2008년을 기준으로 하면 국민총소득보다 신규 교사 연봉이 오히려 더 많다. 그리고 바로 이 시점이 교직에 우수한 젊은이가 계속 유입되던 이른바 '리즈 시절'이다. 일류 대기업이나 제1금융권과는 비교가 안 되겠지만 웬만한 기업의 중견 직원과 신규 교사의 보수가 엇비슷했다고 보면 된다. 더구나 고용 안정성 보너스, 여유 시간 보너스(이때만 해도 학교의 일이 지금처럼 많지 않았고, 방학 때 쉬는 것을 눈치 보지 않았다.)까지 감안하면 아예 비교가 불가능하다. 15년 근무한 40대 초반 교사의 경우, 2008년에는 1인당 국민소득보다 1.9배, 2010년에도 1.7배 이상 더 높은 연봉을 받고 있었음을 확인할 수 있다. 이때 유행하던 말이 '부부 교

구분	초임(9호봉)	15년 경력(25호봉)	최고 호봉(40호봉)
1987	211,000	382,000	535,000
1990	272,000	493,000	759,500
1995	484,000	881,000	1,357,000
2000	545,100	1,002,000	1,540,100
⋮	⋮	⋮	⋮
2005	885,000	1,626,800	2,500,500
2006	1,136,700	2,078,100	3,177,700
2007	1,154,900	2,111,300	3,228,500
2008	1,175,700	2,149,300	3,286,600
2009	1,175,700	2,149,300	3,286,600
2010	1,175,700	2,149,300	3,286,600

주: 봉급은 연봉액의 57.6%에 해당함(2006년 기준)

출처: 공무원 보수규정

• 연도별 교사 연간급여 추이(1987~2010년)

사는 걸어 다니는 중소기업.'이라는 말이다.

앞의 연도별 교사 연간급여 추이 표를 보면, 이게 정부가 의식적으로 조장한 것임을 알 수 있다. 2000년부터 2004년 사이에 6~10퍼센트씩 대폭 상승했는데, 이는 자연스럽지 않다. 정부가 정책적으로 우수한 교원을 유인하기 위해 돈을 쓰기로 작정한 것이다. 자료가 정확하지 않지만 1990~2000년 사이에도 상당한 수준의 인상 흐름이 계속되었다. 이는 김영삼 정권, 김대중 정권 때의 일이다.

그 결과 당시만 해도 OECD 말석이나 간신히 차지하고 있던 우리나라가 교사 보수만큼은 오히려 OECD 평균을 앞서는 모습을 보여주기도 했다. 또 대체로 중학교, 고등학교로 갈수록 보수가 높아지는 다른 나라와 달리, 우리나라는 초등교사가 중고등교사와 동일한 보수를 받는다. 그 결과 우리나라는 초등교사 보수가 OECD에서 상대적으로 매우 높은 나라가 되었다.

(단위: 미국 달러, PPP)

구분	초등교육			전기중등교육			후기중등교육		
	초임	15년 경력	최고 호봉	초임	15년 경력	최고 호봉	초임	15년 경력	최고 호봉
OECD 평균	28,949	39,426	48,022	30,750	41,927	50,649	32,563	45,850	54,717
한국	31,532	54,569	87,452	31,407	54,444	87,327	31,407	54,444	87,327

• OECD와 한국 초중등학교 교사 연봉 비교(2000년)

그런데 이 표에서 숫자가 조금 이상하다. 초임교사 연봉이 2,400만

원이었는데 OECD와의 비교에서는 환산하면 갑자기 3,100만 원 정도가 되어 있다. 이는 명목임금이 아니라 받은 돈의 구매력을 환산한 수치PPP이기 때문이다. 그래서 당시 교사들이 봉급명세서를 공개하며 "난 저런 돈을 받아본 적이 없다." 하며 항의하는 해프닝도 있었다. 하지만 다른 나라도 모두 PPP로 구한 값이기 때문에 우리나라 교사의 보수만 과대 계상한 것은 아니다.

그리고 13년 뒤 2023년, 놀라운 변화가 일어났다. 똑같이 PPP로 환산했는데도 우리나라 교사의 보수가 OECD 평균 아래로 떨어지고 만 것이다. 심지어 우리나라 위상이 OECD 말석이 아니라 G7과 맞먹는 수준으로 올라갔는데도 그런 일이 일어났다. 그러니 우리나라 교사의 한국 내 경제적 지위가 어떻게 되었을지는 더 따져 물을 것도 없다.

'초임교사 연봉 3,300만 원, OECD 평균 못 미쳐…… 대졸 비율은 1위'(https://www.joongang.co.kr/article/25191894#home)라는 제목의 2023년 중앙일보 기사에 따르면, PPP로 환산한 초임교사 연봉이 3,300만 원이다. 놀라운 수치다. 2010년에 3,100만 원으로 환산되었는데 13년 동안 200만 원 늘었다. 사실상 제자리걸음을 한 셈이다. 교사 연봉이 제자리걸음을 하는 동안 우리나라의 1인당 국민소득은 눈부시게 늘었다. 2,400만 원도 안 되던 것이 4,200만 원까지 부쩍 성장했다. PPP로는 4,400만 원이다. 평균소득보다 많거나 거의 비슷했던 초임교사 연봉이 평균소득의 70퍼센트 정도로 주저앉은 것이다. 경력 15년의 중견 교사 연봉은 5,100만 원 수준이다. 평균소득의 1.7배를 상회했지만 1.2배 정도로 고꾸라졌다.

비유하자면 신규 교사만 되어도 바로 중산층이었던 시대가 있었는데, 이제 신규 교사는 저소득층이나 명목상 중산층의 커트라인, 경력 15년은 굴러야 겨우 중간 정도 위치에 자리 잡게 된 것이다. 바로 여기에 모든 문제가 있다.

2010년대 후반 들어 학부모가 갑자기 버르장머리가 없어지고 싸가지 없어진 것이 아니라, 2010년대 후반 들어 학부모 눈에 교사가 "나부랭이"로 보이기 시작한 것이다. 한국 사회가 어떤 사회인가? 철저히 돈으로 등급을 매기고, 조금이라도 등급이 떨어진다 싶은 상대에게는 가차 없이 잔인해지는 그런 사회 아닌가?

결국 이는 교직 기피 현상의 악순환을 불러일으킨다. 2010년까지만 해도 젊은 세대 입장에서는 아이들 상대로 많은 어려움이 예상되고, 고달플 수 있다는 것을 알면서도 교직을 선택할 경제적 유인이 있었다. 하지만 이제는 교직이 그래도 괜찮은 직장이긴 하지만 일부러 골라서 갈 만한 S급 직장이 아니다. 그 정도 직장은 얼마든지 있으니까. 그저 무난한 B급 직장에 불과하다. 그런데 여기에 학부모 갑질, 교권침해 등등이 추가되면 순식간에 D급 직장으로 굴러떨어지고 마는 것이다.

내가 돈을 더 받고 싶어서 이런 글을 쓰는 게 아니다. 어차피 나는 이제 호봉 다 채워서 더 올라갈 연봉도 없고, 곧 은퇴하기 때문에 올라간 연봉을 받을 일도 없다. 다만 사회의 중요한 축을 이렇게 B급, D급 직장으로 무너뜨리는 것을 방치해도 될지 묻는 것이다.

미국의 경제학자이자 중국 전문가 스콧 로젤Scott Rozelle은 『보이지 않는 중국』에서 한국과 타이완이 중진국 함정을 탈출할 수 있었던 까닭은, 중진국 시절에 무모하다 싶을 정도로 교육에 투자한 덕분이라고 여러 차례 강조하고 있다. 중진국 시절 한국과 타이완은 분에 넘칠 정도의 공교육 시스템을 갖추고 있었고, 분에 넘칠 정도의 교사진을 양성했다. 반면 중국은 문화혁명으로 교사들을 내쫓고 학교를 무너뜨려, 지금 그 부작용에 시달리고 있다. 공교롭게 타이완 역시 요즘 교권침해, 교직기피 등의 문제가 있다고 한다. 어떻게 될지 지켜볼 일이다. (2024. 6.)

교사들은 왜 거리로 나왔나

CBS 인터뷰

2023년 9월 4일(서이초 교사 49재 추모일) CBS〈한판승부〉에 출연해 10분간 인터뷰를 했다. 원래 준비한 말이 많았는데, 생방송이 그렇듯 원하는 말을 다 하지 못했다. 그래서 원래 하고 싶었던 말을 덧붙여서 글로 남긴다.

CBS: 지난 며칠 사이에 우리 선생님들의 비극적인 사건들이 또 발생해서 집회 분위기가 더 무거웠을 것 같습니다. 어땠습니까? 집회 현황이나 분위기가요.

권재원: 오늘은 기본적으로 추모 집회입니다. 전체적으로 슬프지만 격앙되지는 않은 차분한 분위기예요. 아무래도 당혹스럽고 참담하지만 감정적으로 흔들리지는 않는 모습입니다.

CBS: 평생을 감정노동에 시달려 온 경험이 많아서 그럴까요? 무지개도 뜨고, 재량휴업 한 학교가 많지는 않은 것 같은데, 교육부의 엄벌 방침 때문일까요? 재량휴업은 학교장이 결단해야 하는데, 해임, 파면 이런 말까지 나오니 쉽지 않았을 겁니다. 또 교사들도 교장 선생님들을 벼랑 끝까지 밀 수도 없는 일이고요. 학교 사정에 따라, 교장의 결단 수준에 따라, 다양한 방식으로 참여하고 있는 상황 같습니다. 일단 대부분의 교장 선생님이 취지에 동의하고 있기 때문이겠지요. 권 선생님은 연가를 내고 참석하신 건가요?

권재원: 저는 수업 다 하고 조금 먼저 조퇴하고 왔습니다. 우리 학교의 경우 교장 선생님이 완강하게 막거나 그러지는 않는 분위기고, 많은 부담을 드리고 싶지는 않고 그래서요.

CBS: 재량휴업과 관련해서 교육감이 할 수 있는 역할은 없나요?

권재원: 재량휴업의 재량은 학교장 재량이란 의미입니다. 이건 학교장이 학교운영위원회에 제안해서 승인받으면 언제든 실시할 수 있는 일이지요. 이것을 두고 장관이든 교육감이든 왈가왈부하는 것 자체가 어이없는 일입니다. 재량휴업은 학사일정 변경 사안입니다. 하루 휴업을 하는 대신 방학식을 하루 늦추는 것이지요. 수업결손은 전혀 발생하지 않습니다.

CBS: 이런 식이면 교육부장관이나 교육감이 학교 시험 날짜, 체험학습

날짜, 수학여행 날짜 다 정해줘야 하는 겁니까? 어이없는 발상이군요. 이렇게 '공교육 멈춤의 날'이라고 명명한 취지는 무엇일까요?

권재원: 공식적으로 그렇게 명명한 것이 아니에요. 사실 공식적인 주최 측이 없으니 공식적으로는 무슨 날도 아니죠. 다만 서이초 선생님 49재를 맞아 하루 정도 추모의 시간을 갖자, 이런 정도 취지입니다. 그래서 수업 결손을 막기 위해 재량휴업을 하자, 했던 것인데 교육부가 무슨 우회 파업이니 뭐니 하면서 이상하게 만들었습니다.

제 개인적 의견으로는 자동차가 이상이 있고, 기사도 컨디션이 나쁘다면 승객에 대한 약속을 기계적으로 지키며 무리하게 운행하기보다는 잠시 멈춰서 점검하고 추스르고 가는 게 맞지 않나 생각합니다. 이미 10여 년 전부터 우리나라 공교육은 문제가 생겼는데 교사들의 소명감, 노력으로 억지로 끌고 가고 있었거든요.

사실 우리나라 교실은 이미 10여 년 전부터 무너지고 있었습니다. 교사는 이미 10여 년 전부터 아무 보호 장치 없이 내던져져 있었습니다. 다만 교사에 대한 존경과 권위가 남아 있을 때는 드러나지 않았을 뿐이지요. 그러다가 한두 명이 교사를 때립니다. 때려도 속절없이 얻어맞습니다. 교사가 속수무책의 약자라는 것을 알아챘습니다. 이렇게 되면 교육은커녕 생존을 걱정하는 상황이 되는 것입니다.

1980년대, 1990년대만 해도 교사들은 참된 교육을 하게 해달라고 모여서 집회했어요. 그런데 그로부터 30년이 지난 지금은 참된 교육이 아니라 교육을 할 수나 있게 해달라고, 아니, 살려달라고 절규하고 있습니다.

CBS: 극단적 선택을 한 선생님의 경우, 학부모 민원으로 인한 스트레스가 컸던 것 같은데요, 이런 경우 선생님들이 느끼는 압박감은 어떤 걸까요? 선생님들에게서 '지옥을 함께 겪고 있다.'라는 표현도 나오는 상황이에요.

권재원: 우리나라에서 수십만 명이 비슷한 시기에 비슷한 일과 경험을 하는 직군이 아마 교사들뿐이 아닐까 생각합니다. 비슷한 시기에 개학하고, 방학하고, 시험 치고, 수학여행 가고, 비슷한 부분을 진도 나가고. 따라서 어느 한 분의 아픈 경험이 그 한 분의 경험으로만 받아들여지지 않지요. 언제든 나한테도 일어날 수 있는 일입니다. 가령 세월호 때 대부분 교사는 그냥 우린 다 죽어야 하는구나, 만약 구조되면 천하의 나쁜 사람으로 손가락질 받는구나, 이런 생각을 했습니다. 숨도 못 쉬겠다는 분들, 영문도 모르고 눈물이 난다는 분들. 지금도 거기서 완전히 헤어나지 못했습니다.

학부모 민원 경우는 '학부모들이 대체로 몬스터다, 그래서 문제다.'가 아니예요. 그저 어쩌다 '몬스터 페어런츠' 한 사람에 걸리면 그 순간 아무도 지켜주지 않는 가운데 철저히 불리하게 짜인 판에 내던져져서 10년, 수십 년 동안 쌓은 보람과 긍지가 전부 무의미해질 수 있다는 것이 문제입니다. 단 한 명한테 걸려요. 그래서 아직은 내가 운이 좋았구나, 이런 생각을 하며 불안에 떨게 되지요. 교사는 애초에 돈을 바라고 그 자리를 선택하지 않은 사람들, 사회적인 기여와 보람을 위해 그 자리를 선택한 사람들입니다. 긍지가 무너지면 인격이, 존재가 무너지는 것이지요.

CBS: 선생님들이 가장 어려움을 겪는 문제가 아동학대, 학교폭력 처리 과정에서의 민원과 소송, 이런 문제인가요?

권재원: 이게 서로 얽혀 있어요. 학교폭력법은 학교폭력의 범위를 아주 넓게 잡고 있어 학생 간의 사소한 다툼도 다 학교폭력으로 신고할 수 있습니다. 그리고 일단 신고하면 교육적 개입의 여지를 차단하고(학교가 덮는다고 봅니다.) 학교폭력으로 처분되면 생활기록부에 기재합니다. 이렇게 되니 옛날 같으면 죄송합니다, 하고 사과할 일도 결사적으로 저항합니다. 사과하면 바로 학교폭력 인정이고, 생기부에 기재되니까요. 이렇게 결사적으로 학부모와 학생이 저항하는 과정에서 교사에게 엄청난 민원, 괴롭힘, 그리고 결정적으로는 사소한 건수를 잡아 아동학대로 신고하는 경우가 발생합니다. 일단 아동학대로 신고되면 교사는 가해자 취급을 받으며 학생들과 분리됩니다. 가르칠 수 없게 되는 것이죠. 야단 한번 치면 정서적 학대로 신고당할 수 있습니다. 칭찬 스티커를 다른 학생들한테만 붙여주었다고 신고당한 선생님도 있어요. 물론 이런 신고의 90퍼센트 이상이 '아동학대 아님' 판정을 받지만, 그 과정에서 몇 개월 동안 교사는 이미 만신창이가 됩니다. 더구나 학부모 입장에서는 아동학대 아님 판정을 받은 98퍼센트의 경우에도 아무 손해가 없습니다. 그러니 일단 던지고 보는 것이죠.

또 다른 면은 정치적으로 아무 권리가 없는 교사들의 목소리를 정치권에서든 어디서든 전혀 들어주지 않는다는 것입니다. 그래서 정치적인 이유로 온갖 것이 학교에 쏟아져 들어옵니다. 무슨 일만 생기면 그 대책으로 학교에서 이런 걸 해야 한다, 저런 걸 해야 한다, 하는 법이 만들어집니다.

교육부는 교육의 자주성, 전문성, 정치적 중립이라는 헌법 정신에 따라 이를 막아야 할 텐데 한 번도 막은 적이 없습니다. 그 결과 학교는 우리 사회의 온갖 문제점에 대응하는 수많은 매뉴얼을 이행해야 하도록 되어 있어요. 이걸 도저히 이행할 수 없다는 건 피차 알지만, 만약 문제가 생기면 이것도 감사, 저것도 감사입니다. 비유하자면 온갖 특별법으로 인해 학교에 요구되는 온갖 특별교육 시간을 다 이행하면 시간표가 모자랍니다. 다 못 한다는 거 뻔히 알면서 일단 던지는 거예요. 정치적인 이유로요.

CBS: 법 개정을 포함해서 어떤 대책이 필요하다고 생각하십니까?

권재원: 법 개정에 대해서는 이미 많이 다루었어요. 저는 사회적인 인식을 말씀드리고 싶습니다. 사회의 여론을 주도하는 분들이 주로 50대 이상입니다. 그분들이 경험한 교사들은 지금 이미 돌아가셨거나 퇴직하셨어요. 그러니 그때는 매를 맞았네, 촌지네, 꿀 빠네, 어쩌네, 이런 말씀들 하지 말고 현재 학교의 모습을 실사구시로 봐주셨으면 합니다. 특히 초등학교를요.

또 교육은 대학 입시의 동의어가 아닙니다. 사실 가장 중요한 교육은 유치원과 초등학교에서 이루어집니다. 하지만 여기서 일어나는 놀라운 변화에 대해서는 별 관심도 없다가 대입 이야기만 나오면 온 사회가 교육 전문가가 되어 들끓습니다. 자기가 다녔던 학교 시절의 경험으로 이런 말 저런 말 얹기 전에 부디 지금의 학교, 지금의 교사에 관심을 가지고 소통해주시기 바랍니다.

한 가지 더 말하자면 대중문화에 대한 생각입니다. 우리나라처럼 교사에 대한 대중문화의 묘사가 일관되게 부정적인 나라가 또 있을까 싶습니다. 미화해달라는 말이 아닙니다. 좀 성실하게 취재하고 현재의 모습을 그려주십시오. 어떻게 그 옛날 드라마 〈호랑이 선생님〉만 한 작품도 안 나옵니까? 아, 호랑이 선생님도 요즘 같으면 아동학대로 해직이지요.

CBS: 서이초 선생님의 경우는 경찰 수사로 사건의 진실이 드러나기가 쉽지 않아 보이는데요, 진상규명을 위해 어떤 조치가 필요하다고 생각하시는지요?

권재원: 서이초와 호원초 모두 핵심은 갑질 학부모가 아닙니다. 물론 문제의 원인이긴 하지요. 하지만 갑질 학부모가 발생했을 때 이를 적절히 관리했어야 할 관리자들이 자기 책무를 방기하고, 심지어 교사들이 죽어 나갈 때 이를 은폐하고 왜곡하려 했다는 것입니다. 민원을 넣은 학부모에게는 도의적인 책임을 물을 수는 있지만 법적인 조치까지는 조금 거리가 멉니다. 하지만 교사들을 살아서는 물론 죽어서까지 악성 민원에 방치한 관리자들에 대해서는 철저히 문책하여 경종을 울리는 것이 반드시 필요합니다. 교장, 교감뿐 아니라 교육청 관료들까지 말입니다.

(2023. 9.)

교사의 잇따른 죽음과
베르테르 증후군

최근 교사들의 자살이 잇따르고 있다. 이를 보고 언론은 베르테르 증후군이 걱정된다는 기사를 쓰기도 했다. '베르테르 증후군'이란 18세기 괴테의 소설 『젊은 베르테르의 슬픔』의 주인공 베르테르를 모방해 젊은이들의 자살이 잇따른 현상을 일컫는 말이다. 그럴듯해 보이지만, 한마디로 말하면 부화뇌동 자살을 의미한다.

하지만 교사들의 잇따른 자살을 베르테르 증후군이라 부르는 것은 교사를 모욕하는 것일 뿐 아니라 베르테르를 모욕하는 것이기도 하다. 흔히 베르테르가 사랑에 실패하여 좌절감에 자살한 것이라고 알고 있다. 하지만 이렇게 알고 있다면 그 책을 읽지 않은 것이다.

베르테르(독일어식으로 발음하면 뷔흐터지만 일단 패스하자.)는 단지 짝사랑을 하는 젊은이가 아니라 시대에 적응하지 못하는 젊은이다. 그는 이성과 계몽의 근대에 적응하지 못하는 감성적이고 예술적인 인물이다. 그런가 하면 허위와 가식으로 가득찬 중세적 잔재에도 적응하지 못한다. 이 세상에 그의 자리는 없다. 그래서 '트라우리히카이트Traurigkeit'(일반적으로 말하는 슬픔)가 아니라 '라이덴Leiden'(단지 감정적 슬픔이 아니라 고뇌와 번뇌) 상태에 있는 것이다. 한국에서는 이 라이덴을 슬픔이라고 번역하면서 읽어보지도 않은 사람들에게 숱한 선입관과 오해를 심어주었다. 만약 소설을 읽기 싫으면 쥘 마스네의 오페라 〈베르테르〉라도 보기 바란다.(이건 더 힘든가?) 가사는 프랑스어고 자막은 독일어지만, 그냥 노래만 들어도 좋다.

어쨌든 베르테르는 사면이 꽉 막혀 출구가 없는, 그리하여 죽음만이 유일하게 그 앞에 열려 있는 길인 그런 젊은이다. 누가 죽음을 좋아할까? 그런 사람은 없다. 하지만 베르테르에게는 그 길 외에는 자신의 번민을 잠재울 방법이 없다. 이성과 계몽이 지배하는 근대에 자연의 아름다움과 감정에의 충실함을 호소하는 사람이 설 자리는 없고, 더구나 아홉 남매를 부양해야 하는 현실적 요구 앞에 선 여성 로테와 그런 낭만적인 남성의 사랑이 이루어질 가망은 더더욱 없다. 베르테르는 획일적이고 현실적인 근대사회에서 설 자리를 잃어 가는 예민한 감성의 의인화라고 할 수 있다.

반면 괴테의 절친 프리드리히 폰 쉴러의 비극 『간계와 사랑』은 또다른 자살, 그것도 커플의 집단자살을 통해 시대를 고발한다. 순결한 젊은이 루이제와 페르디난트의 순수한 사랑이 시대의 부조리, 귀족 사회의 간계에 휘말리면서 결국 죽음으로써 이 부조리에 항거할 수밖에 없는 상황을 보여준다. 어떤 면에서 베르테르의 경우보다 훨씬 직설적이고 명료하다.

이 두 작품 모두 자살은 단지 나약함, 우울함의 결과가 아니다. 자살을 미화할 필요는 없지만 이 작품들에서 자살은 죽음이 아니고서는 벗어날 수 없는 시대의 암울함과 혼란을 보여주는 장치로 기능한다. 설사이 인물들이 자신의 우울함이나 나약함 때문에 자살했다 할지라도 이미 그 죽음은 개인의 것이 아니라 시대의 것이 되어버린 것이다.

『젊은 베르테르의 슬픔』을, 또 『간계와 사랑』을 읽어보면 "그래도 살아야지, 왜 소중한 생명을?"이라는 말이 쉽게 나오지 않는다. 이미 앞뒤가 꽉 막힌 그 상황이 온몸으로 느껴지기 때문이다. 베르테르 증후군이라는 말을 유행시키며 자살한 그 시대 젊은이들 역시 바로 그 답답함과 절망을 공감했기 때문에 그런 극단적인 선택을 했을 것이다. 극단적인 시대에는 극단적인 선택지만 남아 있는 경우가 많다.

어쩌면 교사들의 잇따른 죽음 역시 우리 사회가 극단적인 어떤 상황에 몰려 있음을 보여주는 것일지도 모르겠다. 교사는 통상 그 사회에서 가장 순진한 가치관을 보전하고 있는 집단이다. 그 순진한 혹은 순수한 가치가 타락해 가는 사회에서 유린당하고, 이용당하고, 버려질 때과연 어떤 길이 남아 있을까? 암에 걸려 천천히 죽어가는 것과 극단적 선택으로 빠르게 죽어가는 것 말고 말이다. (2023. 9.)

서이초 1년,
그리고 지금 우리의 자리

2023년 7월. 소속 학교에서조차 쉬쉬하며 감추고 넘어가려고 했던 한 젊은 교사의 죽음. 하지만 그 죽음은 이후 몇 달 동안 수만, 심지어 수십만 교사를 거리로 광장으로 쏟아져 나오게 만들었다. 2016년 박근혜 탄핵 촛불 집회 이래 가장 큰 대규모 집회가 불특정 시민이 아닌, 교사라는 단일 직종의 집회에서 기록을 찍었다.

더욱 놀라운 것은 집회 규모에 비해 너무도 소박한 구호였다. 뜨거운 아스팔트로 몰려나온 교사들의 요구는 "안전하게 가르치게 해달라." 이것뿐이었다. 그것은 교권을 요구한 것이 아니었다. 교사 생존권의 요구였다. 아니, 요구도 아니었다. 그것은 호소였다.

언론이 웬일인지 관심을 보였다. 몇 명 죽어나가고 수십만 명이 몰려나와야 겨우 들어주는 것일까? 그렇게 뜨겁고 새카만 여름을 보낸 뒤 1년이 지났다. 무엇이 달라졌을까?

달라진 것이 없다.

잠시, 몇 달간은 학부모 민원도 자제하는 분위기가 있긴 있었다. 하지만 2024년, 학교에는 여전히 별별 전화가 다 걸려온다.

오히려 교사의 지위가 아동학대죄라는 것에 걸리면 얼마나 취약한지만 온 국민이 알게 되었다. 2023년까지만 해도 "교육청에 민원 넣을 거야."가 진상 학부모의 표준이었다면, 이제는 "아동학대죄로 신고할 거야."가 뉴 노멀이 되었다. 달라진 것이 또 있다. 이제는 교사들이 거리에 나갈 힘도 없다는 것이다. 거리로 뛰어나가는 것도 어디까지나 교육에 대한 조금의 희망이나 열정이 남아 있을 때나 가능한 것이다. 지금 교단을 지배하는 분위기는 "그저 조용히, 일 생기지 않게, 가능하면 일 벌리지 말자."다.

이런 분위기가 만들어진 가장 결정적인 까닭은 서이초 추모 열기가 최고조에 이르렀던 여의도 집회 이후, 반드시 마음 놓고 가르칠 수 있게 해주겠다고 호언장담했던 정치인들의 약속 때문이다. 그 약속은 모조리 부도수표에 불과했다. 뭔가 대단한 입법을 할 것처럼 분위기가 잡혔고, 세상에서는 정말 문제가 해결된 것으로 오해하고 있지만 실제로는 중요한 입법이 하나도 이루어진 것이 없다.

공연히 학생인권조례만 폐지하네 마네 할 뿐이다. 하지만 학생인권조례와 교사 생존권은 별로 상관없는 문제다. 문제의 핵심은 학교폭력법과 아동복지법의 아동학대 조항이다. 이 핵심은 거의 바뀌지 않고 고스란히 남아 있다. 심지어 교권보호조차 교사의 업무 중 하나가 되어 공문만 많아졌다.

결국 교사들은 확인했다. 학생인권조례를 두고 치고받는 보수와 진보 정치인들은 애초에 교사에게 관심이 없었고, 교권 이슈가 부각된 틈을 타서 자기 정치를 하는 것에 불과하다는 것을.

그 와중에 잠시 꼬리 말고 소나기를 피하고 있던 진상 학부모들이 "어, 달라진 거 없네." 하며 다시 기를 펴기 시작했다. 아이들은 더 거칠어졌고 이를 제지할 방법도 장치도 없다. 이게 딱 2024년 7월의 학교 분위기다. 아동학대죄로 어이없이 고발당하는 사례도 오히려 더 늘어났다. 이제는 웬만하면 다 아동학대라고 마구 신고하기 때문이다. 마치 일단 질러본다는 듯이.

이런 분위기에서 1주기를 맞이하게 되었다. 그저 우울하고 답답할 뿐이다. 이 와중에 교육부에서 날아오는 공문들은 마치 이렇게 말하는 것 같다.

"네, 딱하긴 하네요. 하지만 그건 그거고, 자, 늘봄 하세요. 교사가 어디 가르치기만 하려고 해요? 보육도 하셔야지?"

"네, 딱하긴 하네요. 하지만 디지털, 인공지능 갑시다. 에듀테크 기니피그도 되어주셔야지?" (2024. 7.)

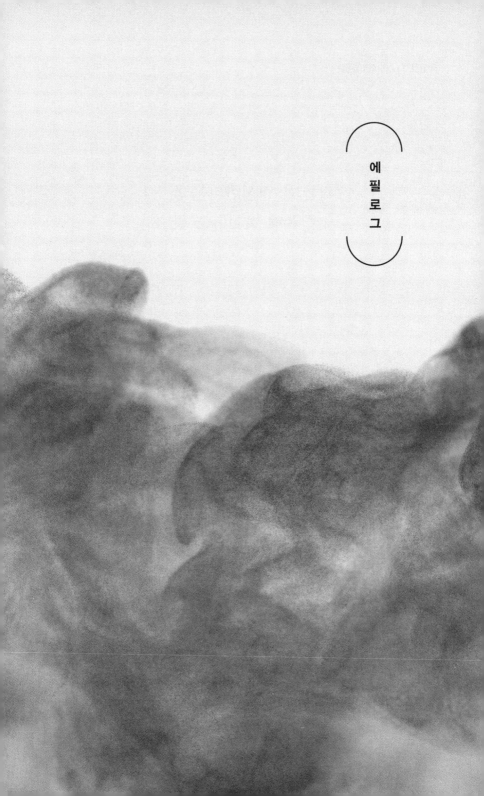

에
필
로
그

'괴물'을 직시한다는 것,
두려움에 맞선다는 것

    이미 프롤로그에서 10년도 더 지나간 책을 새롭게 내는 작업에 대한 소회를 밝혔다. 하지만 막상 책이 마무리되니 뭔가 아쉬운 감이 남아 몇 글자 더 적는다. 이 책에 수록된 글들은 내가 교사로서 가장 열정적으로 살았던 시기에 썼던 것들이다. 나만 그랬던 게 아닌 것 같다. 2010년대는 우리나라 교사들이 전반적으로 가장 유능하고 열정적인 시기였다. 그러한 열정이 물결을 이루는 데 이 책이 작게나마 기여했다는 게 아직도 남아 있는 나의 작은 자긍심이다.

    이 책에서 말하는 '괴물'의 의미는 중의적이다. 사람은 이해할 수 없는 것을 두려워하는 경향이 있다. 그리고 그 두려움의 대상이 바로 괴물이다. 교육에 대한 순수한 열정과 사랑으로 교직을 선택한 교사에게 학교는 도무지 이해할 수 없는 모순덩어리, 즉 괴물로 다가온다. 하지만 그것을 합리적으로 파악하고 이해하는 순간, 괴물은 바꾸어야 할 무엇이 된다. '다시, 학교라는 괴물'이라는 이 책의 제목은 학교가 두려우니 조심하고 도망치라는 의미가 아니다. 괴물이라는 것은 우리 마음속의 두려움이 만든 것이고, 두려움은 알지 못함과 이해하지 못함에서 비롯되는 것이니 우리가 직면하고 극복할 수 있다는 의미다.

드니 빌너브Denis Villeneuve의 영화로도 유명해진 SF 고전 『듄』에는 모래충 괴물이 나온다. 듄의 원주민인 프레멘족에게 모래충은 공포의 대상이지만, 이들은 모래충의 습성을 파악해 이동 수단이나 무기로 활용한다. 괴물이란 이렇듯 이중적인 존재다. 나는 우리에게 학교도 그런 의미를 담고 있다고 생각했다. 지금도 그렇게 생각하느냐고 물어본다면 조금 더 고민해야 하겠지만 말이다.

교사에게 학교가 괴물로 보이는 만큼이나 학교를 괴물로 바라보는 교사도 괴물로 보일 수 있다. 바로 괴물이 된 학교에 안주하거나, 그런 학교에서 이득을 얻고 있는 사람들에게는 학교를 바꾸고자 하는 교사들이 이해할 수 없는 대상, 두려움의 대상이 될 수 있기 때문이다. 실제로 우리나라는 새로운 지식을 찾는 사람, 낯선 시도를 하는 사람, 창조적인 사람을 '괴물'로 취급하는 문화가 있지 않은가. 남들 하는 대로 하지 않는 사람, 기왕 익숙해진 것을 굳이 다르게 보자고 하는 사람은 언제나 소수이며, 다수로부터 괴물, 괴짜 취급을 받는다.

하지만 인류 발전의 역사는 한때 새로웠던 것이 낡고 굳어져 갈 때 이를 창조적으로 파괴하고 새로운 것을 세우는 과정의 연속이다. 우리에게 많은 도움을 준 제도와 관행이 딱딱하게 굳어 오히려 우리를 힘들게 하는 괴물이 되었을 때, 창조적 파괴의 힘으로 새로운 발전을 끌어갈 또 다른 괴물이 필요한 것이다.

퇴직을 앞둔 지금, 10년 전 처음 세상에 나온 후 또 다른 새로운 걸음을 걷기 시작한 이 책이 아직도 그런 창조적인 괴물 역할을 할지, 아니면 나를 비롯한 교사들이 가장 열정적이었던 한 시절에 대한 기억으로만 남을지 두고 볼 일이다.

2024년 초겨울에 권재원